ro
ro
ro

rororo

ELENA HELL

SISI

VERLANGEN UND VERRAT

ROMAN

Rowohlt Taschenbuch Verlag

Dies ist nicht die wahre Geschichte der
Kaiserin Elisabeth, dies ist eine ihrer Legenden.
Personen, Orte und Ereignisse sind teils der Historie
entlehnt, teils stark verändert, teils frei erfunden.

Originalausgabe
Veröffentlicht im Rowohlt Taschenbuch Verlag,
Hamburg, Dezember 2022
 Eine Produktion von STORY HOUSE in
Zusammenarbeit mit Beta Film und RTL Television.
Nach einer Geschichte von Robert Krause,
Andreas Gutzeit und Elena Hell.
Lektorat Claudia Wuttke
Covergestaltung Hafen Werbeagentur, Hamburg
Coverabbildung RTL/Benno Kraehahn
Satz aus der FoundryWilson
bei CPI books GmbH, Leck
Druck und Bindung GGP Media GmbH, Pößneck,
Germany
ISBN 978-3-499-00876-4

PROLOG

Worauf wartest du?»

Franz klammerte sich an den Schaft der Steinschlosspistole. Das glatte Nussbaumholz mit den Silbereinlegearbeiten pochte warm unter seinen Handflächen. Obwohl es so kalt war, dass der Atem zu kleinen Wölkchen gefror, fürchtete er, dass ihm die Waffe aus den schwitzigen Fingern gleiten könnte. Vor den Augen der Offiziersanwärter, die sich hinter ihm aufgereiht hatten, wie es das Reglement gebot. Jede seiner Regungen, jeder seiner Atemzüge stand unter Beobachtung.

Grünne hielt ihm tapfer das Widerspiel. Unter seinen geröteten Augen schimmerten dunkle Schatten, Zeugnisse der durchwachten Nacht. Die Arme hingen ohne jegliche Spannung an seinem Körper herab. Nur die zitternden Fingerspitzen verrieten seine Todesangst.

Franz presste die Lippen aufeinander und überlegte fieberhaft, wie er den Befehl umgehen konnte, ohne ihn direkt zu verweigern. Seine Lungen brannten noch von dem beißenden Rauch, dem er in der Nacht ausgesetzt gewesen war, und seine Haare mussten ähnlich zerzaust vom Kopf stehen wie bei Grünne, der ihn aus den Flammen gerettet hatte.

«Na los!», knurrte Graf Coronini-Cronberg, der seine militärische Erziehung in dieser Nacht verantwortete, und tippte ungeduldig mit der Spitze seines Stiefels.

«Aber er hat mir geholfen!», brachte Franz mit bebender Stimme hervor.

«Er hat sich einem Befehl widersetzt», fauchte der Generalmajor, stapfte einige Schritte auf Grünne zu, packte ihn an den Schultern und drückte ihn unsanft auf die Knie. Allein beim Anblick des harten Aufpralls schoss Franz ein stechender Schmerz durch den Körper. Als könnte Grünne ihm die Antwort auf seine Frage geben, suchte Franz verzweifelt den Blick seines Freundes. Die Morgendämmerung war gerade so weit angebrochen, dass sich die grüne Farbe von Grünnes Augen erkennen ließ. Die blonden Locken, die zerzaust und staubverklebt sein blasses Gesicht rahmten. Die grauen Fingerabdrücke von Asche und Ruß, die Wangen und Hals überzogen.

«Egal, ob Freund oder Feind: Im Krieg ist nichts wichtiger als der absolute Gehorsam gegenüber dem Befehlshaber. Dem Feldmarschall-Leutnant. Dem General. Dem Kaiser.» Coronini-Cronberg drehte sich beinahe hämisch zu Franz um. «Und das willst du doch werden, Franz?» Er fixierte ihn mit seinem eindringlichen Blick. *«Kaiser?»*

Franz' Lippen bebten. Obwohl er dagegen ankämpfte: Er konnte spüren, wie die Tränen in seine Augen drängten. Die anderen Aspiranten würden sich hinter seinem Rücken die Mäuler über ihn zerreißen. Dennoch ließ Franz die Waffe sinken.

«Erschieß ihn!», schrie der Major. Franz fuhr zusammen. «Das ist ein Befehl!»

Coronini-Cronberg tat einen Satz auf ihn zu, packte ihn am Kragen seiner rußverschmierten Uniform und schüttelte ihn so heftig, dass Franz die Pistole aus der Hand glitt. Einige Krähen stoben krächzend von einer Eiche auf, nur um sich einen Moment später wieder in ihren kargen Ästen niederzulassen. Dunkel zeichneten sich ihre Körper vor der am Horizont aufkeimenden Morgenröte ab, und es war, als sehe seine Mutter seiner Bestrafung durch die kohlschwarzen Augen der Vögel zu. Seine Mutter Sophie, die ausgerechnet diese Tiere so schätzte, deren strikte Einhaltung der Gruppenhierarchie ihren Schwärmen eine gefährliche Stärke verlieh.

Mit einem Ruck löste sich der Griff an seinem Kragen. Franz stolperte einen Schritt zurück. Atemlos verfolgte er, wie der Erzieher die Pistole vom vereisten Boden nahm und sie ihm erneut in die Hand drückte.

«Erschießen!», schrie der Major. «Sofort!»

Zitternd hob Franz die Waffe und legte an. Er spürte, dass Tränen über seine Wangen liefen. Er wollte diesen Jungen nicht töten, der so viel mutiger war als er. Gleichzeitig fühlte er die Blicke der Offiziersanwärter in seinem Rücken, und von oben bohrten sich die Augen der Krähen wie Nadelstiche in seinen Körper. Bilder der letzten Nacht flimmerten in seiner Erinnerung auf. Wie ein Feigling war er vor dem Feuer zurückgewichen. Hustend und würgend, mit dem Rücken zur Wand. Was, wenn er die Hoffnungen seiner Mutter nicht würde erfüllen können? Niemals? Wenn er der Falsche war, auf den sie ihren Ehrgeiz richtete?

Klamm und taub, fast so, als gehöre er nicht zu seinem Körper, tastete sein Zeigefinger nach dem Abzugbügel. Fand ihn, legte sich um das kühle Metall. Die Schreie des Majors prasselten auf ihn ein, doch die Worte verklebten in seiner Wahrnehmung zu einem zähen Brei. Bald war da nur noch das Gesicht von Grünne und die Panik, die seine Augen weitete. Sie schienen Franz einzusaugen wie einer der gefährlichen Strudel im tiefgrünen Wasser der Donau, vor denen ihn seine Mutter bei jedem Spaziergang von Neuem warnte. Zogen ihn an wie der Abgrund am felsigen Grat zwischen Herzogstand und Heimgarten. Dann drückte Franz ab.

Es war, als sackte ihm mit einem Mal sein gesamtes Blut in die Füße. Im Bruchteil einer Sekunde breitete sich eine lähmende Leere in seinem Inneren aus, betäubte und schreckte ihn zugleich, riss ihn fort. Weg vom Paradeplatz, weg von Grünne. Weg von diesem Befehl, weg von sich selbst. Als würde die Zeit stillstehen, sah Franz, wie das Mündungsfeuer der Steinschlosspistole die verblassende Dunkelheit erhellte. Er hörte wie aus großer Entfernung, wie der Schuss unter dem Geflatter der aufgeschreckten Krähen über dem weiten Platz verhallte. Die rauen Schreie der Vögel, das chaotische Flügelschlagen ihrer schwarzen Körper in der Morgendämmerung und die aufkeimende Übelkeit über die eigene Tat raubten ihm die Orientierung. Oben, unten. Links, rechts. Was er getan hatte, überstieg bei Weitem sein bisheriges Vorstellungsvermögen darüber, wozu er, Franz, fähig war. Sein Magen zog sich so fest zusammen, dass er sich krümmte. Franz würgte. Doch nur saure Galle brannte in seiner Kehle. Tränen raubten ihm die Sicht, und er schien schon dem Boden entgegenzustürzen, als ein Schulterklopfen ihn plötzlich aus seinem Erleben riss. Franz schnappte nach Luft.

«Gut gemacht», lobte Coronini-Cronberg und streckte ihm die Hand entgegen.

Golden schimmerte in der Mitte seiner fleischigen Handfläche eine haselnussgroße Kugel. Franz starrte auf das Projektil, unfähig, danach zu greifen, und spürte, wie etwas Warmes an seinen Beinen hinablief.

Grünne kniete leichenblass vor ihm. Er zitterte und seine Lippen bebten. Aber er lebte.

Der Major packte Franz am Arm, drückte ihm unwirsch die Kugel in die Hand und schloss seine Finger darum.

«Das Wort eures Kommandanten ist oberster Befehl», rief er über die Köpfe der Anwesenden hinweg. «Sein Wort ist Schiedsspruch und Urteil. Unanfechtbar und nicht zu verhandeln. Je früher ihr das lernt, desto weiter werdet ihr es bringen.»

TEIL 1

LIEBE MICH

Ein kühler Luftzug streifte Sisi und griff in den dünnen Stoff ihres Nachthemdes. Franz hatte die rotseidenen Damastvorhänge zurückgezogen und das bodentiefe Fenster ihres Schlafgemachs geöffnet. Der markante Schnitt seines weißen Waffenrocks, die bis oben geschlossenen Knöpfe und der steife Stehkragen verliehen seiner Gestalt etwas Bedrohliches, und ein Schauer lief über Sisis Haut, als er sich zu ihr umdrehte. Endlich die Frau an Franz' Seite zu sein, der er mit jeder Faser seines Körpers, mit jedem Winkel seiner Seele seine Liebe schenkte, lag weiter von ihr entfernt denn je.

Draußen glitzerten erste Sterne am tiefblauen Himmel, und nur der sanfte Wind bewegte die Schatten der gestutzten Bäume und Hecken in den stillen Gärten der Hofburg. Nichts erinnerte mehr an die Menschenmassen, die sich noch am Nachmittag vor dem Schloss gedrängt hatten, um den ersten öffentlichen Auftritt des frisch vermählten Kaiserpaares zu verfolgen. Ihren ersten offiziellen Akt nach dem vorgetäuschten Ehevollzug. Den Flitterwochen. Dem Fauxpas auf dem Josefstädter Glacis.

Der Schein der Kerze, deren goldenen Halter Sisi fest umklammerte, warf ein sanftes Licht auf Franz' strenge Züge. Obwohl sie sich fest vorgenommen hatte, von nun an alles so zu machen, wie man es von ihr als Kaiserin erwartete, zu lächeln und nur die einstudierten Gesten und Floskeln von sich zu geben, hatte sie es abermals nicht geschafft. Würde sein Zorn sie heute genauso hart treffen wie nach ihrem öffentlichen Widerspruch vor seinen Generälen, seiner Armee und seinem Volk?

Franz starrte Sisi an, die Lippen fest zusammengepresst. Obwohl er zwei Armlängen vor ihr stand, glaubte sie abermals, seinen festen Griff um ihr Handgelenk zu spüren. Allein die Erinnerung an den pochenden Schmerz beschleunigte ihren Herzschlag, und Sisi klammerte sich noch fester an den goldenen Kerzenleuchter, als könnte er ihr Halt geben. Wie sehr hatte sie Franz heute abermals erbost, indem sie entgegen aller Warnungen und Vorsätze vor ihm das Wort ergriffen und den ungarischen Magnaten angesprochen hatte? Indem sie den Ungarn sogar ermuntert hatte, dem Kaiser seine Bitte vorzutragen?

«Du hast alles richtig gemacht», sagte Franz, als hätte er ihre Gedanken erahnt. «Besser als ich es je hätte tun können.»

Sisi brauchte einen Moment, um zu verstehen, und öffnete erstaunt die Lippen. Er war nicht wütend auf sie, enttäuscht? Aber wenn es nicht sein Groll war, der ihn von ihr trennte, was war es dann?

Ein geheimnisvoller Glanz lag in Franz' stahlblauen Augen. Die Schattierungen aus Hell und Dunkel, die seine schwarzen Pupillen umspielten, erinnerten Sisi einmal mehr an den Tanz des ins Wasser einfallenden Sonnenlichts auf dem Kiesgrund des Starnberger Sees. Sie hätte viel dafür gegeben, in Franz' Gedankenwelt einzutauchen wie in die Fluten, in denen sie sich so vertraut bewegte. Ihn unter Wasser bei der Hand zu nehmen und an die Oberfläche zu führen. Doch sie wusste, dass sie es nicht vermochte. Zu vieles war in den vergangenen Tagen geschehen, das sie voneinander trennte.

«Wenn du heute wieder alleine schlafen möchtest, dann ...» Sisis Stimme brach ab. Der Gedanke daran, dass er abermals das Bett mit anderen Frauen teilen würde, presste ihr die Rippen zusammen wie ein enges Korsett.

Sie spürte, wie sich ein Kloß in ihrem Hals formte, als Franz nickte und an ihr vorbei auf die mit Goldstuck besetzte Tür des Schlafzimmers zuschritt. War das alles, was sie von ihrer Ehe erwarten durfte? Ein fades Leben aneinander vorbei? Eingesperrt in eine Burg, deren Gemäuer die Vergänglichkeit ganzer Jahrhunderte atmeten? Erstickt von wertlosem Tand und erdrückt von der Last ihres langsam versteinernden Herzens?

Sisi schluckte. Sie wollte mehr vom Leben. Wollte die Lebendigkeit und Leidenschaft kosten, von der Fanny ihr erzählt hatte. Die Franz mit anderen Frauen teilte, aber nicht mit ihr. Das mutige Gesicht ihrer Freundin tauchte vor ihrem inneren Auge auf. Die roten Locken, die keck unter der grünen Haube hervorlugten. Noch einmal reckte Fanny ihr die Hand mit dem Zettel entgegen, stemmte sich wie ein Fels gegen das Schieben und Stoßen der Menge. Selbstbewusst und souverän hatte sie sich zu ihr durchgeschlagen, und auch wenn sie in diesem Moment nicht bei ihr war, so gab die Erinnerung an ihre Vertraute Sisi doch Kraft und Zuversicht.

Franz hatte sie kaum passiert, da streckte sie die Hand nach ihm aus und schloss sanft, aber entschlossen ihre Finger um seine. Rau und warm lag seine Hand in ihrer.

«Liebe mich!», sagte sie leise und hielt den Atem an. Es hatte sie all ihren Mut gekostet, die Worte über die Lippen zu bringen, doch nun, da sie sie ausgesprochen hatte, wuchs ihre Sicherheit. Gebannt verfolgte sie, wie ihr Mann sich zu ihr umdrehte. Sie glaubte, in seinen Augen eine unbändige Verzweiflung auszumachen. Franz öffnete den Mund, als wollte er ihr widersprechen, doch es kam kein Ton heraus. *«Es wird nicht einfach für Euch in Wien»*, blitzte seine Warnung in ihrer Erinnerung auf, damals am See, als er ihr das Diadem in die Haare gesetzt hatte. «Meint Ihr mit Wien den Hofstaat oder meint Ihr damit auch Euch?», hörte sie sich selbst in der Vergangenheit fragen. *«Ich befürchte, ich meine damit auch mich…»*

Sie verstand nicht, was ihn daran hinderte, sie in seine Arme zu schließen. Doch was auch immer es war, sie war bereit, sich dem zu stellen.

«Liebe mich», flüsterte sie erneut, löste ihre Hand aus seiner und legte sie vorsichtig auf Franz' bebende Brust. Er sah sie durchdringend an, ohne sich zu rühren. Was war es, womit er so heftig rang? Was hielt ihn zurück? Sisi suchte in seinen Augen nach der Antwort. Irgendwo in der Tiefe seiner Seele, an einem Ort, an den kein Licht mehr drang, musste der Grund liegen und darauf warten, aus seinem Schattendasein zu erwachen.

«Liebe mich!» Sisi konnte Franz' Herz unter ihren

Händen spüren. Wild schlug es ihr entgegen und pochte in ihrem eigenen Körper weiter.

Ausweichend schlug er die Augen nieder. Als er endlich den Blick wieder hob, funkelte eine fast tierische Begierde in seinen Augen. Ein heftiger Atem hob und senkte seine Brust, und die unbändige Kraft, die ihr entgegenglühte, jagte Sisi einen Schauer über die Haut.

Sie öffnete die Lippen, um ihrer Anspannung Luft zu machen. Da drückte Franz gierig seinen Mund auf ihren und riss ihr das Nachthemd vom Leib, zog sie an sich und presste sich ihr so vehement entgegen, dass sie beinahe das Gleichgewicht verlor. Halt suchend griff sie hinter sich, während der süße Geschmack seiner vollen Lippen wie eine Woge ihren Körper überrollte. Doch so überraschend er sie an sich gezogen hatte, so abrupt löste sich Franz aus dem Kuss und schob sie sanft von sich. Mit pochendem Herzen verfolgte Sisi, wie er ihr den Kerzenleuchter aus der Hand nahm und ihn behutsam auf den Boden stellte. Unerwartet zärtlich schloss er sie erneut in seine Arme. Während sie spürte, wie Franz vorsichtig in ihren Nacken biss und die Haut über ihren Schultern liebkoste, schienen sich Anspannung und Aufregung in ihrem Inneren ins Unbändige zu steigern. Ob sie meistern würde, was vor ihr lag? Was Franz mit so vielen Frauen geteilt hatte, nur nicht mit ihr? Aufgewühlt ließ sie zu, dass Franz ihre Hand an den obersten Knopf seiner Uniform führte und drückte ihn zitternd aus seinem Loch. Stück für Stück öffnete sie seinen Waffenrock und streifte ihm das steife Tuch von den Schultern. Darunter kam ein weiches Hemd mit einer weiteren Knopfreihe zum Vorschein, das Franz mit einem Ruck aufriss. Die Knöpfe sprangen in alle Richtungen davon und klackerten aufgeregt über das Kassettenparkett. Ein Teil von ihr wollte ihnen hinterhereilen, um dem Kommenden zu entfliehen. Doch Sisi zwang sich, diesem Impuls keinen Raum zu geben. Mutig blieb sie vor Franz stehen, der heftig atmend aus seiner scharlachroten Hose stieg, sie entschlossen an der Hand packte und zum großen Ehebett zog. Rücklings drückte er sie in die blütenweißen Laken und stieg über sie wie ein Raubtier über seine Beute. Eine unheimliche Begierde sprang ihr aus seinen funkelnden Augen entgegen, bevor er sich mit seinem ganzen Gewicht auf sie legte. Sofort spürte Sisi seine Härte an ihrem Unterleib, und die Nervosität zog sich wie eine Schlinge um ihren Hals fest. Die Zeichnung des erotischen Spielkartensets schoss ihr durch den Kopf, das Nene ihr in Possenhofen heimlich gezeigt hatte. Die dunkel glänzenden Augen der wiehernden Stute mit den zusammengebundenen Beinen.

Das Blut rauschte in Sisis Ohren, als Franz erneut ihren Mund fand und grob in ihre Lippe biss. Einen Moment später mischte sich ein metallischer Geschmack unter den stürmischen Kuss. Bebend schloss Sisi die Augen. Sie versuchte, ihrem Körper die Führung zu überlassen, wie sie es mit Fanny getan hatte, doch es gelang ihr nicht. *Nichts erregt einen Mann mehr als echte weibliche Lust.* So verheißungsvoll der Rat ihrer Freundin in ihrer Erinnerung klang, so wenig konnte Sisi in diesem Augenblick mit ihm anfangen. Mit pochendem Herzen nahm sie wahr, wie Franz seine Hand an ihr heruntergleiten ließ. Mit einem harten Stoß drang er in sie ein, und ein stechender Schmerz schoss durch ihren ganzen Körper. Erschrocken riss Sisi die

Augen auf und starrte Franz atemlos an. Seine Härte erfüllte so fest ihren Unterleib, dass sie meinte, er würde unter dem Druck zerbersten. Franz schien ihre Anspannung zu spüren, denn er verharrte einen Moment regungslos, und erst, als ihre Glieder sich merklich entspannten, küsste er ihre Stirn und begann, sich erneut in ihr zu bewegen. Aber auch wenn der Schmerz Sisi nicht mehr gefangen hielt, war er doch nicht verschwunden. Dumpf und brennend schien er sie von innen zu lähmen. *«Franz weiß schon, was er tut»*, hallte die Stimme ihrer Mutter in ihrem Kopf. Und ja, ohne Zweifel, für Franz war dies kein solches Neuland wie für sie. Kräftig und sicher hielt er sie in seinen Armen, während er ihren ganzen Körper von innen zu leiten schien. Ihren Blick fest in seinem verankert, gab Sisi sich seiner Führung hin. Sie spürte, wie seine Bewegungen sich langsam beschleunigten. Wie sich die Spannung seiner Muskeln nochmals steigerte, bis er die Augen schloss, als wolle er seine Erregung zügeln. Wie er trotzdem mit jedem Mal noch fester in sie drang, bis er sich plötzlich ihrer Umarmung entzog, sich aufbäumte und dann bebend über ihr zusammenbrach. Aufgewühlt umschlang sie seinen kräftigen Körper mit ihren Armen und starrte an seinen Schultern vorbei an die stuckverzierte Decke, auf der das Licht der Kerzen zuckte. Das also war es gewesen. Ihr erstes Mal.

Franz lag beinahe reglos auf ihr. Nur der Atem hob sanft seinen verschwitzten Körper. Sisi spürte ein schnelles Pochen zwischen ihren Brüsten, aber sie vermochte nicht auszumachen, ob es ihr eigener Herzschlag war oder der von

Franz. Am liebsten hätte sie ihre Freundin gefragt, ob es immer so schmerzhaft zwischen ihnen sein würde, so angespannt, doch Fanny war nicht hier. Sisi konnte nur hoffen, dass der Zettel, den Fanny ihr zugesteckt hatte, Sisi zu ihr führen würde. Und dass Fanny nach dem demütigenden Rausschmiss vom Hof nicht wütend auf sie war.

«Habe ich dir wehgetan?», riss Franz sie aus ihren Gedanken. Sein feuchter Atem kitzelte an ihrem Ohr. Konnte sie sich ihm anvertrauen?

Als sie nicht antwortete, hob ihr Mann den Kopf und sah sie fragend an. Seine blonden Locken klebten ihm auf Stirn und Schläfen, und das Blau seiner Augen schimmerte geheimnisvoll im Zwielicht der von den wenigen Kerzen erhellten Dunkelheit.

«Ja ... ein wenig», sagte Sisi leise.

«Das tut mir leid.» Zärtlich küsste Franz ihre geschlossenen Augen, ihre Nasenspitze, und Sisi fasste Mut. Wenn sie ihm nicht vertrauen konnte, wem dann?

Ungelenk strich sie ihm eine nasse Locke aus dem Gesicht. «Ich habe gehört, das sei immer so beim ersten Mal», vor Aufregung stockte ihr der Atem. «Und meine Schwester meinte, nur wenn es weh tut, wird es ein Thronfolger.»

«Ein Thronfolger?» Ein Grinsen huschte über Franz' Gesicht und Sisi spürte, wie ihr die Hitze in die Wangen stieg. Kein Wunder, dass ihren Mann diese naiven Themen belustigten!

Doch Franz fuhr mit einem Finger zärtlich den Verlauf ihrer Brauen nach und lächelte. «Es wird bald nicht mehr weh tun», sagte er liebevoll. «Und ich hoffe, es wird trotzdem ein Thronfolger.»

Bedrückt erwiderte Sisi seinen Blick und versuchte, sich nicht anmerken zu lassen, wie sehr sie seine Worte verunsicherten. *«Österreich braucht eine starke Kaiserin und die Monarchie einen Thronfolger»*, flackerte die Stimme ihrer Schwiegermutter in ihrem Geiste auf, als Franz sich seufzend neben ihr in die Laken fallen ließ. Sie erinnerte sich noch gut an die vielen Unterweisungen, erst aus dem Mund ihrer Schwester Nene, später aus dem der Oberhofmeisterin, die ihr wieder und wieder eingebläut hatten, wie hoch der Druck für Franz war, sich als Kaiser zu beweisen, vor seinen eigenen Beratern, Generälen und seinem Volk, vor den anderen Herrscherhäusern Europas. Nach der Amtszeit seines kinderlosen Vorgängers Kaiser Ferdinand I. und der blutigen Revolution 1848 sollten Franz und seine Nachkommen der Dynastie Habsburg neue Stärke verleihen, das wusste Sisi. Ein Thronfolger, das war die drängendste Aufgabe, die vor ihr lag, und sie hatte keine Ahnung, ob sie sich dafür bereit fühlte, geschweige denn, was sie dafür tun konnte. Nie hatte jemand mit ihr über diese Themen gesprochen, und trotz ihrer neuen Rolle als Ehefrau behandelte ihre Schwiegermutter sie beinahe wie ein Kind. Gerne hätte sie Franz ihre Zweifel anvertraut, doch sie brachte keinen Ton heraus.

Bevor die Stimmung zu kippen drohte, stemmte Sisi sich auf einem Ellbogen hoch, sah Franz verheißungsvoll an und begann ihn nun ihrerseits sanft zu küssen.

DER ALBTRAUM

Die Frau des österreichischen Statthalters sog genüsslich den Dampf über ihrem Teller ein und schenkte ihrem Mann ein glückliches Lächeln. Fast stolz drückte er ihre Hand, stand auf und hob sein Glas einem Porträtgemälde von Franz Joseph entgegen, das neben einem großen Spiegel über der gedeckten Tafel thronte.

«Auf den Kaiser!», rief er und hieß seine Gäste mit einer großzügigen Handbewegung, mit dem Essen zu beginnen.

«Auf den Kaiser», antworteten die Anwesenden im Chor und machten sich über ihre Teller her.

Einzig Franz' Blick blieb an seinem eigenen Bildnis hängen. Es war ohne Zweifel eines der schlechteren Werke des Hofmalers Anton Einsle. Mit der Darstellung des Kaisers in der weißen Galauniform eines österreichischen Feldmarschalls hatte sein Porträtist zwar darauf geachtet, Franz in soldatischer Haltung zu zeigen. Die fast jugendliche Miene und der unsichere Blick konterkarierten dieses Bemühen jedoch. Selbst die Orden auf seiner Uniformjacke vermochten nicht den Eindruck der Unerfahrenheit wettzumachen, den der Maler auf seinem Gesicht eingefangen hatte.

Dennoch rührte es Franz, wie sehr man in diesem Teil des Reiches seiner Autorität Respekt zollte. Er schämte sich, dass er Graf von Strassoldo-Graffemberg bis zu diesem Tag keinen Besuch abgestattet hatte. Die Ungarn hatten seine Aufmerksamkeit viel zu lange beansprucht. Wie ein schmerzhafter Spreißel unter der Haut hatten sie seine

Sorgen, ja, sein ganzes Dasein beherrscht. Ein lästiger Wespenstich. Oder sogar der einer Hornisse.

Ein spitzer Schrei riss Franz aus seinen Gedanken, gefolgt von klirrendem Besteck. Fast im selben Augenblick brach die Musik ab. Geschrei. Der Frau des Statthalters sprang das blanke Entsetzen aus den Augen. Über den Spiegel mit vergoldetem Rahmen sah Franz, dass bewaffnete Männer in den Salon stürmten. Ihre Kleidung war die einfacher Bürgerlicher, unauffällig, nur hier und da stach ein leuchtend rotes Hemd hervor. Die Gäste stoben panisch auseinander, doch die Partisanen setzten mit brennenden Fackeln Möbel, Tischdecken und die Röcke der Damen in Brand. Ein Schuss knallte durch die Luft, traf den Spiegel, und das Bild zerbarst. Scheppernd gingen die Scherben zu Boden.

Franz war wie gelähmt. Lichterloh brennende Gäste querten vor seinen Augen den Raum, schreiend, doch obwohl er eingreifen wollte, es gelang ihm nicht. Während Hitze und Rauch den Salon verschlangen, fegten die Partisanen Golduhren und Silberschalen in Leinensäcke, rissen den Frauen den Schmuck vom Leib und metzelten blind nieder, was ihnen vor die Flinten lief. Hilflos stand Franz am Rand des Geschehens und beobachtete, wie die blutigen Bajonette in den Flammen glänzten. Er versuchte zu schreien, einzugreifen, doch kein Laut drang aus seiner Kehle, kein Muskel wollte ihm gehorchen. Die Frau des Statthalters hingegen stellte sich todesmutig vor ein edles Geschirr. Sie hob schützend die Arme vor ihren Körper, doch bevor sie etwas sagen konnte, ließ ein Schuss sie an der Wand heruntersacken. Franz verfolgte, wie ihr Körper eine hellrote Blutspur an der weißen Tapete hinterließ. Die silbernen Stickereien auf ihrem Krinolinenkleid glänzten so kalt wie ihre leblosen Augen, und die mattgraue Seide nahm die Farbe ihrer Asche vorweg. Über ihr fraß sich das Feuer durch Franz' Porträt. Höhlte seine jugendlichen Züge aus. Ließ die ölbemalte Leinwand über seinen Wangen schrumpeln, als schwelte es ihm buchstäblich die Haut vom Schädelknochen.

«Franz!», hörte er in der Ferne eine Stimme rufen. Doch Franz konnte sich nicht von der grässlichen Fratze abwenden. Der Anblick jagte ihm das Grauen durch die Glieder. Fesselte ihn. Packte ihn am Hals und riss ihn dem Ersticken entgegen. *Dein Leben sei der Zerstörung geweiht, und alle, die du liebst, sollen elendig zugrunde gehen*, hallten die Worte der einfachen ungarischen Frau in Franz wider, die ihn einst verflucht hatte. War das in Wirklichkeit er? Franz? Diese Fratze, war das sein wahres Gesicht? Dieser hässliche, leblose Geist? War er, Franz, ... der Tod?

«Franz!» Da war sie wieder, die Stimme. Eindringlicher als zuvor. «Komm zu dir!»

Doch er vermochte sich nicht zu rühren. Das entstellte Gesicht hielt ihn in seinem Bann. Bedrohlich zog es ihn an.

«Franz!»

Er versuchte, sich loszureißen, dem Gesicht zu entkommen. Entsetzt wich er zurück. Das Lodern des Feuers verblasste, genau wie der Salon, die Uniformen der Partisanen, die toten Körper des österreichischen Statthalters und seiner Frau. Nur das grässliche Abbild seines eigenen Konterfeis folgte ihm nach, blendete ihn, brannte auf seiner Haut. Er wollte es hinter sich lassen, ihm entkommen, doch der ausgehöhlte Schädel und die von Flammen zerfressenen Züge gaben ihn nicht frei. Franz wollte schreien, doch er vermochte es nicht, und seine Glieder gaben unter ihm nach. Erst als er auf dem Boden aufschlug, hatte der Kampf mit dem Dämon ein Ende.

«Franz?», hauchte Sisi, über ihn gebeugt. Echte Sorge sprach aus ihren Augen.

Hin und her gerissen zwischen den Nachwehen seiner inneren Welt und dem bezaubernden Anblick seiner Frau, strich er ihr eine Strähne hinters Ohr. Der durch die hohen Fenster des Schlafgemachs einfallende Mondschein schimmerte auf ihren nackten Schultern, ihrer hellen Haut. Sie wirkte so zerbrechlich, und gleichzeitig war sie in diesem Moment so viel stärker als er.

«Alles gut», krächzte er. Erst jetzt wurde er sich seiner trockenen Kehle bewusst und des heftigen Atems, der seine schweißnasse Brust hob und senkte.

Sisi runzelte zweifelnd die Stirn. «Du hast geschrien ...», flüstert sie beinahe vorwurfsvoll.

Franz schluckte, um die Trockenheit in seiner Kehle zu vertreiben. «Nur ein böser Traum.» Obwohl ihm das Blut noch in den Schläfen pochte, lächelte er, bemüht, sie zu beruhigen. «Mach dir keine Sorgen.»

Zärtlich zog er sie an sich, um ihr wenigstens mit seiner Umarmung Halt zu spenden, wo er es mit Worten gerade nicht vermochte.

Was er mit Sisi erlebt hatte, war schöner gewesen als alles, was er sich je hatte vorstellen können. Das, was er für seine Frau empfand, war so magisch und nährend, es würde niemanden ins Unglück stürzen, versuchte er sich selbst Mut zuzusprechen. Er, der Kaiser, würde seinen Aufgaben gewachsen sein, er würde besonnen und stark sein Reich regieren und all diejenigen verteidigen, die ihm ihr Vertrauen schenkten. Erfüllt von Zuversicht beruhigte sich allmählich sein Puls. Es war an der Zeit, seine Zurückhaltung abzuschütteln. Den kindischen Aberglauben an einen albernen Fluch ad acta zu legen, der nicht zu einem erwachsenen Mann passte, schon gar nicht zum Kaiser eines der vornehmsten Höfe der Welt. Zärtlich strich er Sisi über den Rücken. Ihrer beider Aufgabe war es, die Linie seines Hauses fortzuführen. Dem Namen Habsburg den Respekt zurückzuerobern, der über ein halbes Jahrtausend gleichbedeutend gewesen war mit dem Versprechen von Stabilität und Sicherheit. Was, wenn sie es nicht vermochten?

Franz spürte, wie sein Puls sich wieder beschleunigte und drängte auch diesen Gedanken beiseite. Was brachten ihm die Sorgen um eine ferne Zukunft, die beileibe noch nicht eingetreten war?

Während er dem leisen Atem seiner Frau lauschte und sich bemühte, nicht weiter zu denken als an den jetzigen Augenblick, spürte er, wie Sisis Körper sich in seiner Umarmung merklich entspannte. Und auch wenn er wusste, dass es der törichte Gedanke eines kleinen Jungen war: Er wünschte sich, diesen Augenblick für immer zu bewahren.

DANACH

Sisi erwachte von einem Rascheln und spürte, wie die Unterlage, auf der sie lag, sich bewegte. Alarmiert schlug sie die Augen auf. Sie brauchte einen Moment, um sich an die Dunkelheit zu gewöhnen und sich zu erinnern, wo sie sich befand. Nicht im Münchner Herzog-Max-Palais, nicht im Schloss Possenhofen. Nein, in der Wiener Hofburg mit ihren goldenen Fesseln, übertriebenen Etiketten und fremden Reglements, die nun ihre neue Heimat war. Ihr Unterleib schmerzte noch von den Geschehnissen der Nacht, und Franz' Albtraum steckte ihr zusätzlich in den Gliedern. Trotzdem musste sie irgendwann eingeschlafen sein.

Zu ihrer Verwunderung sah sie, dass ihr Mann bereits in sein Nachthemd schlüpfte. Die anbrechende Morgendämmerung verlieh dem weißen Leinenstoff des knielangen Gewands einen bläulichen Schimmer. Wie spät mochte es sein? Womöglich noch nicht einmal fünf Uhr? Beklommen setzte sie sich auf. Wo Franz kurz zuvor gelegen hatte, war die Wärme seines Körpers noch auf dem eingedrückten Laken zu spüren.

«Was hast du vor?», fragte sie leise und bedauerte, dass sie ihre kostbare gemeinsame Zeit mit Schlaf vergeudet hatte.

Ihr Mann lächelte, als er ihren Blick traf, und ging auf das Nachtkästchen aus lackiertem Nussbaumholz zu. «Ich habe viel zu tun nach deinem Auftritt vor der ungarischen Deputation.» Er griff nach einer Glocke und läutete sie.

Ihr heller Klang stach Sisi in den Ohren, und sie brauchte einen Moment, um sich die Erinnerung an den Vortag ins

Gedächtnis zu rufen. Der Empfang der Deputationen der Kronländer anlässlich ihrer Hochzeit schien nach der vergangenen Nacht bereits eine Ewigkeit her. Die Begnadigung der ungarischen Exilanten und Revolutionäre, zu der sie ihn durch ihre Bemühungen gedrängt hatte, würde Franz bestimmt einige Stunden intensiven Aktenstudiums kosten. Ob es ihr in der Zwischenzeit gelingen würde, ihre Freundin wiederzusehen? Wie ein Graben lagen die letzten Tage zwischen ihr und dem Leben, das sie zuvor geführt hatte. Sisi wusste, dass sie eine Schwelle übertreten hatte. Die Schwelle von der Heimat in die Fremde, vom Mädchen zu einer jungen Frau. Und seit Fanny weg war, war sie mit alldem völlig allein.

Als hätte Franz ihre Gedanken erahnt, beugte er sich zu ihr herunter und küsste zärtlich ihre Stirn. «Glaube mir, ich wünschte, es wäre schon Abend und wir könnten wieder ...»

Sisi zwang sich zu einem Lächeln. Was würde sie den ganzen Tag tun? Aus den Augenwinkeln bemerkte sie, dass Franz' Kammerdiener in die Tür getreten war. Trotz der frühen Stunde wie aus dem Ei gepellt, sank er in eine tiefe Verneigung. Mit einer brennenden Kerze und einem ordentlich gefalteten Stapel Unterwäsche in der Hand wartete er in höflichem Abstand, während Franz aufmunternd ihre Hand drückte und dann mit knarzenden Schritten auf seine Gemächer zuhielt.

Je stärker die Einsamkeit von Sisi Besitz ergriff, desto größer wurde ihr Wunsch, Fanny wiederzusehen. Ihr all die Fragen zu stellen, die sie sich Franz nicht zu stellen traute. Die Fragen einer jungen Frau.

Als der Kaiser ihm auffordernd zunickte, folgte der Diener ihm eilig nach. Mit flauem Magen beobachtete Sisi, wie die Tür zu Franz' Gemächern hinter ihnen ins Schloss glitt. Bestimmt würde in der gegenüberliegenden Tür bald die Oberhofmeisterin Gräfin Esterhazy mit ihren hochnäsigen Zofen erscheinen und ihr den ganzen Tag nicht von der Seite weichen.

Entschlossen schlug Sisi die Decke zurück und schwang die Beine aus dem Bett. Wenn sie heute noch wissen wollte, was auf dem Zettel stand, den Fanny ihr zugesteckt hatte, musste sie sich beeilen. Mit den Zehen suchte sie auf dem kalten Parkett nach ihren seidenen Pantoffeln und schlüpfte hinein. Gerade wollte sie aufstehen, da blieb ihr Blick an einem kleinen dunklen Fleck auf dem weißen Laken hängen. Unsicher starrte sie darauf. Obwohl er im Zwielicht der Dämmerung seine Farbe nicht verriet, wusste Sisi doch sofort, was es war. Sie erinnerte sich noch gut daran, wie Franz nach ihrer Hochzeitsnacht einen Schnitt an seinem Unterarm gesetzt hatte.

Mit klopfendem Herzen schlug Sisi die Decke über das Laken. Erst jetzt wurde ihr bewusst, dass ihr Mann am Morgen nach der Hochzeit nicht nur den Vollzug der Ehe vorgetäuscht hatte. Er hatte auch auf die abschließende Gewissheit verzichtet, dass sie noch Jungfrau war.

Das Wappen des Hauses Habsburg, ein doppelköpfiger Goldadler mit ausgebreiteten Schwingen, zierte das weiße Porzellan der Kammschale auf dem kleinen Waschtisch im Frisierzimmer. Leise hob Sisi den Porzellandeckel beiseite und tastete nach dem Zettel. Kurz lebten die aufgebrachte

Menge und deren begeisterte Zurufe wieder in ihrem Inneren auf. Die Blechdose mit den Veilchenbonbons und das kleine Mädchen in Lumpen, das ihr die ganze Handtasche entrissen hatte. Dann streifte Sisi das Papier. Mit klammen Fingern zog sie es unter dem dunklen Hornkamm hervor und entfalte es. Nur eine Zeile stand darauf, deren Buchstaben im schummrigen Licht des Zimmers verschwammen. Hastig schlich Sisi näher ans Fenster heran, bis die feinen Linien in der einfallenden Morgendämmerung Gestalt annahmen.

Kohlmarkt Nummer 3.

Gebannt starrte Sisi auf die Adresse. Vor Aufregung schlug ihr das Herz bis in den Hals. So sehr sie sich seit ihrer Trennung auch gewünscht hatte, Fanny wiederzusehen – jetzt, da ihr Zusammentreffen in greifbare Nähe rückte, regte sich ein mulmiges Gefühl in ihrer Brust. Obwohl Gräfin Esterhazy ihre Freundin ohne ihr Wissen vom Hof gejagt hatte, warf Sisi sich vor, nicht besser auf Fanny achtgegeben zu haben. Im Trubel der vergangenen Tage hatte sie wenig Zeit gehabt, ihrem schlechten Gewissen Raum zu geben, dafür verschaffte es sich nun umso lauter Gehör. Dass sie eine einfache Dirne zu ihrer Kammerfrau gemacht und sie als Vertraute an den Wiener Hof geschleust hatte, war ein ausgesprochenes Wagnis gewesen. Für sie selbst hatte das Schelmenstück keine negativen Folgen gehabt. Doch für Fanny?

Bedrückt strich Sisi über die ebenmäßg geschwungenen Buchstaben auf dem Papier. Kaum auszudenken, wie Fanny die ungeheure Demütigung hatte aufnehmen müssen, als die Oberhofmeisterin sie des Betrugs angeklagt und ohne Umschweife vor die Tür gesetzt hatte.

In den wenigen Wochen, die sie auf Sisis Wunsch hin an ihrer Seite verbracht hatte, war Fanny mit ihrem Ehrgeiz zu einer eleganten und tüchtigen Dame avanciert. Und was hatte Sisi ihr dafür gegeben? Einen zerplatzten Traum, den Verlust ihrer Heimat und eine teure Brosche.

Kohlmarkt Nummer 3.

Entschlossen faltete Sisi den Zettel zusammen, zählte aus der eisenbeschlagenen Truhe ihrer Morgengabe großzügig einige Münzen ab und schlüpfte durch die angelehnte Durchgangstür ins Ankleidezimmer. Während entfernt schon die Schritte der ersten Zofen erklangen, zerrte sie hastig Chemise und Beinkleid aus den Kommoden, kleidete sich eilig an und warf sich zuletzt einen weiten Kapuzenmantel über die Schultern. Bevor sie sich leise aus den Gemächern stahl, warf sie noch einen Blick aus den hohen Fenstern, sah über die französischen Gartenanlagen der Hofburg hinaus zu den dunklen Dächern Wiens. Fast aufmüpfig, ja widerspenstig ragten sie im Gegenlicht der aufgehenden Sonne über den streng gestutzten Bäumen und Hecken auf. Irgendwo dort draußen erwachte zu dieser Stunde das lebendige Treiben der österreichischen Hauptstadt. Und irgendwo dort, mitten im bunten Gefeilsche und Geschrei des Kohlmarktes, wartete Fanny auf ihren Besuch.

DIE GANZE HAND

Angespannt nahm Franz die oberste Akte vom Stapel und schlug sie auf. Wie befürchtet, sprang ihm von dem Papier eine Liste ungarischer Namen entgegen, deren Zusammenstellung er abends zuvor selbst angeordnet hatte. *Gyula Andrassy, Lajos Kossuth, Mihály Horváth.* Die Namen der Verbrecher, die sich in der Revolution 1848 gegen die Krone aufgelehnt und sein Reich empfindlich geschwächt hatten, verursachten ihm einen üblen Geschmack auf der Zunge.

Um seiner Anspannung Luft zu machen, lockerte Franz den steifen Kragen der hechtblauen Campagne-Uniform, die Ketterl für ihn ausgesucht hatte, und ließ mit einer Zuckerzange drei Stück Kandis in eine Tasse fallen. Nachdenklich griff er mit einer Stoffserviette nach dem Henkel der silbernen Kanne und goss dampfenden Schwarztee darüber.

Was er dem ungarischen Magnaten bei dem Empfang am Vortag zugesichert hatte, verstieß gegen alle Grundsätze, die er als Kaiser aufgestellt hatte. Nicht umsonst war er in der Vergangenheit mit Entschiedenheit und Härte gegen alle Aufständischen vorgegangen. Ein Land wie Österreich, das sich von südlich der Alpen bis nördlich der Karpaten erstreckte, das so viele Völker und Interessen unter einer Krone einte, konnte es sich nicht erlauben, innenpolitische Instabilität zu signalisieren. Ein von unbändigem Ehrgeiz getriebener französischer Kaiser, der seine Macht mit militärischer Expansion zu untermauern trachtete. Ein aufwieglerisches Königreich im Süden Italiens, das sich nach politischer Anerkennung unter den europäischen Großmächten sehnte. Und Preußen, das mit zunehmender Vehemenz seine Unzufriedenheit mit der österreichischen Vormachtstellung im Deutschen Bund verlauten ließ. Die europäischen Länder schienen nur darauf zu lauern, dass Österreich Schwäche zeigte, um sich selbst dadurch einen Vorteil zu verschaffen.

Umzingelt von diesem Rudel hungriger Wölfe, die gierig darauf warteten, ein Stück Fleisch aus ihm herauszuschlagen, hatte Franz selbst die ungarischen Rebellen, die nach ihrer Niederlage die Flucht ergreifen konnten, in ihrer Abwesenheit symbolisch hängen lassen. Ein Zeichen, mit dem er Gleichgesinnte erfolgreich abgeschreckt hatte, sich erneut gegen ihn aufzulehnen. Noch gut erinnerte er sich an die kleinen Porträts, die er stellvertretend für die Flüchtigen an die Galgen hatte schlagen lassen. Nun war er drauf und dran, eben jene Männer aus dem Exil zurückzuholen. In sein Land. Ob dies wirklich die richtige Entscheidung war?

Vorsichtig nippte Franz an seiner Tasse. Fruchtig, herb und erfrischend breitete sich das Aroma des Schwarztees in seinem Mund aus. Wie gewohnt hatte ihn sein spartanisches Frühstück bereits auf dem Schreibtisch erwartet, als er das Arbeitszimmer betreten hatte. Das Metall der heißen Kanne glänzte im Dämmerlicht, das durch das hohe Fenster in seinem Rücken einfiel, und das Wappen des Hauses Habsburg schien nur zu dem Zweck eingeprägt zu sein, ihn zu ermahnen, seine Pflichten als Kaiser zu erfüllen.

Er nahm noch einen zweiten Schluck, bevor er das feine

Porzellan auf der Untertasse abstellte und den Finger Zeile für Zeile über das Papier gleiten ließ. *Henryk Dembiński. Sándor Rózsa.* Konnte es ihm zum Nachteil gereichen, diese Männer ins Land zurückzurufen?

Ein lautes Klopfen ließ Franz zusammenzucken.

«Eure Majestät?» Sein Kammerdiener steckte den Kopf durch einen Spalt in der Tür.

«Ja?», fragte Franz.

Ketterl hatte kaum den Mund geöffnet, um den Besuch anzukündigen, da schwang die Tür vollständig auf und Erzherzogin Sophie schritt an ihm vorbei in den Raum.

«So früh schon hier?» Obwohl die Sonne sich gerade erst anschickte, aufzugehen, umwehte bereits eine verblüffende Frische ihren imposanten Auftritt. Die penibel hochgesteckten Haare und die grauen Längsstreifen ihres schnittigen Kleides unterstrichen noch die Zielstrebigkeit, mit der sie auf seinen Schreibtisch zuhielt.

«Dasselbe könnte ich dich auch fragen, Mutter.» Mit einem knappen Nicken gebot er Ketterl, sich zurückzuziehen, und sah herausfordernd zu seiner Mutter auf, die zwei Schritte vor dem Schreibtisch stehen blieb und ihn neugierig musterte. Was wollte sie hier, um diese Zeit?

«*Ich* habe meinen Thronfolger schon.» Die Erzherzogin lächelte vielsagend und streckte ihm über den Schreibtisch die Hand zum Kuss entgegen. Dunkle Adern erhoben sich unter ihrer dünnen Haut, und der Hauch von Lavendel, den sie verströmte, ließ einen zarten Widerwillen in ihm aufkeimen.

«Wie recht du hast, Mama», sagte Franz knapp und erhob sich, um ihr mit dem Handkuss seinen Respekt zu erweisen. Es war unnötig von ihr, ihn auf seine Pflichten hinzuweisen. Er wusste selbst, dass ein Thronfolger genau das war, was er brauchte, um sein Volk unter seiner Herrschaft zu einen. Das Symbol einer fruchtbaren, die Jahrhunderte überdauernden Dynastie, Zeichen einer ebenso stabilen Zukunft und der Beweis, dass er seiner Aufgabe als erster Mann des Reiches gewachsen war.

Franz ließ sich erneut in seinem Sessel nieder. Im Körper seiner Mutter floss beinahe dasselbe Blut wie in dem seiner Frau. Das des Hauses Wittelsbach qua Geburt und mit der Heirat auch das Blut der Habsburger. Wie wenig sich die beiden Frauen dennoch ähnelten! Am Vortag war ihm nicht entgangen, wie Sophies Gesichtszüge erstarrten, als er auf Sisis Vermittlung hin die Begnadigung öffentlich verkündet hatte. Mit zusammengepressten Lippen hatte sie Seite an Seite mit Grünne in den Reihen seiner Berater gestanden und mit eisigem Blick die Zeremonie verfolgt. Dass sein Kompagnon ihm anlässlich seines waghalsigen Zugeständnisses anerkennend zugenickt hatte, hatte ihre offensichtliche Missbilligung noch hervorgehoben.

Während Franz vorgab, sich tief in sein Papier zu versenken, verfolgte er aus den Augenwinkeln, wie die Erzherzogin den Schreibtisch umschritt und so nah hinter ihn trat, dass er ihren Atem hören konnte. Um ein Vielfaches stärker als zuvor drängte der schwere Dunst ihres Parfums sich ihm auf, als sie sich vorbeugte, um ihm unverhohlen über die Schulter zu sehen. Franz hielt die Luft an, bemüht, den verhassten Duft an sich vorbeiziehen zu lassen. Nichts anderes vermochte diese unstillbare Sehnsucht in ihm zu wecken, die er so verteufelte. Die Sehnsucht nach der Sorglosigkeit einer verlorenen Kindheit. Einer vergangenen Zeit. Nach einem Leben ohne Verantwortung und Schmerz. Einem Leben, das er nie gehabt hatte.

«Du solltest dich von deiner Verliebtheit nicht zu unbedachten Taten hinreißen lassen», sagte Sophie eindringlich.

Franz spürte, wie sich in seinen Eingeweiden der Groll regte. «Danke, Mama», riss er sich zusammen. «Aber ich weiß, was ich tue.»

«Bist du sicher?»

Franz sog scharf den Atem ein. Nur ihretwegen musste er sich überhaupt mit derlei Fragen herumschlagen. Wie viel einfacher sein Leben doch hätte verlaufen können, wenn sie ihm nicht die Last dieses Amtes aufgebürdet hätte. Wenn nicht er, sondern ein anderer das Gewicht der Krone tragen müsste.

Entschieden deutete Sophie auf einen Namen auf dem Papier. «Graf Gyula Andrassy?» Entrüstet schnaubte sie auf. «Wenn du diesen Mann wieder ins Land lässt, dann gnade dir Gott!» Aus den Augenwinkeln verfolgte Franz, wie seine Mutter die Hände über dem Rock ihres dunkelgrauen Kleides faltete. «Dieser Mann hat erbittert gegen unsere Truppen gekämpft. Alle würden dir seine Begnadigung als Schwäche auslegen.»

Franz ballte die Fäuste. Wie ein Sprachrohr seiner Zweifel formulierte Sophie seine eigenen Befürchtungen. Wenn er allerdings die Männer auf der Liste nicht begnadigte, wie er es tags zuvor versprochen hatte, machte er die Errungenschaften seiner Frau zunichte. Das konnte die Stimmung der Ungarn gegen ihn aufheizen, und seit der Entzweiung mit dem russischen Zaren stand er ohne Verbündete da.

Allein die militärische Hilfe des Deutschen Bundes stand ihm noch zu, sollten Feinde von außen ihm den Krieg erklären. Nicht aber, wenn es Feinde von innen waren. Franz überlegte fieberhaft. So sehr er Sisi liebte, keinem anderen Rat konnte er so uneingeschränkt trauen wie dem seiner Mutter. Seine Frau war nicht nur jung, sondern politisch auch völlig unerfahren. Die Erzherzogin hingegen hatte es aufgrund ihres diplomatischen Geschickes geschafft, sowohl seinen Onkel als auch seinen Vater davon zu überzeugen, auf die Regentschaft zu verzichten. Obendrein war es ihr gelungen, ihn, Franz, als Thronfolger durchzusetzen. Einen Mann, der kaum die zwanzig hinter sich gelassen und weder die Erfahrung noch den Ehrgeiz gehabt hatte, dieses Amt zu bekleiden.

Gefangen zwischen den widerstreitenden Positionen, die hinter seinen Schläfen hämmerten, starrte Franz noch auf das Papier, lange nachdem seine Mutter gegangen war. Erst als der erste Sonnenstrahl den Adler auf der Teekanne gefährlich aufblitzen ließ, riss er die Liste entschieden entzwei.

DER KOHLMARKT

Eine schmiedeeiserne Drei prangte über dem abgewetzten Türstock, und lange Risse durchzogen den abbröckelnden Putz. Mit flauem Magen sah Sisi an der heruntergekommenen Fassade des fünfstöckigen Hauses hinauf und fragte sich, ob sie wirklich eintreten sollte. Das Gros des Gasthofes lag noch im Schatten der Morgendämmerung, nur durch den maroden Dachgiebel, in dem einige Tauben brüteten, schickte die Sonne ihre ersten Strahlen. Eine Uhrzeit hatte nicht auf dem Zettel gestanden. Ob sie Fanny überhaupt antreffen würde?

Unsicher warf Sisi einen Blick zurück. Es war nicht schwer gewesen, sich zum Kohlmarkt durchzufragen, denn die belebte Straße mit den hohen Wohn- und Geschäftshäusern ging gleich hinter der Hofburg vom Michaeler Platz ab. Zum Glück hatte sie bisher kein Aufsehen erregt. Sich als Kaiserin ohne Leibgarde in die Stadt zu wagen, konnte gefährlich ausgehen. *Tod dem Kaiser und Elisabethen*, blitzten der Tumult bei ihrer Einfahrt in Wien in ihrer Erinnerung auf, und sie glaubte, noch einmal die brutalen Stockschläge der Leibgardisten zu sehen, die den Mann niedergeprügelt hatten, der die Worte geschrien hatte. Das alles war kaum eine Woche her.

Ein lautes Poltern riss Sisi aus ihren Gedanken. Gerade rechtzeitig sprang sie zur Seite, um dem Inhalt eines hölzernen Spucknapfes auszuweichen, den eine dralle Frau mit fettig-grauem Haar und halbgeöffnetem Ausschnitt mit Schwung neben ihr auf die Straße schüttete. Als wollte sie ihr Revier markieren, spuckte sie noch durch eine Zahnlücke hinterher und zog krachend die Tür hinter sich zu. Sisi beobachtete entsetzt, wie der zähe Auswurf in die Ritzen des Kopfsteinpflasters sickerte.

Die Nummer drei war beileibe das schäbigste Gebäude der Straße. Der Ruß und Staub ganzer Jahrzehnte hatte sich wie ein Blickschutz auf die Fenster des Hauses gelegt, und im zweiten Stock ersetzte ein fleckiges Stück Leinen eine herausgebrochene Scheibe. Weder ihr feiner Mantel noch ihre Kleider passten auch nur ansatzweise hierher, trotzdem zog Sisi die Kapuze tiefer in die Stirn. Wenn sie sich bei Fanny entschuldigen und sie in ihren Angelegenheiten um Rat bitten wollte, führte kein Weg an diesem Gasthaus vorbei. Mit pochendem Herzen drückte sie die Klinke herunter und trat ein.

Leise wagte Sisi sich zwei Schritte in das schmale Treppenhaus vor und versuchte, sich im schummrigen Zwielicht zu orientieren. Der Geruch von schalem Bier und Wein hing unter den niedrigen Decken, durchsetzt von dichtem Tabakrauch. Aus einer angrenzenden Stube drang das bierselige Gelächter einer durchzechten Nacht.

«Was zum Trinken, Zuckergoscherl?», ließ eine raue Stimme sie herumfahren.

Erschrocken wich Sisi zurück, als sie in einer Nische unter der Treppe die Wirtin mit hochgezogenem Rock auf einem Schemel hocken sah. Stöhnend wuchtete die Frau einen Steinkrug aus dem Seifenwasser eines Zubers, trocknete ihn an ihrer Schürze ab und spuckte auf das Porzellan, um es zu polieren. «Veltliner? Bier? Kartoffelschnaps?»

Perplex schüttelte Sisi den Kopf.

«Für Kaffee und Punsch musst schon zum Dehne rüber, Zwutschgerl», raunte die Wirtin und beugte sich so tief über den Zuber, dass ihr runzeliger Busen fast aus ihrem Ausschnitt fiel.

«Danke, aber ich suche jemanden», sagte Sisi mutig und betete, dass die Frau keine unnötigen Fragen stellen würde. «Eine Frau ...»

«A bissi mehr wirst mir scho sagn müssen, Zwutschgerl.»

Die Wirtin wischte sich mit dem Handrücken eine graue Strähne aus dem Gesicht und sah sie misstrauisch an.

Schnell senkte Sisi das Kinn, um ihr Gesicht im Schatten ihrer Kapuze zu verbergen. «Rotblondes Haar, zierliche Figur, sie ...»

«Die Treppe rauf, erster Stock, letzte Tür rechts», unterbrach die Wirtin und kniff prüfend die Augen zusammen. «Aber anklopfen, heast?»

Sisi nickte und eilte auf die schmale Holztreppe zu, um dem bohrenden Blick der Frau zu entgehen. Selbst durch das zerfressene Holz der Stufen hindurch schienen ihre neugierigen Augen sie noch zu verfolgen. Ob sie sie erkannt hatte?

Mit stockendem Atem tastete Sisi sich in der Dunkelheit am Geländer entlang. Nur allmählich gewöhnten sich ihre Augen an die Finsternis. Mit jedem Schritt wurde sie sich des Gewichtes ihres teuren Kleides mehr bewusst, der Enge des Korsetts, des vornehmen Zugs ihrer strengen Frisur.

Im ersten Stock erhellten zarte Lichtstreifen den Gang, die durch die Spalten schiefer Holzplanken fielen. Mit klopfendem Herzen trat Sisi darauf. Bei jedem Schritt drückte sich der Dreck der Dielen durch die dünnen Sohlen ihrer Seidenpantoffeln und ihre Aufregung nahm noch zu. Wie war es ihrer Vertrauten ergangen, seit sie sich zuletzt gesehen hatten? Würden sie noch Freundinnen sein, wie zuvor?

Am Ende des Ganges angekommen, klopfte Sisi an die letzte Tür rechts. Zu spät fiel ihr ein, dass Fanny womöglich gar nicht alleine war, wie damals im bayerischen Landbordell. Doch bevor sie den Gedanken weiterführen konnte, näherten sich von Innen eilige Schritte, und mit einem leisen Quietschen öffnete sich die Tür.

«Sieh an», sagte Fanny und schnalzte mit der Zunge, als sie Sisi erkannte. «Du kommst früher, als ich dachte.» Eine Welle der Erleichterung flutete Sisis Körper, als Fanny genussvoll einen Zug von einer Zigarette nahm und grinsend zur Seite trat. Ihre offenen Haare fielen ihr wild ins Gesicht, und nur ein lockeres Beinkleid und ein knappes Mieder verhüllten die Reize ihres schmalen Körpers.

Sisis Hände zitterten noch vor Aufregung, während sie ins Zimmer schlüpfte und eilig den Blick über die einfache Einrichtung huschen ließ. Die Geräusche aus der Weinstube drangen beinahe ungedämpft durch den Fußboden herauf, doch zu ihrer Erleichterung schienen sie beide hier oben alleine zu sein. Sie beobachtete, wie Fanny einen Riegel vor die geschlossene Tür schob, und sah sich noch einmal etwas genauer im Zimmer um. Das wenige Morgenlicht, das durch die dreckigen Fensterscheiben fiel, ließ die makellos gewischten Dielenböden sauber schimmern. Auf einem einfachen Holztisch erkannte Sisi eine Handvoll Töpfe und Geschirr, daneben einen Korb mit roten Rüben und ein rostiges Waschgestell. Nur auf dem großzügigen Bett, das das Zimmer dominierte, lagen einige bunte Wolldecken durcheinander.

Aufgewühlt wandte Sisi sich ihrer ehemaligen Zofe zu, die sie von der Tür aus rauchend musterte, und streifte die Kapuze ab. Verführerisch sah Fanny ihr in die Augen, wie einem ihrer Freier, die sie an diesem Ort ohne Zweifel empfing.

«Ich dachte nicht, dass ich dich jemals wiedersehen würde», sagte Sisi leise und versuchte, dem durchdringenden Blick ihrer Freundin standzuhalten.

«Du hast mich also vermisst?» Ein Schmunzeln huschte über Fannys Gesicht. Sie trat so nah an Sisi heran, wie es in den letzten Tagen außer Franz niemand mehr gewagt hatte. Wie eine Einladung lag das silberne Medaillon mit der Rose über ihrer kaum verdeckten Brust.

«Ja», antwortete Sisi wahrheitsgemäß und spürte, wie ein sanftes Kribbeln in ihr aufstieg. Verheißungsvoll hob Fanny eine Braue und nahm einen letzten Zug von der Zigarette. Hellrot leuchtete die Glut vor ihrem Gesicht auf.

«Verzeih, dass ich ...», presste Sisi beinahe tonlos hervor, doch Fanny legte sanft den Zeigefinger an ihren Mund, und Sisi verstummte. Sie hatte Mühe, die Augen von Fannys vollen Lippen abzuwenden. Das Rot ihrer Haare war verblichen, und ein heller Glanz verriet ihre natürliche dunkelblonde Farbe.

«Wie geht es dir hier?», fragte Sisi leise, doch Fanny blieb ihr die Antwort schuldig und sah sie nur geheimnisvoll an.

«Erzähl!»

Fanny schüttelte kaum merklich den Kopf, um Sisi dann, ohne die Augen von ihr abzuwenden, zärtlich über die Haare, den Nacken, das Kinn zu streichen. Trotz des Lallens aus der Stube, der finsteren Umgebung und der schmierigen Wirtin im Erdgeschoss jagten ihre Berührungen sanfte Schauer über Sisis Haut. Erinnerungen an die Nächte in Possenhofen flackerten in ihrem Geist auf, noch befeuert vom frischen Seifenduft, der dieses Zimmer erfüllte und den sie so gut von Fanny kannte.

Sisi rief sich zur Besinnung. «Warum bist du nicht zurückgegangen nach Bayern?»

«Keine große Geschichte. Jemand hat mir geholfen, und so bin ich geblieben.»

Sisi versuchte, in Fannys Blick zu lesen. Ging es hier um einen Mann?

«Jemand?», fragte sie vielsagend und grinste.

«Ja, jemand!», sagte Fanny lachend und ließ von ihr ab. Sie drückte die Zigarette auf einem gesprungenen Teller auf dem Fensterbrett aus und warf einen kecken Blick über die Schulter. «Dein Auftritt hat mich beeindruckt. Der Pöbel liebt dich.»

«Nicht nur der ...», antwortete Sisi stolz.

«Ach, dann brauchst du meine Hilfe ja nicht mehr.» Laszív ließ Fanny sich rücklings auf das zerwühlte Bett sinken und sah Sisi herausfordernd an. «Schade eigentlich ...»

Gebannt starrte Sisi auf den schönen Körper, der sich wie hingegossen in die Laken schmiegte. Verboten und verführerisch zugleich, zog der Anblick ihrer Freundin sie an. Sich selbst in Erinnerung rufend, warum sie hergekommen war, tastete Sisi nach ihrer Handtasche und zog einen kleinen Beutel hervor. Mutig ging sie auf Fanny zu und ließ sich neben ihr auf der weichen Matratze nieder. Als sie das Portemonnaie zwischen ihnen auf die Decken fallen ließ und die Münzen darin hörbar aneinander klimperten, glaubte sie, kurz etwas Kaltes in den Augen ihrer Freundin aufflackern zu sehen.

«Wofür ist das?»

«Dafür, dass du mit mir mitgekommen bist, nach Wien.

Und damit du nicht mehr ...» Mit einem Nicken deutete Sisi auf das Bett.

«Ich kann schon gut auf mich selbst aufpassen.» Fanny reckte selbstbewusst das Kinn. «Also: Warum bist du wirklich hier?»

Sisi stockte der Atem. Freundin, Zofe oder Lehrerin – was auch immer Fanny für sie war, Sisi konnte ihr nichts vormachen. Durchdringend sah Fanny sie an, und schließlich gab Sisi sich einen Ruck. «Was kann ich tun, um schwanger zu werden?»

Ein breites Grinsen breitete sich auf dem Gesicht ihrer Freundin aus, und Sisi stieg die Hitze in die Wangen.

«Es kann wohl nicht schnell genug gehen am Kaiserhof?»

«Ich möchte nicht, dass Franz sich Sorgen machen muss», setzte Sisi schnell hinzu.

Immer noch schmunzelnd richtete Fanny sich auf. «Verständlich, dass du diese Frage stellst. Woher sollst du es auch wissen?» Gebannt hielt Sisi den Atem an, als Fanny sich zu ihr vorbeugte. «Es gibt nur ein paar Tage im Monat, an denen du empfangen kannst.»

«Und wann sind diese Tage?», fragte Sisi und kämpfte gegen das Verlangen an, Fannys volle Lippen zu berühren. Die wenige Luft, die ihre Gesichter noch voneinander trennte, schien vor Anziehung förmlich zu vibrieren, als Fanny erneut ihren Mund öffnete.

«Deine Lust verrät es dir.»

DER KUSS

Eiligen Schrittes huschte Sisi die Marmortreppe hinauf. Der Vormittag war bereits weit fortgeschritten, und frische Schnittblumen zierten die goldenen Vasen auf den Eckpfeilern des Geländers. Seit sie mit Fanny gesprochen hatte, erfüllte eine angenehme Leichtigkeit ihr Herz. All die Sorge und Einsamkeit schienen von ihr abgefallen zu sein, jetzt, da sie ihre Freundin in der Nähe wusste. Stattdessen erfüllte sie die tiefe Entschlossenheit, sich dieses Leben zur neuen Heimat zu machen. Dass die diensthabenden Leibgardisten, die das Eingangstor bewachten, sie nur höflich gegrüßt hatten, hatte ihrer Stimmung zusätzlich Auftrieb verliehen. Der Hof schien ihren Ausflug gelassener hinzunehmen als gedacht. Warum also bis zum Abend warten, ihren Mann wiederzusehen? Leise drückte sie die Klinke zu Franz' Appartements herunter.

«Wo warst du?»

Die schrille Stimme ihrer Schwiegermutter ließ Sisi herumfahren. Erzherzogin Sophie stand mit ihrer gesamten Entourage am Fuß der Treppe. Der ausladende Rock ihres grauen Kleides hatte die Oberhofmeisterin in die zweite Reihe gedrängt, und die hochnäsigen Zofen lugten neugierig über ihre kantigen Schultern.

«Spazieren», log Sisi und versuchte, ihrer Antwort einen selbstverständlichen Ton zu verleihen.

«Spazieren?» Erzherzogin Sophie schnappte nach Luft. «Allein?!» Eilig raffte sie ihren Rock und erklomm die Stufen der Treppe. Ohne dass sie ein Zeichen hätte geben müssen, setzte sich auch ihre Gefolgschaft unter emsigem Rascheln und Tippeln in Bewegung.

«Was treibt dich allein in die Stadt?», fragte Sophie.

«Franz war sehr früh wach», sagte Sisi, unwillig, sich zu verteidigen. «Da habe ich mich ein wenig umgesehen.»

Ein beinahe mitleidiger Ausdruck huschte über Erzherzogin Sophies Gesicht. «Das Amt verlangt dem Kaiser viel ab. Daran wirst du dich gewöhnen müssen», sagte sie und streckte ihr streng die Hand zum Kuss entgegen. «Dennoch sieht das Zeremoniell für die Kaiserin keine Spaziergänge im Alleingang vor.»

Widerwillig beugte Sisi sich zu den großen Ringen an den Fingern der Erzherzogin hinunter und gab ihr einen Handkuss.

«Wann auch immer du also in Zukunft wünschst zu *spazieren*», mit der grazilen Bewegung einer Tänzerin deutete Sophie zu ihrer Linken und nickte der Oberhofmeisterin vielsagend zu, «wird Gräfin Esterhazy dich begleiten.»

Beklommen verfolgte Sisi, wie die Gräfin auf den Stufen in eine tiefe Verneigung sank. Einmal mehr erinnerte sie die weiße Feder, die in Esterhazys dunklem Hutband steckte, an das kontrastreiche Gefieder einer Elster. Der schmucklose Baumwollmusselin ihres Kleides ließ ihre Haut noch fahler erscheinen als sonst, und ihre knöchrigen Handgelenke sowie ihre harte, fast versteinerte Miene stießen Sisi ab.

«Ich möchte jetzt meinen Mann sehen.» Herausfordernd reckte sie ihrer Schwiegermutter das Kinn entgegen und beschloss, sich heute unter keinen Umständen abwimmeln zu lassen. Eine sanfte Röte erschien auf Sophies Wangen und verriet, wie sehr die Erzherzogin um eine gemäßigte Reaktion rang.

Nachsichtig faltete sie die Hände vor ihrem Rock, und zum ersten Mal glaubte Sisi, in ihrem Gesicht die Züge ihrer Mutter zu erkennen. «Er arbeitet.»

«Franz wird sich freuen, mich zu sehen», erwiderte Sisi bestimmt, «und ich werde ihn gewiss nicht lange behelligen.»

Prüfend blickte Sophie sie an. Sisi schluckte. Obwohl ihre Schwiegermutter ihr in Bad Ischl ihren Segen für die Verbindung mit ihrem Sohn gegeben hatte, schien sie sich ihren Respekt erst verdienen zu müssen. Doch wer war diese Frau schon anderes als ihre Tante? Die schmale, lange Nase, dazu die ebenmäßig geschwungenen, leicht gehobenen Brauen. Die Ähnlichkeit zu Ludovika war unverkennbar.

Als hätte sie Sisis Entschiedenheit gewittert, gab Sophie sich überraschend geschlagen. «Begleitet die Kaiserin bitte zu meinem Sohn», sagte sie streng zur Oberhofmeisterin, «und setzt Eure Unterweisung in der höfischen Etikette fort, sobald es die kostbare Zeit Ihrer Majestät erlaubt.» Sie unterstrich ihre Spitze mit einem knappen Nicken, wandte sich ihren Hofdamen zu und verschwand ihnen voran in einem angrenzenden Gang.

Erleichtert atmete Sisi auf und drehte sich triumphierend zu ihrer Oberhofmeisterin um. Der schmale Mund der Gräfin verzog sich zu einem steifen Lächeln, bevor sie in einen Knicks sank und an ihr vorbei die Appartements betrat. «Wenn Ihr mir bitte folgen würdet.»

Der hochgeschlossene Kragen ihres Kleides betonte noch ihren schmalen, unnatürlich langen Hals. Ob sie wohl schon immer so gewesen war? So streng und zugeknöpft? Oder hatte der steife Wiener Hof mit seinen engen Kleidern und starren Reglements sie zu dieser vertrockneten Petunie gemacht? Einer ausgezehrten, verbitterten alten Elster?

Sisi straffte die Schultern, als könnte sie dadurch die unsichtbaren Fesseln des Hofes lockern, und folgte der Elster in die offiziellen Kaiserappartements. Bei jedem Schritt hörte sie das leise Trippeln der Zofen hinter sich. Vor jeder Tür sank ein weiterer Diener in eine tiefe Verneigung.

Vor einer großen Flügeltür endlich blieb die Gräfin stehen, drehte sich zu Sisi um und sank erneut in einen tiefen Knicks. «Der Kaiser hat viel zu tun», sagte sie und deutete dem Portier, zu öffnen. «Ihr tätet gut daran, ihn nicht lange bei seinen Aufgaben zu stören.»

Gerade wollte Sisi zu einem Kontra ansetzen, da brachte Franz' besorgte Stimme sie zum Schweigen.

«Sisi, ist etwas passiert?» Eilig trat er hinter seinem Schreibtisch hervor und kam auf sie zu.

Sisi schenkte der Elster noch einen triumphierenden Blick und schloss dann überlegen die Tür hinter sich.

Franz war kaum eine Armlänge vor ihr zum Stehen gekommen und sah sie forschend an. «Ist alles in Ordnung?»

Mit klopfendem Herzen stand Sisi vor ihm, unfähig zu antworten. Kein Muskel ihres Körpers schien ihr mehr gehorchen zu wollen, und sie spürte, wie ihr die Hitze in die Wangen stieg. Franz hatte seinen Waffenrock abgelegt und die Ärmel des cremefarbenen Hemdes bis zu den Ellenbogen hochgekrempelt. Das helle Sonnenlicht des lauen Maitages, das durch die hohen Fenster einfiel, ließ die Härchen auf seinen kräftigen Unterarmen golden schimmern. *Deine Lust verrät es dir*, zuckte Fannys Stimme durch Sisis Kopf, und sie erinnerte sich, weshalb sie hergekommen war.

«Ich habe dich vermisst.» Und obwohl sie nicht wusste, was sie in diesem Moment mehr antrieb, ihre Lust oder der Wunsch, ihre wichtigste Aufgabe am Hofe zu erfüllen, machte sie entschlossen zwei Schritte auf Franz zu und schlang die Arme um seinen Hals. Dass Franz' Augen lüstern aufflackerten, verschaffte ihr die Sicherheit, ihre Hände zum obersten Knopf seines Hemdes gleiten zu lassen.

«Mitten am Tag?», flüsterte er und warf einen flüchtigen Blick zur Tür, hinter der nach höfischer Etikette die Entourage der Oberhofmeisterin auf sie warten musste. Sisi versuchte, sich davon nicht einschüchtern zu lassen.

«Wir haben doch einiges nachzuholen», sagte sie so leise sie konnte, und sah herausfordernd in die stahlblauen Augen ihres Mannes. Weshalb auch immer sie hergekommen war, jetzt, da sie seine Wärme an ihrem Busen spürte, gedämpft durch die vielen Stofflagen ihrer Kleidung, sehnte sich ihr ganzer Körper danach, erneut mit dem seinen zu verschmelzen. Fortzusetzen, was sie in der letzten Nacht begonnen hatten.

Überrascht stöhnte sie auf, als Franz sie an der Taille packte und rücklings gegen die Tür drückte, die scheppernd in ihren Angeln erbebte. Einen Augenblick später war sein Gesicht so nah, dass sie den herben Geruch seines Atems schmeckte. Als sich ihre Münder fanden, jagte ein Schauer über ihre Haut. Sie ließ sich in den warmen, stürmischen Kuss sinken und umschlang seinen kräftigen Körper mit ihren Armen. Willig ließ sie sich von Franz umfangen. Sie ließ es geschehen, als seine Rechte ihr Handgelenk packte, ihren Arm bestimmt über ihren Kopf führte und an das lackierte Holz der Flügeltür presste. Entschlossen hielt Franz sie fest, während er ihren Hals mit seinen Lippen liebkoste, und der Gedanke an die hochnäsigen Zofen, die ihre Begegnung aus dem Vorraum verfolgten, steigerte noch den Reiz seiner Berührungen. Erregt schloss Sisi die Augen und sog sehnsüchtig den erdigen Geruch seines Körpers ein. Und während er sich mit seiner Härte gegen sie presste, war ihr, als gäbe das harte Holz der Tür hinter ihr nach, als tauchte sie ein in einen grenzenlosen, unendlich weichen, zeitlosen Raum, gänzlich erfüllt von der Zweisamkeit mit Franz, ihrem Mann.

Wie hatte er nur so lange warten können, diesen Weg mit ihr zu gehen? Das alles war so unendlich süß und intensiv, dass Sisi daran zweifelte, jemals genug davon zu bekommen.

Wien, zwei Monate später

HOFFNUNG

«Was hast du mir diesmal mitgebracht?» Kaum hatte Fanny die Tür geöffnet, schnappte sie Sisi schon beschwingt das Körbchen mit den Naschereien aus der Hofzuckerbäckerei aus der Hand. Obwohl der Wiener Hof in den letzten Wochen zunehmend seine Fänge um sie geschlossen hatte, hatte Sisi Wege gefunden, sich immer wieder erfolgreich davonzustehlen. Und meistens hatte sie sogar etwas Süßes für ihre Freundin dabei.

Mit gekreuzten Beinen hockte Fanny sich aufs Bett und beugte sich mit einem verschmitzten Grinsen über ihre Beute. Trotz Sisis Bemühungen hatte das feine Biskuit auf dem kurzen Weg vom Michaeler Platz hierher seine Form verloren, doch Fanny schien das wenig auszumachen. Andächtig breitete sie das Papier auf ihren bunten Decken aus und stach mit einem Löffel in die zerflossene Creme. Die lockere Chemise und die rotblonden Locken, die lose ihren Körper und ihr Gesicht umspielten, zeugten von der Unbeschwertheit, mit der sie ihr Treffen erwartet hatte, und machten Sisi umso deutlicher bewusst, welche Anspannung ihr selbst in den Gliedern saß.

Aufgewühlt schloss sie die Tür hinter sich und überlegte, ob sie direkt mit der Neuigkeit herausplatzen sollte. Ihr Blick streifte sehnsüchtig den Berg unordentlich abgelegter Kleider auf dem wackeligen Stuhl mit der herausgebrochenen Lehne, die kleine Lache unter dem Lappen, den Fanny stets achtlos über den Rand der Waschschüssel warf, und das Häufchen abgebrannter Kerzen- und Zigarettenstummel in der Ecke auf dem Dielenboden. Sisi versuchte, einen Anflug von Panik abzuschütteln. Unter den engmaschigen Reglements und der strengen Etikette, die ihr neues Leben ihr auferlegt hatte, war der Kohlmarkt Nummer drei zu einem Zufluchtsort geworden. Doch nun, da ihre monatliche Blutung ausgeblieben war und sie seit einigen Tagen ein neuartiges Ziehen im Unterleib spürte, fürchtete sie, dass ihre heimlichen Treffen bald ein Ende haben könnten. Ihr Körper fühlte sich merkwürdig an. Und nicht nur das: In den letzten Tagen durchlebte sie ein Wechselbad der Gefühle. Nacheinander heiß und kalt, stiegen mal Freude und Erleichterung in ihrem Inneren auf, dann wieder schlugen Angst und Zweifel über ihr zusammen. Sie hatte ihre Mutter viele Kinder austragen sehen, und der Gedanke daran, in dieser Zeit außer Franz niemanden in ihrer Nähe zu wissen, dem sie vertraute, versetzte sie in gewaltige Unruhe. Wer wusste schon, um wie viel enger der Hof seine Schlingen um sie ziehen würde, wenn man erfuhr, dass sie die Zukunft des Reiches in sich trug?

«Hast du das probiert?», fragte Fanny, die von alldem nichts mitbekam, und deutete mit dem Löffel auf die zerflossene Creme.

Sisi schüttelte nur den Kopf, ohne dass sie einen Ton hervorgebracht hätte.

Sie wusste, dass es nicht mehr lange dauern konnte, bis ihr Zustand offenkundig wurde. Wie alles an ihrem neuen Leben war seit ihrer Hochzeit auch ihre Unterwäsche Staatsangelegenheit. Gräfin Esterhazy achtete darauf, ihre Höschen separat zu waschen, und führte in einem kleinen Notizheft Buch. Es war nur eine Frage der Zeit, bis sie daraus ihre Schlüsse zog.

«Das solltest du aber!» Behutsam trennte Fanny einen neuen Bissen von der Torte und bot ihn Sisi an. Wieder schüttelte Sisi den Kopf.

«Du musst wohl aufpassen, dass du nicht aufgehst wie ein Hefekloß!», witzelte Fanny. Sie blies die Luft in die Backen wie ein Feldhamster. «Sonst vernascht dich dein Kaiser nicht mehr!»

Sisi bemühte sich um ein müdes Lächeln, doch selbst der Gedanke an die neu entstandene Körperlichkeit mit Franz vermochte es nicht, den erdrückenden Schleier zu lüften, der sie umgab. Bedrückt querte sie den Raum und öffnete das Fenster, um sich Luft zu machen.

Das grelle Morgenlicht ließ die Schornsteine und Ziegeldächer der gegenüberliegenden Häuserzeile rotgolden strahlen, und der wolkenlose Himmel verhieß trotz des kühlen Luftzugs, der erfrischend ihre Wangen streifte, einen heißen Julitag. Aufgewühlt starrte Sisi hinunter zum Kohlmarkt, auf dem einige Frauen in einfachen Kleidern ihre Stände bestückten. Mit leuchtenden Farben buhlten die frischen Bohnen, Kirschen und Mirabellen um ihre Aufmerksamkeit.

Im Gegensatz zum choreografierten Reigen der Hofburg versprühte das bunte Treiben auf der Straße eine Lebendigkeit, die sie früher für selbstverständlich angenommen hatte, die ihr jetzt aber schon fast fremd geworden war.

«Ist etwas passiert?», fragte Fanny, aufmerksam geworden.

Sisi seufzte. Obwohl sie durchaus um die Annehmlichkeiten und Privilegien ihres Lebens als Kaiserin wusste, beneidete sie ihre Freundin um ihre Freiheiten.

Sie gab sich einen Ruck. Entschlossen drehte sie sich um. «Ich habe mir etwas überlegt», sagte sie. «Triff mich übermorgen um kurz vor drei am Eingang zum Hoftheater nächst der Burg.»

Erstaunt legte Fanny den Kopf schief. «Was hast du vor?»

«Ich möchte mein Versprechen einlösen», Sisi stockte, «und dich an den Hof holen.»

«Aber ich habe die Ahnenprobe nicht bestanden!»

Sisi nickte. «Gräfin Esterhazy hält dich für eine gerissene Betrügerin, aber es gibt noch andere Anstellungen am Hof. Und ich möchte dich näher bei mir haben, in der nächsten Zeit, wenn ...» Ihre Stimme brach ab. «Bis ...», versuchte sie es weiter, doch es war, als versperre ein unsichtbares Hindernis ihre Kehle. Die Hemmung, ihre Vermutung zum ersten Mal auszusprechen, das Bevorstehende vor jemandem zu benennen, war so groß, dass sie es nicht vermochte. Doch das Verstehen, das sie über Fannys Gesicht huschen sah, verriet ihr, dass es keiner weiteren Worte bedurfte.

ANGRIFFSLUST

Kurz bevor die Klinge ihn treffen konnte, sprang Franz zur Seite, wehrte den Hieb mit seinem Florett ab und warf Grünne mit einem kräftigen Stoß zurück.

«Da will es aber jemand wissen heute!»

Schnell richtete er seine Fersen auf der imaginären Kampflinie aus, die ihn mit seinem Kompagnon verband, setzte mit aufrechtem Oberkörper den linken Fuß um zwei Längen nach vorn und brachte das Florett von unten nach oben in Linie.

Die letzten Wochen hatten ihn in außerordentlich gute Stimmung versetzt. So holprig der Anfang seiner jungen Ehe auch verlaufen war, inzwischen schien sein privates Glück sogar eine schützende Hand über das politische Tagesgeschäft zu breiten. Selbst Graf Grünne, sein schärfster Kritiker, hatte in der letzten Zeit darauf verzichtet, offen seinen Unmut kundzutun. Sogar seinen Rückzieher bei den ungarischen Exilanten hatte der Graf stillschweigend hingenommen, und so war es seit der Entzweiung mit dem russischen Zaren erstaunlich ruhig zugegangen in der Hofburg. Neben den Audienzen, Seriendiners und repräsentativen Verpflichtungen hatte Franz sogar die Zeit gefunden, die Duelle wieder aufzunehmen, in denen sie als Offiziersanwärter ihre Kräfte erprobt hatten.

«En garde!», durchschnitt die Stimme des Kampfrichters den leeren Saal der Winterreitschule. Beinahe im selben Augenblick stieß Franz vor. Mit einem lauten Klirren schlugen ihre Klingen aneinander.

«Du bist gut in Form heute!», rief Franz.

Er setzte mit einem neuen Hieb vor, dem Grünne behände auswich. Kontrollierter Atem hob und senkte die Brust seines Gegners, als er erneut Stellung bezog, und in seinen grünen Augen funkelte die Angriffslust.

«Und du hast wieder kaum geschlafen, richtig?» Grünnes schlagfertiges Kontra entlockte Franz ein Grinsen, doch der Graf gönnte ihm keine Verschnaufpause. Quart, Terz, Prim und Sekond. Entschlossen drängte er Franz zurück. Die mit Stuck verzierte Kassettendecke warf das Echo ihrer sich kreuzenden Klingen zurück, bevor der sandige Torfboden es verschluckte.

«Eure Majestät!»

«Hoffentlich habt Ihr einen guten Grund zu stören, Ketterl?» Ohne sich vom Zwischenruf seines Kammerdieners ablenken zu lassen, setzte Franz seine Verteidigung fort. «Graf Grünne könnte das den Sieg kosten!» Tatsächlich zögerte Grünne kurz, und Franz nutzte den Moment für ein Coupé.

«Es gibt Neuigkeiten», hörte er Ketterl sagen. «Leider.»

«Leider?» Ein kräftiger Stoß entriss Franz das Florett. Verblüfft sah er, wie es einige Meter weiter im Sand landete.

Triumphierend sank Grünne in eine förmliche Verneigung. Franz nickte seinem Freund anerkennend zu und griff widerwillig nach dem Zettel auf dem Silbertablett, das Ketterl ihm hinhielt. Während er noch versuchte, seinen vom Kampf beschleunigten Puls zu beruhigen, entfaltete er mit schwitzigen Händen das Telegramm. Es waren nur wenige Zeilen, doch sie ließen ihm mit einem Schlag alles Blut aus den Adern weichen.

Eine feine blaue Linie kennzeichnete den wasserreichen Lauf des Mincio. Von Peschiera del Garda ausgehend, schlängelte sich die naturgegebene Verteidigungslinie über Mantua bis zum Po. Etwas östlich davon verband der breite Strom der Etsch die Festungen Verona und Legnano.

Nervös knackste Franz seine Finger, trat ein paar Schritte von der großen Landkarte in der Ecke seines Arbeitszimmers zurück und ließ sich davor in einen Sessel sinken. Das an den zwei Flussläufen strategisch gut gelegene Festungsviereck hatte es dem Grafen Radetzky von Radetz 1848 erlaubt, die Gebiete südlich der Alpen unter österreichischer Herrschaft zu halten. Franz rieb sich die Schläfen. Dass italienische Partisanen in der Nacht seine Militärstützpunkte nahe Mailand abgebrannt und Graf von Strassoldo-Graffemberg ermordet hatten, ließ die Bilder seines Albtraumes vor seinem inneren Auge aufblitzen. Obwohl der Traum schon Wochen zurücklag, hatten die Szenen nichts an Lebendigkeit eingebüßt. Die brennenden Gäste. Das Blut der Statthalterin an der weißen Wand. Und über all den Schreien seine eigene, ausgehöhlte Fratze.

«Was willst du jetzt tun?» Herausfordernd sah Grünne ihn an.

Betreten wich Franz dem Blick des Grafen aus, griff nach der silbernen Tabatiere, die im Licht des Nachmittages auf einem Beistelltisch schimmerte, und ließ seinen Daumen über den darin eingelassenen Cabochon gleiten. Schon oft hatte ihm der Lapislazuli beim Sortieren seiner Gedanken geholfen. Fest drückte Franz auf den blauen Halbedelstein, als könnte er aus dessen glatter Oberfläche die Lösung seiner Probleme herauspressen.

«Die Nachricht über die Unruhen jenseits der Alpen wird sich wie ein Lauffeuer verbreiten», setzte Grünne nach. «Du tätest gut daran, einen überzeugenden Plan zur Hand zu haben.»

Franz warf einen Blick auf die Landkarte und das italienische Festungsviereck. Radetzkys militärische Operationen hatten ihm trotz seiner notorischen Geldknappheit den Heldenstatus eingebracht. Würde es Franz gelingen, die Unruhen jenseits der Alpen ebenso erfolgreich niederzuringen?

«Kämpfen», sagte er knapp und legte die Tabatiere zurück auf den Schreibtisch. Seit Viktor Emanuel II., König von Sardinien-Piemont, an der Seite Frankreichs und Englands in den Krieg um die Krim eingegriffen hatte, gab es an seinen vermessenen Ambitionen wenig zu deuteln. Sehr zu Franz' Missfallen hatten die europäischen Großmächte Viktor Emanuel und seinen Außenminister Cavour sogar nach Paris eingeladen, um an den abschließenden Friedensverhandlungen gegen Russland teilzunehmen! Es war Zeit, dem Geltungsbedürfnis dieses Italieners ein Ende zu setzen.

«Es sieht so aus, als würde Frankreich die Aufstände in der Lombardei unterstützen.» Grünne machte eine Pause, wohl um die Relevanz seiner Botschaft zu unterstreichen. «Inoffiziell, versteht sich», fügte er mit gesenkter Stimme hinzu.

«Napoleon?!» Die Abscheu gegenüber diesem verfressenen Aufpudler trieb Franz einen unangenehmen Druck in die Stirn. Er verachtete den französischen Herrscher. Seit sie etwa zeitgleich den Thron bestiegen hatten, schienen ihre Leben auf unangenehme Weise miteinander verknüpft.

«Ich nehme an, er will dich provozieren, zu einem Krieg.»

«Den kann er haben!» Franz schnaubte verächtlich. «Der Deutsche Bund wird mich unterstützen.»

«Du wirst dein Volk momentan kaum für einen Krieg gewinnen können», insistierte Grünne.

«Doch, das werden wir», durchschnitt unerwartet die Stimme von Franz' Mutter die Stille.

Überrascht drehte Franz sich um und sah, dass die Erzherzogin das Arbeitszimmer betreten hatte und leise die Tür hinter sich schloss. Angespannt senkte er zum Gruß das Kinn. Wie lange mochte sie schon dort gestanden haben? Misstrauisch starrte Franz auf das kleine Büchlein, das sie ihm entgegenhielt. Sie glich einer Katze. Nichts blieb ihr verborgen.

Mit einem stillen Seufzen nahm er ihr das Buch aus der Hand und schlug es an dem seidenen Markierfaden auf. «Was ist das?» Eine Ansammlung kleiner Striche und Daten zierte das Papier, mit denen er nichts anzufangen wusste.

«Einem Kaiser, der seinem Volk eine Zukunft bietet, dem werden die Menschen folgen.»

Entgeistert versuchte er im Gesicht seiner Mutter zu lesen.

«Herzlichen Glückwunsch, Franz!» Erzherzogin Sophies Gesicht verzog sich zu einem stolzen Lächeln. «Sisi ist eine Woche über der Zeit. Das Haus Habsburg erwartet einen Erben!»

IM SCHATTEN

Sisi zog die Kapuze des schwarzen Mantels in die Stirn und trat über den Bordstein, hinein in das bunte Treiben des Kohlmarkts. Überall drängten sich die Passanten um Stände mit Trödel, Gemüse und Eingemachtem. Der Duft frisch gebackener Hohlhippen mischte sich unter das lautstarke Marktgeschrei, untermalt von der Melodie einer melancholischen Drehorgel. Dazwischen suchten einige in Lumpen gehüllte Bettler nach Almosen, und über alldem ragte, wie aus einer anderen Welt, die imposante Fassade der Hofburg in den Mittagshimmel. Entschlossen schritt Sisi darauf zu. Obwohl allein beim Gedanken an die stickigen Räume eine leichte Übelkeit in ihr aufstieg – sie musste sich beeilen, nach Hause zu kommen.

«Pass doch auf!»

Im letzten Moment wich Sisi einer Kiste mit erdigen Steckrüben aus, die ein schmächtiger Bursche auf seinen Armen balancierte, und stolperte direkt in den weichen Busen eines Mütterchens hinein, unter dessen braun kariertem Kopftuch wirres, schwarz gefärbtes Haar hervorquoll. Sisi murmelte eine leise Entschuldigung und wollte sich gerade mit gesenktem Blick an ihr vorbeischieben, da trat die Alte ihr entschieden in den Weg und ließ ihre runzeligen Finger in eine abgegriffene Tasche gleiten. «Seht meine Waren!» Ihr Lächeln gab eine große Zahnlücke preis. «Schöner Schmuck für eine schöne Frau!»

«Danke, aber ich kaufe nichts.» Schnell drängte Sisi sich zwischen zwei angrenzenden Ständen hindurch und an einem Händler mit einem Bauchladen voll bunter Zuckerln vorbei. Aufsehen zu erregen, das war das Letzte, das sie gerade gebrauchen konnte. Da spürte sie, wie sich bestimmt und kräftig eine raue Hand um ihren nackten Unterarm schloss.

«Junge Dame! Nicht so eilig!»

Erschrocken fuhr Sisi herum. Die Alte hielt ihr eine Handvoll Holz- und Hornschmuck entgegen. «Seht her, was ich für Euch habe!» Ihre dunklen Augen funkelten Sisi so klar entgegen, als blickten sie geradewegs durch sie hindurch.

Sisi schüttelte entschieden den Kopf und legte schützend die freie Hand auf ihren Bauch. «Wenn Ihr mich nun bitte entschuldigen würdet.»

Doch die drahtigen Finger der Alten gruben sich nur umso tiefer in ihren Arm. «Lasst mich in Eurer Hand lesen!»

Mit klopfendem Herzen sah Sisi sich um. Wenn die Frau nicht endlich von ihr abließ, würden sich bestimmt bald erste Schaulustige um sie scharen. Einige Weiber unterbrachen schon ihre lautstarke Zankerei und äugten neugierig zu ihnen herüber.

Sisi holte tief Luft und gab dem Zug der Alten widerwillig nach. Behände drückte die Frau ihre Finger auf und beugte sich über ihre Handfläche. Blütenweiß und rosig hob sich Sisis helle Haut von den Fingern der Alten ab, die Schmutz und Arbeit ledrig-dunkel gegerbt hatten.

Während sie das Mütterchen die feinen Linien ihrer Hand nachfahren ließ, glitt Sisis Blick hilfesuchend über die Köpfe und Hüte der Einkaufenden hinweg zum

Michaeler Platz. Die Mittagssonne zwang sie, die Augen zusammenzukneifen. Wie immer, wenn die kaiserliche Familie in Wien anwesend war, flankierte die Hofburgwache in blaugrauer Paradeadjustierung die Tore und Einfahrten zum kaiserlichen Hof. Selbst aus der Ferne konnte sie die weißen Leibriemen, goldenen Achselschnüre und Epauletten an ihren Waffenröcken in der Sonne schimmern sehen, genau wie das Metall der Stichbajonette, das ihre Gewehre zierte. Das Glänzen verschwand jedoch schlagartig, als sich überraschend eine dichte Wolke vor die Sonne schob.

Nervös wandte Sisi sich wieder der Alten zu, die noch immer konzentriert ihre Hand studierte. Wie der Himmel hatte sich auch ihre Miene deutlich verdüstert. Ihre Augen hatten ihren Glanz verloren, und tiefe Falten gruben sich zwischen ihre buschigen Brauen.

Obwohl der Juli warme Temperaturen gebracht hatte, huschte ein eisiges Frösteln über Sisis Haut. Als Mädchen war sie bei einem Spaziergang auf dem Münchner Viktualienmarkt mit ihrem Vater einmal einer Handleserin begegnet. Damals hatte die Frau ihr «großes Glück» vorausgesagt, und Max hatte ihr grinsend eine Münze zugesteckt. Später, auf dem Heimweg, als sie ihn gefragt hatte, wie die Frau über ihre Zukunft Bescheid wissen könne, hatte Max ihr nur auf die Schulter geklopft. *«Glaub ja nichts, das du nicht glauben willst»,* hatte er gesagt, *«schon gar nicht aus dem Mund der Jahrmarktsfrauen, die sich mit ein wenig Scharlatanerie ihr tägliches Brot verdienen.»*

Doch heute, versteckt unter ihrem dunklen Mantel, allein auf dem Kohlmarkt, gelang es ihr nicht, die Worte des Herzoges zu beherzigen. Da war eine dunkle Energie an dieser Frau, die Sisi das Blut in den Adern gefrieren ließ. Es war ihr, als dringe sie gegen ihren Willen in sie ein. Weiter, als es je zuvor jemand getan hatte. Ob sie wirklich etwas sah?

Mit einem kräftigen Ruck riss Sisi sich los und stürzte sich blindlings ins Gewühl des Marktes. Wieder und wieder stieß sie gegen vorbeigehende Passanten, die ihr unfreundliche Worte zuriefen, während sie glaubte, über ihren eiligen Schritten ihren eigenen Herzschlag zu hören.

«Die Kaiserin!» Der Schrei ließ sie zusammenzucken. Panisch blickte Sisi sich um und traf direkt neben sich den ausgestreckten Zeigefinger des Burschen, der sie vor wenigen Minuten noch wegen der Kiste angepflaumt hatte. Obwohl er die Steckrüben nicht mehr bei sich trug, erkannte sie doch sofort die schelmisch-blauen Augen, die ihr aus seinem ausgezehrten Gesicht entgegenstachen. Perplex tastete Sisi nach ihren Haaren und spürte, dass ihr die Kapuze vom Kopf gerutscht war. Hastig zerrte sie sie zurück über ihren Scheitel. Doch es war zu spät.

«Die Kaiserin!», rief der Bursche erneut und wedelte sensationsheischend mit den Armen, um auf sie aufmerksam zu machen. «Seht her, die Kaiserin von Gottes Gnaden, ganz leibhaftig unter uns!»

Schon starrten Hunderte von Augenpaaren ihr entgegen. Manche freudig, manche neugierig, andere hasserfüllt, drängten sie näher, als die Menge ihre Kreise enger zog.

«Ihre Majestät, die Kaiserin!», brandeten weitere Rufe auf, und innerhalb weniger Sekunden verwandelte sich das rege Markttreiben um Sisi in ein so lebhaftes Geschrei und Gewimmel, dass es ihr die Kehle zuschnürte. Von allen Seiten drängten Leute auf sie zu, streckten die Hände nach ihr aus, rissen an ihrem Mantel, an ihren Haaren, begrapschten mit ihren klebrigen Händen ihr Gesicht, ihren Hals. Sisi ruderte mit den Armen, versuchte, sich zu befreien, der Garde vor der Hofburg zuzurufen, deren schwarze Rosshaarbüsche auf den Pickelhauben im leichten Sommerwind wippten. Doch der Mob setzte eine so gewaltige Kraft und Lautstärke frei, dass es unmöglich war, sich darin bemerkbar zu machen, geschweige denn, ihm zu entkommen. Ein paar Atemzüge gelang es Sisi noch, sich an der Oberfläche zu halten. Dann zerrte die wogende Masse sie wie eine Ertrinkende hinunter, in die Tiefe, dem schmutzigen Kopfsteinpflaster entgegen, während Gestank und Geschrei über ihr zusammenschlugen.

RÜGE

Wirst du denn nie zur Vernunft kommen!» Die Erzherzogin klatschte so laut in die Hände, dass Sisi zusammenzuckte.

Die Schreie des Mobs dröhnten noch in ihren Ohren, und das Zerren Hunderter Hände, der intensive Gestank von Schweiß, ranzigem Fett und fauligem Atem hatten sie in einer dumpfen Taubheit zurückgelassen. Zusammengesunken kauerte sie auf dem harten Polster der Chaiselongue im Salon ihrer Gemächer und starrte auf ihre im Schoß gefalteten Hände. Braunschwarze Schlieren überzogen den zerrissenen Stoff ihres Kleides, und ihr ganzer Körper schmerzte vom Stoßen und Ziehen der Menge. Allein dem konsequenten Eingreifen der Burgwache war es zu verdanken, dass sie dem Tumult lebendig entkommen war.

Seit einer gefühlten Ewigkeit ließ Sisi die Standpauke der Erzherzogin reglos über sich ergehen, ohne ihren Worten im Detail zu folgen. Das Wissen darum, sich in ihrem Zustand in Gefahr gebracht zu haben, lastete ohnehin wie Blei auf ihren Schultern, und obwohl sie sich einredete, dass es Unsinn war, nichts als Scharlatanerie, saß ihr die dunkle Miene der Handleserin noch in den Gliedern. Was, wenn ihrem Baby im Gedränge etwas geschehen war? Sie das Kind verlieren würde?

Wie ein dunkles Zeugnis ihres kopflosen Unterfangens lag der weite Kapuzenmantel neben ihr über der weißgold gefassten Lehne. Vor einigen Jahren hatte Ludovika eines ihrer Kinder tot zur Welt gebracht. Da sie das Baby nie gesehen hatte – ihre Mutter hatte es nicht einmal Max gezeigt –, waren die beängstigendsten Bilder in Sisis Fantasie aufgekeimt. Obwohl sie nie selbst eine Abnormitätenschau gesehen hatte, kannte sie sehr wohl die Zeichnungen gängiger Attraktionen. Dreibeinige oder Sechsfingrige, Kleinwüchsige und Überbehaarte, Kinder mit zwei Körpern oder aufgedunsenem Wasserkopf. Sisi schloss für einen kurzen Moment die Augen und bemühte sich, die Gedanken abzuschütteln.

Sophie schnappte eben lautstark nach Luft. «Es brodelt im ganzen Reich, und die Kaiserin rennt ins Armenviertel!»

Erstaunt hob Sisi den Blick. «Was heißt das, es brodelt im ganzen Reich?» Herausfordernd sah sie ihre Schwiegermutter an.

Die zusammengepressten Lippen, mit denen Sophie ihre Frage beantwortete, verrieten, dass sie mit ihrer Vermutung ins Schwarze getroffen hatte. Nachdem der ganze Hofstaat während der Flitterwochen den russischen Aufmarsch an der österreichischen Grenze vor ihr geheim gehalten hatte, wusste Sisi, dass man ihr hin und wieder wichtige Informationen vorenthielt. Sie spürte, wie Ärger in ihr aufstieg. Selbst wenn gut gemeinte Sorge um ihre Gesundheit oder ihr seelisches Wohlergehen der Grund dafür war, so ging es doch darum, dass man ihr, der Kaiserin, nicht zutraute, ihre Rolle würdig auszufüllen.

«Was ist passiert?», beharrte Sisi auf ihrer Frage und beobachtete, wie Sophie der Oberhofmeisterin, die der Befragung in Gesellschaft ihrer schadenfrohen Entourage von der Tür aus beiwohnte, einen Blick zuwarf. Die Elster jedoch hatte die dürren Hände über ihrem dunkelgrauen Rock verschränkt, und ihre schmalen Lippen verhießen, dass sie nicht vorhatte, sich in die Auseinandersetzung einzumischen.

«Was zum Teufel hattest du da verloren?», donnerte Sophie, jetzt wieder an Sisi gewandt. Sie straffte die Schultern und wanderte rastlos vor den hohen Fenstern auf und ab. In den polierten Scheiben spiegelte sich ihre hochgewachsene Gestalt im Licht einiger Kerzen, die die Zofen bereits für den Abend entzündet hatten. «Antworte mir!»

Sisi biss wütend die Zähne zusammen. Oh ja, ihre Schwiegermutter verstand es, die Schwerpunkte eines Gespräches zu ihrem eigenen Vorteil zu setzen! «Ich wollte einfach unter Menschen!» Sie wollte schon beginnen, die Sprache erneut auf die politische Lage zu lenken, da entdeckte sie, dass sich unter Sophies knapp ausgeschnittenem Kragen dieselben roten Flecken abzeichneten, die sie so gut vom Dekolleté ihrer eigenen Mutter kannte. Es war nicht schlau, sie jetzt noch weiter zu reizen. Verzweifelt fuhr sich die Erzherzogin mit dem Handrücken über die Stirn, auch eine Geste, die Sisi nur allzu gut aus dem Repertoire ihrer Mutter kannte und die wenig Gutes verhieß.

«Dein neuerlicher Ausflug bleibt unter uns. Der Kaiser hat im Moment andere Sorgen», sagte Sophie und sah entschieden zu Gräfin Esterhazy. «Aber so etwas wird nicht wieder vorkommen, damit das klar ist. Dafür werde ich höchstpersönlich Sorge tragen.» Die Erzherzogin straffte ihren Körper und griff entschieden mit beiden Händen in ihren Rock. «Ich werde nun Dr. Griebe holen, um dich untersuchen zu lassen!»

Überrumpelt sank die Elster in einen krummen Knicks, als die Erzherzogin im Eiltempo auf die Tür zu rauschte, vor der sie stand.

«Und *Ihr*», Sophie strafte sie mit einem strengen Blick, «lasst Ihre Hoheit nicht aus den Augen!»

«Wie geht es Euch, Majestät?» Schnaufend ging Dr. Griebe vor der Chaiselongue auf die Knie und streckte die Rechte nach ihrem Handgelenk aus. «Darf ich?»

Mit mulmigem Gefühl reichte Sisi ihm ihre Hand. Als seine warmen Finger sanft den Ärmel ihrer Chemise hochschoben, um nach ihrem Puls zu tasten, stieg abermals das düstere Gesicht der Alten vom Markt in ihr auf. Würde Dr. Griebe sie beruhigen können? Und was, wenn der kaiserliche Leibarzt ihre Befürchtungen bestätigte?

Konzentriert starrte der Doktor in die Luft, als könnte er an den gemusterten Tapeten ihren gesundheitlichen Zustand ablesen. Das Alter hatte seine Augen trüb eingefärbt, und ein leichtes Zittern begleitete seine Bewegungen.

Dr. Griebe legte ihre Hand sorgsam zurück auf ihren Schoß und gab einer Zofe ein Zeichen. «Ihr solltet mehr trinken.»

Während die Zofe sich eilig anschickte, ein Glas aus einer kristallenen Wasserkaraffe zu befüllen, stemmte sich der Arzt mit rasselndem Atem hoch und ließ sich ächzend auf einen Sessel sinken. Skeptisch beobachtete er, wie Sisi das Glas in einem Zug leer trank. «Wie steht es um Euren Appetit, Hoheit?»

Sisi zögerte. Hatte Sophie bereits Verdacht geschöpft? Warum sonst sollte der Arzt sich nach ihrem Appetit erkundigen? Obwohl sie ihre Schwiegermutter aus ihrer Position nicht sehen konnte, spürte sie doch ihren bohrenden Blick auf sich ruhen.

«Wie mir zu Ohren kam, ist Eure monatliche Blutung ausgeblieben», bestätigte Dr. Griebe ihre Vermutung. Die Stille, die auf seine Worte folgte, verriet, dass dies für niemanden im Raum eine Überraschung war. «Herzlichen Glückwunsch, Eure Majestät.» Der Arzt lächelte freundlich.

Während Sisi kurz überlegte, ob sie die Ahnungslose spielen sollte, deutete Dr. Griebe schon auf eine Reihe blauer Flecken an ihrem Unterarm. «Den Ergüssen nach zu urteilen, habt Ihr heute einige unsanfte Stöße abbekommen.» Er zeigte auf den dreiteiligen Paravent mit den rosafarbenen Blüten, den sie in einer Ecke des Zimmers neben ihrem

Sekretär aufgestellt hatte. «Wenn Ihr bitte dort hinter den Sichtschutz treten würdet. Ich muss das untersuchen.»

Fröstelnd erhob Sisi sich von der Chaiselongue und ging auf den Paravent zu. Aus den Augenwinkeln sah sie, wie Sophie der Oberhofmeisterin mit einem Nicken bedeutete, ihr zu folgen. Unter aller Augen trat sie hinter den hellgrün gefassten Raumteiler, den sie selbst für ihre Gemächer ausgesucht hatte, und schlüpfte mit klopfendem Herzen aus ihren Seidenschuhen. Während Gräfin Esterhazy in ihrem Rücken das schmutzige Kleid öffnete und mit routinierten Griffen das Korsett lockerte, kroch Sisi ein taubes Kribbeln Arme und Beine hoch. *Dein Temperament wird dir noch einmal übel mitspielen!*, hörte sie Ludovika in ihrem Geiste schimpfen. Es war einer dieser Momente, in denen sie sich wünschte, dass nicht sie, sondern Nene Kaiserin geworden wäre. Nicht wegen Franz, nein! Wegen der Ansprüche und Erwartungen, die man an sie und ihre Rolle stellte. Die sie zwangsläufig enttäuschen würde, und das vor dem gesamten Hofstaat, zuvorderst dem hochnäsigen Gefolge der Elster, das jeden ihrer Schritte genau verfolgte. Selbst durch die blickdichten Wände des Paravents hindurch glaubte sie, die Augen der Zofen noch auf sich zu spüren.

Ein kühler Luftzug streifte ihren nackten Busen, als die Gräfin zuletzt Chemise und Beinkleid lüftete, in einen eleganten Knicks sank und einige Schritte zurücktrat, um dem Doktor Platz zu machen. Der Leibarzt hievte sich mit gerunzelter Stirn näher und inspizierte ihren ausgestellten Körper mit einer Genauigkeit, die ihr unangenehm war. Was mochte er über ihr kopfloses Verhalten denken?

Während Dr. Griebe eingehend all die Stellen untersuchte, in die sich auf dem Kohlmarkt Ellbogen und Knie gegraben hatten, breitete sich zunehmend ein flaues Gefühl in ihrer Magengegend aus.

«Darf ich mich kurz setzen?», fragte Sisi und kämpfte gegen einen Anflug von Schwindel an.

«Einen Moment noch, Hoheit.» Der Arzt ging einmal um sie herum, betastete dann mit seinen Fingern sorgfältig ihren Unterleib und musterte beinahe mitleidig ihre vorstehenden Rippen. Schließlich nahm er mit undurchsichtiger Miene seine Brille ab und rieb sich die Augen. «Ihr könnt Ihre Majestät nun wieder ankleiden», wandte er sich endlich an Gräfin Esterhazy, während Sisi sich zitternd auf die Tischplatte ihres Sekretäres sinken ließ.

Seit dem Frühstück hatte sie außer dem Glas Wasser nichts mehr zu sich genommen, und sie bereute es, nicht wenigstens von dem Kuchen gekostet zu haben, den sie Fanny mitgebracht hatte. Ob es ihr gelingen würde, ihre Freundin wiederzusehen? Sisi hatte keine Zeit, der Überlegung nachzugehen, denn eine der Zofen näherte sich bereits mit einem Stapel frischer Leinenwäsche und einem neuen Kleid.

Als Sisi in ihrem neuen Gewand hinter dem Paravent hervortrat, wandte Sophie sich an die Oberhofmeisterin. «Gräfin? Eure Dienste werden gerade nicht gebraucht.»

«Selbstverständlich, Hoheit.» Die Oberhofmeisterin senkte gehorsam das Kinn und verabschiedete sich mit einem tiefen Knicks. Ohne dass es einer Aufforderung bedurft hätte, fiel auch ihr Gefolge in eine Verneigung und folgte ihr aus dem Salon wie eine Reihe Gänse. Sophie wartete noch einen Moment, nachdem die Tür hinter ihnen ins Schloss geglitten war, und ging dann entschiedenen Schrittes auf den kaiserlichen Leibarzt zu.

Er räusperte sich. «Ihre Majestät kann von Glück reden, dass sie mit einigen blauen Flecken davongekommen ist. Aber ...» Sisi stockte der Atem. Dr. Griebe holte rasselnd Luft und hustete in seine Faust, wofür er von der Erzherzogin einen strengen Blick erntete.

«Sprecht!»

«Ihre Majestät ist zu dünn», konstatierte der Arzt knapp. «Und sehr, sehr jung für eine Schwangerschaft.»

Wie eine Faust bohrten sich seine Worte in Sisis Magengrube. Auch die Erzherzogin starrte den Arzt einen Moment fassungslos an, fand jedoch als erste ihre Sprache wieder.

«Danke, Herr Doktor.» Entschieden trat sie an Sisis Seite und griff demonstrativ nach ihrer Hand. Ihre Haut war so kalt, dass Sisi ein Schauer über den Rücken lief. «Ich werde dafür Sorge tragen, dass die Kaiserin dieses Kind zur Welt bringen wird.» Einen Moment schwebten ihre Worte wie eine Drohung über dem ungewohnt leeren Salon, und Sisi spürte, wie ihre Tante voll dunkler Entschlossenheit ihre Finger drückte. «Eure Zweifel am Erfolg dieser Schwangerschaft dürfen unter keinen Umständen an die Öffentlichkeit dringen. Dies ist in erster Linie eine politische Angelegenheit.» Als gäbe es einen Kampf zu gewinnen, hob Erzherzogin Sophie das Kinn und musterte den Arzt herausfordernd.

«Selbstverständlich, Hoheit.» Dr. Griebe sank zögernd in eine Verneigung und klemmte seine Ledertasche unter den

Arm. «Ich empfehle dringende Ruhe, wenig Bewegung und nährstoffreiche Kost.»

«Ihr dürft nun gehen.»

Benommen blieb Sisi an der Seite ihrer Schwiegermutter zurück, während der Arzt vornübergebückt den Salon verließ. Erst als seine Schritte längst verklungen waren, lockerte die Erzherzogin allmählich ihren Griff.

UNGEMACH

Mit einem Knarzen gaben die weiß lackierten Flügel nach, und die Flamme der Kerze, die Erzherzogin Sophie in einem goldenen Kandelaber vor sich her trug wie ein heiliges Kreuz, flackerte unter dem Luftzug warnend auf. Hinter der Tür tat sich ein kitschig eingerichtetes Zimmer auf.

«Das ist ab sofort dein Gemach!» Sophie machte einen Schritt zur Seite, um Sisi den Vortritt zu lassen, und sah sie auffordernd an. «Was ist, möchtest du nicht eintreten?»

Kurz verspürte Sisi den Impuls zu fragen, ob sie denn eine Wahl hätte, doch sie fühlte sich nicht mutig genug. Den ohnehin aufreibenden Turbulenzen und Blessuren des Nachmittags hatte Dr. Griebe mit seiner Einschätzung die Krone aufgesetzt. Auch wenn er vermieden hatte, es vor ihr auszusprechen – Sisi wusste, dass er glaubte, sie würde das Kind verlieren.

Beklommen zog sie den Gürtel ihres Morgenmantels enger um die Taille, ging an Gräfin Esterhazy und ihren Zofen vorbei und trat über die Schwelle.

Durch zwei hohe Fenster, deren Aussicht der gegenüberliegende Teil der Hofburg beengte, fiel das matte Licht der Abenddämmerung, und im Schatten der zurückgebundenen Vorhänge zeichneten sich die Umrisse eines Stubenwagens ab. Ein weißer Himmel floss über die Ränder der Wiege hinab, fast so, als würde schon morgen ein Kind darin liegen.

«Es schickt sich, dass du ab sofort in direkter Nähe einer erfahrenen Frau wohnst», erklärte ihre Schwiegermutter knapp. «Meine Gemächer liegen nebenan.» Mit dem Kerzenleuchter deutete sie auf die gegenüberliegende Tür, querte dann den Raum und entzündete die Kerzen einer prunkvollen Girandole auf einem Sekretär. «Ich habe das Zimmer für dich herrichten lassen, aber es steht dir frei, nach deinem Geschmack Änderungen vorzunehmen.»

«Und was ist mit Franz?» Beklommen blickte Sisi auf das schmale Einzelbett, das neben einem reich verzierten Betschemel und einigen Sesseln an der Wand gegenüber der Fensterfront stand. Hatte er dieser Umquartierung zugestimmt?

«Was soll mit ihm sein?» Erzherzogin Sophie drehte sich mit einer eleganten Bewegung zu ihr um. «Er freut sich auf sein Kind.»

«Er weiß schon Bescheid?», fragte Sisi heiser. Obwohl der Raum ordentlich geheizt war, ging eine seltsame Kühle von den Wänden aus, und sie legte schützend die Arme um die Brust. Der leichte Stoff ihres Nachthemdes, der sonst so angenehm ihre nackten Schenkel umspielte, verursachte ihr jetzt eine Gänsehaut.

«Natürlich.» Die Erzherzogin deutete den Zofen mit einer Handbewegung, sie allein zu lassen.

«Bring mich zu ihm!», stieß Sisi hervor.

«Er hat gerade viel zu tun.» Ihre Tante lächelte nur milde, aber die Flamme der Kerze spiegelte sich gefährlich in ihren dunklen Augen. «Und du solltest dich nun ausruhen.» Sophie reichte ihr die Hand zum Kuss. «Die Zukunft der Krone liegt jetzt in dir ...»

Wut, Erschöpfung, Verzweiflung, Angst. Überfordert von all den Gefühlen, die sich in ihr überschlugen, neigte Sisi gehorsam den Kopf.

«Ich bete für einen Thronfolger», hörte sie Sophie sagen. «Und du solltest dasselbe tun.»

Als sie aus dem Handkuss auftauchte, sah die Erzherzogin sie ernst an, nahm Sisis Gesicht zwischen ihre kalten Hände und küsste ihr die Stirn.

Frustriert ging Sisi auf den kleinen Sekretär zu, an dessen goldenen Füßen sich einige nackte Engelfiguren zu üppigen Pflanzenornamenten hinaufräkelten. Weinlaub, Pfingstrosen, Trauben und Zapfen. Widerwillig starrte sie auf das kitschige Arrangement, das auch das Dekor der Stühle zierte. Der aufdringliche Duft von Sophies *Eau de Vie de Lavande* hing noch in der Luft, obwohl sie schon vor Stunden in ihren Gemächern verschwunden war. Vor den Türen hatte sie mehrere Wachen mit roten Waffenröcken und spitzen Hellebarden zurückgelassen. «Die sind zu deiner Sicherheit», hatte sie gesagt und keine Widerrede geduldet. Sisi schluckte schwer. Der Hof hatte seine Fesseln erneut enger um sie gelegt, ganz so, wie sie es befürchtet hatte, und sie wagte es kaum mehr zu hoffen, dass es ihr gelingen würde, ihre Freundin noch einmal wiederzusehen. Was würde Fanny wohl denken, wenn sie morgen vor dem Hofburgtheater vergeblich auf sie wartete?

Beklommen legte Sisi eine Hand auf ihren Bauch und sah sich in ihrem Gefängnis um. Die Kerzen in der Girandole waren auf etwa einen Zoll heruntergebrannt, und bis auf wenige Lichter lag der gegenüberliegende Teil der Hofburg in tiefer Dunkelheit. Die kostbaren Seidentapeten, die weiß-gold gefassten Kommoden, der polierte Lack der Türen und die rot gepolsterten Fauteuils. Was hatte sie von all dem kostbaren Tand, wenn die Lebendigkeit in all dem keine Nahrung fand?

Sisis Blick blieb an ihrem samtgrünen Tagebuch hängen, das auf der Tischplatte auf sie gewartet hatte. Sie erinnerte sich noch gut, wie sie das kleine Büchlein in der Vergangenheit genutzt hatte, um ihre Gefühle aufzuschreiben. In ihrem früheren Leben in München und Possenhofen hatte sie sich sorglos ihrem Tagebuch anvertraut. Gedichtet, gekritzelt und geträumt. Doch sie bezweifelte, dass es ihr heute gelingen würde, auch nur einen einzigen Gedanken zu notieren – fraglich auch, ob es ratsam war, denn es war ungewiss, wer ihre Worte außer ihr noch mitlesen würde. Seufzend ließ sie ihre Finger über den weichen Einband gleiten. Wie sollte sie in den kommenden Stunden, Wochen, Monaten auch nur eine Spur von Ruhe finden?

Ein Knarzen riss Sisi aus ihren Grübeleien. Trotz der späten Stunde trug Franz noch seinen aus lichtblauem Tuch gearbeiteten Waffenrock mit den roten Aufschlägen an

Kragen und Ärmeln. Beinahe lautlos schritt er auf sie zu und griff nach ihren Händen, während ein Diener die Tür hinter ihm schloss. Einen Moment stand er unbeholfen vor ihr, und Sisi versuchte, in seiner Miene zu lesen, was wohl in ihm vorging. Der Tag hatte so viele Fragen und Geheimnisse zwischen ihnen angerührt, dass auch sie nicht wusste, wo sie anfangen sollte.

«Deine Mutter hat meine Gemächer verlegt», eröffnete Sisi schließlich heiser.

Franz nickte. «Ich hörte davon.»

Sisi sah ihn vorwurfsvoll an.

«Es ist nicht gut, wenn wir jetzt noch miteinander schlafen», erklärte Franz und führte zärtlich ihren Handrücken an seine Lippen. «Wir bekommen ein Kind, Sisi», setzte er flüsternd hinzu. «Ich freue mich so sehr.»

Sisi versuchte zu lächeln, doch sie spürte, dass es ihr nicht gelang, ihre Sorgen zu verstecken. Und auch Franz' Körper war merklich angespannt. Bedrückt fuhr sie mit dem Finger über die goldenen Akanthusstickereien, die sich um seinen Kragen rankten.

«Deine Mutter meinte, es brodelt im ganzen Reich ...» Fragend sah sie ihn an. Obwohl Franz noch immer zögerte, sie mit der Wahrheit zu belasten, erschienen zarte Sorgenfalten auf seiner Stirn. Sisi suchte in der Tiefe seiner glänzenden Augen zu lesen, doch Franz wandte sich seufzend ab.

«Es gab Unruhen südlich der Alpen», setzte er an, um gleich abermals in Schweigen zu verfallen.

Gebannt hielt Sisi den Atem an, in der Hoffnung, er würde ihr noch mehr von sich anvertrauen.

Franz fuhr sich seufzend über die Stirn. «Ich habe versucht, sie im Keim zu ersticken. Doch so entschieden ich auch gegen die Partisanen vorgehen lasse – ich fürchte, das Feuer wird andernorts wieder auflodern, solange ...»

Sisi sah ihn an. Doch Franz legte nur vielsagend seine Hand auf ihren Bauch.

«Wir müssen jetzt alles dafür tun, dass du ein gesundes Kind zur Welt bringst», sagte er leise. «Glaub mir, ich werde mich gewiss sehr zusammenreißen müssen, mich nicht jede Nacht zu dir zu stehlen.» Er warf einen flüchtigen Blick zur Tür von Sophies Gemächern. Dann nahm er ihr Gesicht zwischen seine warmen Hände und führte seine Lippen an ihre Stirn, ganz so, wie es zuvor ihre Schwiegermutter getan hatte. War es diese Geste, auf die sich ihre Nähe in den nächsten Monaten beschränken würde?

«Gute Nacht, Sisi», verabschiedete er sich, doch Sisi brachte keinen Ton mehr heraus. Wie ausgesetzt blieb sie vor ihrem schmalen Bett zurück, während Franz ihr einen letzten, beinahe entschuldigenden Blick zuwarf und in die Dunkelheit des Ganges verschwand.

Als hätte sie auf das Ende seines Besuches gewartet, verlosch die letzte Kerze mit der sich schließenden Tür. Ein eisiges Frösteln kroch Sisi vom Steißbein ausgehend bis in den Nacken, als sie sich auf die kalte Matratze sinken ließ. Sie wartete noch einen Augenblick vergeblich darauf, dass der scharfe Geruch des verbrannten Dochtes den Lavendel der Erzherzogin verdrängen würde, bevor sie zitternd unter die Decke schlüpfte. Wie in aller Welt sollte sie die kommenden Monate überstehen?

VERSUCHT

Franz entledigte sich noch im Gehen seines hechtgrauen Waffenrockes und warf ihn über den hölzernen Diener. Obwohl ihm das gemeinsame Ehegemach auch nach Sisis Auszug zur Verfügung stand, hatte er veranlasst, bis zur Niederkunft seine privaten Gemächer zu beziehen. Erschöpft fuhr er sich über die Augen, bevor er vor den Standspiegel trat, den er sich zusammen mit einem schmalen Bett in den Vorraum seines Arbeitszimmers hatte bringen lassen. Wie eine Drohung schimmerte das weiße Laken, das die einsame Matratze überzog, in der Spiegelung hinter ihm. Er würde heute Nacht wohl kaum Schlaf finden. Die Geschehnisse in der Lombardei hatten seine Energien hochgepeitscht, und auch wenn Sisis Zustand das Blatt wenden konnte, so hatte seine Mutter ihm die Sorge des Doktors durchaus zugetragen.

Seufzend drückte Franz den obersten Knopf seines Hemdes durch das Loch und musterte sich in der Spiegelung. Die dunklen Ringe unter seinen Augen, Zeugnis der Erschöpfung eines arbeitsamen Tages, der weit vor Morgengrauen begonnen hatte, waren nicht zu übersehen. Nach der ersten Nachricht aus Italien waren noch den ganzen Nachmittag und Abend hindurch weitere Schreckensbotschaften eingetroffen. Wahrscheinlich ratterten auch jetzt noch die Telegrafen, doch er hatte um ein paar Stunden Ruhe gebeten. Erst die Brandstiftung an den österreichischen Militärstützpunkten nahe Mailand und die Ermordung seines Statthalters. Später Eilmeldungen über

Aufstände in Monza und Bergamo, schließlich in Mailand selbst. Das alles spielte dem König von Sardinien-Piemont in die Karten, der nur darauf wartete, sein Reich zu vergrößern. Doch was erhoffte Napoleon III. sich davon, diesen italienischen Provinzkönig zu unterstützen? Da der französische Kaiser sich bei seinem Staatsstreich per Plebiszit hatte legitimieren lassen, stand er unter dem ständigen Druck, sich zu beweisen, und es war eine bewährte Strategie, durch Krawall im Außen von Schwächen im Landesinneren abzulenken. Doch Franz vermutete, dass ihn noch etwas anderes antrieb. Erst kürzlich hatte Franz in einer Satirezeitung eine gelungene Karikatur des französischen Kaisers gesehen, einem kleinen Grenouille, der mit geschwollener Brust und Bart zu seinem riesigen Onkel aufsah, der vor einem Schlachtfeld lässig mit dem Stuhl kippelte. Die Anspielung auf die Fabel vom aufgeblasenen Frosch, der so groß sein wollte wie ein Ochse, trieb ihm trotz des Ernstes der Lage auch jetzt noch ein Grinsen aufs Gesicht. Da nahm Franz im Spiegel eine Bewegung wahr. Im Bruchteil einer Sekunde hatte seine Hand den Griff des Dolches gefunden, den er stets unter der Kleidung trug, und er fuhr herum.

Eine rot gelockte Dame mit elfenbeinblasser Haut trat hinter einem Raumteiler hervor.

Elektrisiert und erleichtert zugleich, ließ Franz seine Hand von der Waffe gleiten und musterte starr ihr schönes Gesicht. Wie lange hatte sie dort gestanden? Als sie ihren seidenen Morgenmantel neben dem Betstuhl von den Schultern gleiten ließ, blieb sein Blick kurz an dem dichten Haar hängen, das sich über ihrer Scham kräuselte, so rot wie der Panzer einer Feuerwanze. Nüchtern wandte Franz sich ab.

«Wer hat Euch geschickt?» Ohne eine Antwort zu erwarten trat er an die Waschschüssel. «Meine Mutter?»

Da die hygienische Dame immer noch schwieg – wahrscheinlich hatte man ihr verboten, darüber zu sprechen –, folgte er seiner Routine, als wäre sie nicht anwesend. Nachdem er sich geseift, gewaschen und wieder getrocknet hatte, trat Franz dicht an die junge Frau heran. Ihre Anwesenheit begann ihn zu belustigen. Was war diese Dame schon anderes als ein originelles Zeugnis davon, wie wichtig es der Erzherzogin war, stets alle Fäden in der Hand zu haben?

«Euer Leibarzt hat mich eingehend untersucht», hauchte die Dirne, und er konnte ihre Wärme auf seiner nackten Brust spüren. «Er sagte, es sei gut, wenn Ihr sexuell aktiv bleibt, jetzt, wo Eure Frau schwanger ist.» Als sie ihren ausgestreckten Zeigefinger an seinen Oberarmen hinabgleiten ließ, löste ihr scharfkantiger Nagel einen intensiven Schauer auf seiner Haut aus. Die Dirne beugte sich nah an sein Ohr. «Der Doktor sagte auch, im kräftigen Mannesalter sei der Beischlaf der Gesundheit sehr zuträglich. Ja, sogar *erforderlich,* Hoheit.»

Auch wenn sie diese Dame durchaus nach seinem Geschmack gewählt hatte, dachte Sophie wirklich, dass er verschlingen würde, was sie ihm servierte?

«Verschwindet.» Amüsiert beobachtete er über den Spiegel, wie die Frau in seinem Rücken irritiert innehielt. «Und richtet Eurer Auftraggeberin aus», setzte er hinzu, nun offen grinsend, «dass sie künftig etwas geschickter vorgehen möchte.»

Die Dame starrte ihn einen Moment an wie ein verängstigtes Reh. Dann klaubte sie hastig den Seidenmantel vom Boden, den man ihr wohl für den Besuch zugesteckt hatte, und stahl sich davon.

Franz wartete, bis ihre leisen Schritte auf dem Teppich des Ganges verklungen waren, und ließ sich angespannt auf sein Bett sinken. Das unruhige Flackern der Kerzen griff seine eigene Rastlosigkeit auf. Unmöglich, in dieser zum Zerreißen gespannten Zeit alleine auch nur einen Funken Ruhe zu finden. Seufzend glitt Franz unter die kalten Decken. Seine Mutter kannte ihn gut: Es war nur eine Frage von Tagen, da er daran scheitern würde, alleine nach dem Schlaf zu suchen, nach dem sein ganzer Körper so dringend verlangte. Vielleicht würde er die Rotgelockte ein andermal wiedersehen, wenn er aus eigenem Antrieb Lust und Vergessen suchte.

GEFANGEN

Sisi hockte mit gekreuzten Beinen auf ihrem schmalen Bett, wie es tags zuvor Fanny bei ihrem Treffen am Kohlmarkt getan hatte, und starrte aus den hohen Fenstern ihres neuen Gemachs. Eine dichte Wolkendecke überzog den windstillen Nachmittag, und das wenige Licht, das es durch den grauen Schleier schaffte, war so trüb wie Sisis Stimmung. Da die Zofen und Wachen die Anweisungen der Erzherzogin akribisch befolgt hatten, war es ihr wie erwartet nicht gelungen, ihr Zimmer unbemerkt zu verlassen. Den ganzen Morgen über hatten die Zofen vor ihrer

Tür kichernd die Köpfe zusammengesteckt, als verschaffe ihnen ihre neue Aufgabe besonderes Vergnügen. Erst nach dem üppigen Mittagessen, das sie wie alle kaiserlichen Angestellten zum Selbstkostenpreis aus der Hofküche bezogen und in den Gängen der Burg verspeisten, war ihr Geschnatter in einen gesenkten Plauderton übergegangen. Nur Sisi hatte ihr Menü entgegen der Empfehlungen des Leibarztes nicht angerührt, und der süße Schmarren, den sie sonst so gerne aß, war vor Stunden erkaltet. Der Zeitpunkt der Verabredung mit ihrer Freundin war längst verstrichen, doch noch immer glaubte Sisi, in ihrem Geiste das Drei-Uhr-Geläut der Augustiner Hofkirche zu hören. Wie lange mochte Fanny wohl vor dem Hofburgtheater auf sie gewartet haben? Welchen Reim würde sie sich darauf machen, dass Sisi nicht erschienen war?

«Majestät, Majestät!» Aus weiter Ferne kämpfte sich ein bekanntes Krächzen und Kreischen in ihr Bewusstsein. «Mehr Rüschen, mehr Rüschen!»

Matt wandte Sisi den Kopf und sah, dass Gräfin Esterhazy in der Tür erschienen war. Die Elster sah sie beinahe verzweifelt an. «Majestät, an welchem Platz wünscht Ihr die Voliere zu postieren?»

Im Rücken der Elster gaben sich zwei Livreediener alle Mühe, sich durch den Flügel schlagenden Papageien im Käfig nicht von der Etikette abbringen zu lassen, die der Hof von ihnen verlangte. Aufgeregt flatterte der Vogel gegen die goldenen Gitterstäbe, dass die Federn flogen.

Sisi deutete auf die Ecke gegenüber der Wiege und beobachtete, wie die Diener den Käfig gemäß ihrem Wunsch über das Parkett manövrierten. Es war die einzige Veränderung am Interieur ihres neuen Appartements, die sie befohlen hatte. «Majestät, Majestät!», schrie der Papagei lautstark, während seine rauen Füße an den glatten Gitterstäben Halt suchten. Wieder und wieder versuchte er, mit dem Schnabel in die roten Ärmel der Frackjacken seiner Träger zu zwicken, und Sisi begann, sich Vorwürfe zu machen, dass sie ihm diese Aufregung zumutete. Sie erinnerte sich noch gut daran, wie Franz ihr den lebhaften Vogel in Possenhofen geschenkt hatte. Bei dem Gedanken an die unerwartete Überraschung, sein Krampus-Kostüm und die lange Rute, mit der er vor aller Augen ihr Kinn angehoben hatte, hatte sie stets geglaubt, wieder den Kitzel der Aufregung zu spüren, den seine Berührungen damals durch ihren Körper gejagt hatten. Doch heute vermochte nicht einmal der Anblick des grünen Papageis mit der roten Feder, wenigstens für einen Moment ihr Gemüt aufzuhellen.

Als Gräfin Esterhazy den Dienern mit einer Handbewegung bedeutete, sich zu entfernen, konnten sie der Aufforderung nicht schnell genug nachkommen. Ihren Gesichtern war deutlich die Erleichterung anzusehen, dem Tier endlich zu entkommen. Auch die Gräfin, die in großzügigem Abstand neben der Voliere stehen geblieben war, tupfte sich mit einem Taschentuch die Schläfen, und Sisi glaubte zu bemerken, wie sie ein stilles Dankgebet gen Himmel schickte. Der Vogel hingegen äugte blinzelnd zu Sisi hinüber und plusterte sich kokett vor ihr auf. Während seine rauen Lider in unregelmäßigem Takt über seine schwarzen Äuglein zuckten, verharrte Gräfin Esterhazy weiter auf ihrer Position und wartete wohl auf eine Aufforderung, sprechen zu dürfen.

«Gibt es noch etwas, Gräfin?», fragte Sisi matt, um sie zu erlösen.

Die Gräfin sank dankbar in einen Knicks, und erst jetzt wurde Sisi bewusst, dass sie die Türen zu ihrem Gemach hatte schließen lassen. Verlegen nahm die Elster den grauen Hut mit der weißen Feder ab und drehte ihn nervös in der Hand. Zum ersten Mal sah Sisi ihr graues Haar, das sie zu einem strengen Dutt zurückgebunden hatte. Dass die Gräfin in diesem Aufzug alleine vor ihr stand, ohne um eine private Audienz gebeten zu haben, entsprach mitnichten dem höfischen Protokoll. Was wollte sie von ihr?

«Ich möchte nur mit Euch sprechen», sagte die Gräfin leise, als hätte sie ihre Gedanken erraten. «Genau genommen habe ich eine Bitte, Hoheit.»

«An mich?» Überrascht straffte Sisi den Rücken. «Ich habe hier im Haus wenig zu sagen.»

«Ihr unterschätzt Euren Einfluss, Hoheit.»

Ungläubig verfolgte Sisi, wie sich die Gräfin ihrem Bett näherte und so nah zu ihr setzte, dass sich ihre Körper beinahe berührten. Am liebsten hätte Sisi die Beine angezogen und ihre Arme um die Knie geschlungen, um der beinahe bedrohlichen Nähe auszuweichen, doch sie kämpfte gegen den Drang an, um sich keine Blöße zu geben. Was gab der Gräfin den Mut, so offen der Etikette zu trotzen?

«Ich weiß, wen ihr heute treffen wolltet», sagte die Elster nach längerem Schweigen.

Mit einem Mal pochte Sisi das Herz bis zum Hals, und sie musste sich Mühe geben, ihre Gesichtszüge unter Kontrolle zu behalten.

Die Gräfin musste ihre Anspannung jedoch bemerkt haben, denn sie hob überlegen das Kinn. «Habt Ihr wirklich geglaubt, Ihr könntet Eurer Freundin unbemerkt eine Anstellung am Hof verschaffen?» Beinahe amüsiert griff sie nach Sisis Hand. «Aber keine Sorge, Hoheit, Euer Geheimnis ist bei mir gut aufgehoben.» Sie machte eine gewichtige Pause, um ihren Worten mehr Bedeutung zu verleihen. «Ja, ich könnte Euch sogar helfen, *Gräfin von Lotti* eine Nachricht zukommen zu lassen.» Die Elster sah sie lauernd an. «Sie hat lange auf Euch gewartet vor dem Theater.»

Sisis Kehle war wie ausgetrocknet. Wie viel wusste die Gräfin über Fanny? Konnte sie wirklich darauf vertrauen, dass sie ihr Geheimnis für sich behielt? Der Gedanke, ihrer Freundin mit ein paar Zeilen die Umstände ihrer geplatzten Verabredung zu erklären, war überaus verlockend. Doch mit Sicherheit hatte Gräfin Esterhazys Entgegenkommen einen Preis.

«Warum solltet Ihr das für mich tun?», fragte Sisi, nachdem sie ihrer ersten Aufregung Herr geworden war.

«Ich möchte, dass Ihr jemanden trefft», antwortete die Gräfin ohne zu zögern.

Sisi schluckte gegen ihre aufkeimende Panik an. In was für eine gottverdammte Zwickmühle hatte sie sich da nur hineinmanövriert! Natürlich durften Franz und ihre Schwiegermutter nicht von ihrer Freundin erfahren. Doch durfte sie sich erpressen lassen? Was, wenn es nicht bei einer einzigen Gefälligkeit blieb?

«Wen?», fragte sie leise, um Zeit für ihre Gedanken zu gewinnen.

«Einen Mann, der vielleicht sehr viel Blutvergießen verhindern kann.»

Angespannt faltete Sisi die Hände in ihrem Schoß. Sie hatte keinen blassen Schimmer, von wem die Gräfin sprach und in welchem Zusammenhang. Aber sie ahnte, dass sich die Elster absichtlich bemühte, ihre Mission in einer mysteriösen Unschärfe zu belassen, schließlich wagte auch sie sich mit ihrem Kuhhandel auf gefährliches Terrain.

«Sollte Euer Gemahl wirklich Krieg führen in der Lombardei», holte sie aus, ohne mehr über die Identität jenes Mannes preiszugeben, und ließ ihre Hand scheinbar beiläufig los, «dann wird sich vielleicht auch Ungarn wieder erheben ... gegen die Krone.»

Sprachlos starrte Sisi die Gräfin an. Wer war diese Frau, dass sie offenbar eine eigene politische Agenda verfolgte?

Die Gräfin erhob sich und setzte ihren Hut zurück auf ihren Scheitel. «Ich verspreche, es wird bei diesem einen Gefallen bleiben: Trefft bitte diesen Mann.»

Sisi schwieg. Der Gedanke an die Unruhen in der Lombardei und die Sorgen, die sie Franz machten, legte sich wie eine Faust um ihren Magen. Wenn es einen Weg gab, weiteres Unheil zu vermeiden, warum wandte sich die Gräfin nicht an den Kaiser, sondern an sie? Sie öffnete den Mund, um nur eine dieser Fragen zu stellen, doch die Elster schüttelte entschieden den Kopf. «Zu Eurer eigenen Sicherheit, Hoheit, mehr kann ich Euch nicht sagen.»

Die Entschiedenheit, mit der sie ihre schmalen Lippen aufeinander presste, ließ keinen Zweifel daran, dass sie kein einziges Wort mehr zu dieser Angelegenheit verlieren würde, und so nickte Sisi nur. Sie hatte eine Entscheidung getroffen.

Kaum zehn Minuten später blies Sisi eilig über die schwarze Tinte ihrer geschwungenen Handschrift, trennte das Papier aus ihrem Tagebuch, faltete es zweimal zusammen und steckte es in einen Briefumschlag. Hektisch öffnete sie die Schubladen ihres Sekretäres, schlug das Kästchen mit ihrem persönlichen Siegel auf und zögerte. Es war nicht klug, dem Schreiben einen offiziellen Charakter zu verleihen. Entschieden klappte Sisi den Deckel über Wachs und Siegel wieder zu, drehte sich zu Gräfin Esterhazy um und hielt ihr das Schreiben entgegen. «Ich möchte eine Sicherheit, die mir beweist, dass sie dieses Schreiben erhalten hat.»

Die Gräfin neigte zustimmend das Kinn, nahm den Brief und steckte ihn unter ihr graues Oberteil.

«Und ich möchte nicht, dass *von Lotti* meinetwegen noch länger in Wien bleibt», fügte Sisi hinzu. «Sie hat genug für mich getan.»

Die Gräfin nickte. «Ich werde es ihr persönlich ausrichten, Hoheit.»

«Wann werde ich *diesen Mann* treffen?»

«Sobald er einen Weg gefunden hat, unbeschadet nach Wien zu kommen.» Die Gräfin sank in eine tiefe Verneigung, jetzt wieder ganz nach der Etikette, und entfernte sich rückwärts, ohne noch einmal den Blick zu heben.

Sisi beobachtete, wie sie den Zofen vor der Tür einige Befehle erteilte und legte in dunkler Erwartung die Hände auf ihren Bauch. Es war nicht gut, in jemandes Schuld zu stehen. Und es war noch um einiges schlechter, seine Geheimnisse mit jemandem zu teilen, dem man nicht vertraute.

Wien, sieben Monate später

DER BALKON

Durch die geschlossenen Fensterläden drangen die Rufe eines wütenden Mobs in den schummrigen Salon. Sisi legte behutsam die Hand auf ihren prallen Bauch und beobachtete, wie ihr Mann hektisch vor dem Funkenschutzgitter des Kamins auf und ab lief. Halb Wien schien sich an diesem kalten Februartag vor der Hofburg versammelt zu haben, um gegen den Krieg in der Lombardei zu demonstrieren. Seit Franz im Morgengrauen begonnen hatte, die Soldaten einzuziehen, war es in der ganzen Stadt zu Protesten gekommen. Mit Plakaten, Parolen und wütendem Getrommel blockierten Meuten von Studenten die abfahrenden Konvois, und die Lage hatte sich offenbar noch zugespitzt, als bekannt geworden war, dass der Deutsche Bund seine militärische Unterstützung verweigerte.

«Sisi soll sich doch nur einmal auf den Balkon stellen und ihren Bauch zeigen», brüllte Franz seine Mutter an. Das matte Licht der Wintersonne, das durch die Spalten der Läden fiel, zeichnete helle Linien auf seinen grauen Waffenrock. «Dann wären alle Zweifel an ihren Umständen ausgeräumt!»

Sisi nahm einen tiefen Atemzug und schluckte ihren Widerwillen herunter. Ihre Schwiegermutter, die mit verschränkten Armen neben ihrer Chaiselongue Wache hielt, würde ohnehin nicht erlauben, dass sie in ihrem Zustand repräsentativen Pflichten nachkam und sich damit übermäßigen Strapazen aussetzte. In der verzweifelten Hoffnung auf einen Thronfolger, der die Stimmung im Land zum Guten wenden sollte, hatte sie Sisi seit der ersten Untersuchung weder an öffentlichen Auftritten teilnehmen noch ihre täglichen Ausritte und Spaziergänge ins Glacis fortsetzen lassen. Kein Wunder, dass das Volk an ihren Umständen zweifelte! Außer der kaiserlichen Familie, den engsten Hofdamen, Zofen und Garden sowie den Bediensteten der inneren Gartenanlagen hatte sie seit vielen Monaten niemand mehr gesehen. Es hieß zwar, dass die Kaiserin guter Hoffnung war, doch die meisten glaubten nicht daran.

«Schick Soldaten, um die Menge aufzulösen.» Das Beben in Sophies Stimme verriet, wie sehr sie darum kämpfte, sich vom Temperament ihres Sohnes nicht aus der Ruhe bringen zu lassen.

Wie in einem Kessel, der inmitten eines lodernden Feuers stand, war Franz' Stimmung unter dem Druck von außen empfindlich hochgekocht. Wahrscheinlich weckten die Proteste Erinnerungen an die Revolutionen von 1848 in ihm, deren Plünderungen, Brandstiftungen und blutige Straßenkämpfe selbst vor dem Stephansdom nicht Halt gemacht hatten.

«Mutter!» Verzweifelt raufte Franz sich die Haare. «Wenn ich diesen Krieg gewinnen will, müssen wir diese Menschen *für uns gewinnen*, nicht *gegen uns aufbringen ...*»

«Elisabeth muss sich schonen!» Sisi spürte, wie Sophie gewichtig die Hand auf ihre Schulter legte. «Ich habe alles dafür getan, dass dieses Kind das Licht der Welt erblicken wird, und das tue ich auch weiterhin!»

Sisi verdrehte die Augen und wuchtete sich hoch. Obwohl sie das Gewicht und Volumen ihres Bauches mittlerweile sogar bei den bescheidensten Anstrengungen den Atem kostete und ihr Kind bereits eine stattliche Größe haben musste, mahnte der kaiserliche Leibarzt noch immer zu größter Vorsicht. Liebevoll strich sie über ihren kugelrunden Bauch. Die innige Verbindung, die zwischen ihr und dem ungeborenen Wesen entstanden war, erfüllte sie mit ihr bis dahin unbekanntem Sanftmut und Stolz, und der Gedanke, es zu verlieren, war so schmerzhaft, dass sie ihn schnell beiseiteschob.

Angestrengt hievte Sisi sich auf die Flügeltür zu. Wenngleich es hier um ihre Person ging, hatte sie den Streit ohnehin nur mit halbem Ohr verfolgt. Was brachte es, dem Schlagabtausch weiter beizuwohnen, wo nach ihrer Meinung ja doch niemand fragte?

«Wo willst du hin?»

Franz' herrische Stimme ließ Sisi innehalten. Reserviert drehte sie sich zu ihm und Sophie um.

«Wenn ihr mich nun entschuldigen würdet? Meine Mutter wird bald anreisen.»

Dass Ludovika ihrer Einladung gefolgt war und sich zur Geburt angekündigt hatte, wie es beim ersten Kind Sitte war, war das Einzige, das ihr in den letzten Wochen die Kraft gegeben hatte, überhaupt noch das Bett zu verlassen. Sie wandte sich wieder zur Tür.

«Sisi!», donnerte Franz ihr zornig hinterher.

Ihr Verhältnis hatte sich im Verlauf der Schwangerschaft merklich abgekühlt. Der Kaiser hatte sich anlässlich der Aufstände in der Lombardei immer tiefer in seinen Regierungsgeschäften vergraben und sich ansonsten anderweitig vergnügt. Nur bei den abendlichen Diners hatte sie ihren Mann noch zu Gesicht bekommen, im Beisein von seiner Mutter, von Grünne und seinen wichtigsten Beratern.

«Die Lombardei drängt auf nationale Selbstbestimmung», sagte Sisi kühl, ohne sich noch einmal umzudrehen. «Nichts kann ich besser verstehen als das ...»

Auf ihr Nicken hin öffnete ein Livreediener in rotem Frack die weiße Flügeltür. Wenig überrascht registrierte Sisi, dass im Gang vor dem Salon eine ganze Entourage dem lautstarken Wortgefecht beigewohnt hatte. Allen voran die rot gelockte Mätresse mit der kränklich weißen Haut, deren Dienste Franz in den letzten Wochen in Anspruch genommen hatte. Ihr tiefer Ausschnitt gab beinahe ihre Brüste frei, doch Sisi setzte ihren Weg erhobenen Hauptes fort, ohne sich ihre Bitterkeit anmerken zu lassen. Bis zur Ankunft ihrer Mutter gab es noch viel vorzubereiten. Das allein zählte jetzt für sie und das Kind.

MORAST

Was machst du da?»

Ohne sich nach ihrer Schwiegermutter umzusehen, warf Sisi den Lappen ins warme Seifenwasser des kniehohen Zubers, blies sich eine Strähne aus dem Gesicht und beugte sich mit einem trockenen Baumwolltuch über das Parkett. Ihre Knie schmerzten auf dem harten Boden, und ihr Bauch drückte so fest auf ihre Rippen, dass es ihr nur flach zu atmen gelang. Trotzdem hatte sie darauf bestanden, selbst die Gemächer zu wischen, in denen Ludovika für die kommenden Wochen einziehen würde.

«Ich möchte, dass sich meine Mutter wohlfühlt, wenn sie zur Geburt ihres Enkels kommt.» Mit zusammengebissenen Zähnen fuhr Sisi fort, das nasse Holz auf Hochglanz zu polieren. Sie beschloss, das scharfe Einatmen der Erzherzogin zu ignorieren; stattdessen winkte sie den vier Dienern, die gerade Bottiche mit mannshohen Palmen durch die Tür stemmten: «Die Pflanzen bitte hierhin!» Sisi deutete auf eine Ecke des lichtdurchfluteten Zimmers. Entgegen der Anordnungen, die Sophie wegen der Proteste vor der Burg herausgegeben hatte, hatte Sisi die Fensterläden öffnen lassen, damit die Wintersonne sich in den Raum ergießen konnte. Nachdem es am frühen Morgen nochmals geschneit hatte, bedeckte eine zarte Zuckerdecke die Dächer, und der Rauch, der über den Schornsteinen aufstieg, verlieh der Stimmung etwas Märchenhaftes.

«Deine Mutter wird nicht kommen.»

Es dauerte einige Sekunden, bis die Bedeutung der Worte vollends in Sisis Bewusstsein sickerte. Perplex wandte sie den Kopf und blickte zu ihrer Schwiegermutter auf. «Aber ...» Sie spürte Panik in sich aufsteigen. «Ist ihr etwas passiert?»

Sophie verschränkte die Hände vor der Brust und kam schweigend auf sie zu. Entsprechend der Mode hatten sich die Umfänge ihrer ausladenden Röcke in den letzten Monaten beinahe ins Lächerliche gesteigert. In Paris, erzählte man sich, brauchte man wegen der langen Schleppen die Gehsteige nicht mehr zu fegen, und nicht nur einmal war eine Dame ums Leben gekommen, weil ihr Rock in Brand geraten war. Bedauerlicherweise, dachte Sisi sarkastisch, war Sophie von einem solchen Missgeschick bisher verschont geblieben.

«Deiner Mutter geht es gut», erklärte die Erzherzogin knapp und streckte ihr auffordernd die Hand entgegen. Dunkle Ringe schimmerten unter ihren müden Augen. «Trotzdem wirst du ohne sie zurechtkommen müssen.»

Sisi starrte auf Sophies Hand. Sie spürte, wie sich ein gewaltiges Gewitter in ihr zusammenbraute. Als sei der mächtige Damm, der in den letzten Monaten all ihre Empfindungen zurückgehalten hatte, zu schwach, auch nur einen Moment länger zu bestehen, platzten all ihre angestauten Emotionen mit einem Mal aus ihr hervor.

«Also wolltest *du* nicht, dass sie kommt!», rief Sisi empört und versuchte zu überspielen, dass sie nach Luft ringen musste.

«Da du so lange dafür gebraucht hast, dich einigermaßen in Wien einzuleben, habe ich dafür plädiert, kein unnötiges Heimweh in dir zu wecken. Deine Mutter hat das verstanden», wies die Erzherzogin sie streng zurecht. «Nun steh vom Boden auf und setz dich hin!»

«Seit sieben Monaten habe ich deinetwillen nicht das Schloss verlassen!» Sisis Stimme überschlug sich unter ihrer unbändigen Wut. «Was willst du mir noch alles wegnehmen?!» Tränen drängten in ihre Augen, und sie hatte ihnen nichts entgegenzusetzen. Ungehindert kullerten sie ihre Wangen hinab, während ihr Körper von Zorn und Verzweiflung geschüttelt wurde.

«Du solltest dich nicht aufregen, Kind! Bitte ...»

«Dann bleib mir besser vom Leib!» Immer noch zitternd stemmte Sisi sich hoch. Beinahe blind vor Enttäuschung und Hilflosigkeit stürzte sie auf die Tür zu ihrem Schlafgemach zu, tastete nach der Klinke, drückte sie hinunter und knallte das schwere Portal hinter sich ins Schloss.

Obwohl die Dunkelheit bereits angebrochen war, ebbte das Getöse vor der Burg nicht ab und ließ Sisi schlussfolgern, dass der Streit zwischen Kaiser und Erzherzogin noch immer brodelte. Dass Franz sich weigerte, den Protest mit Gewalt aufzulösen, widersprach dem entschiedenen Durchgreifen, das er gegenüber seinen Gegnern an den Tag zu legen pflegte, und selbst die sonst so schweigsamen Garden vor Sisis Gemach steckten darüber tuschelnd die Köpfe zusammen.

Während sie dem Auf- und Abschwellen der Stimmen lauschte, die gedämpft durch die geschlossenen Fenster und die vorgezogenen Damastvorhänge drangen, blickte Sisi nachdenklich auf die rotblonde Locke, die sie in ihrem samtgrünen Tagebuch aufbewahrte wie einen kostbaren Schatz. Es war Monate her, dass Gräfin Esterhazy ihr die Strähne in demselben Umschlag überreicht hatte, den sie ihr für ihre Freundin mitgegeben hatte – als Beweis, dass sie ihr Versprechen gehalten hatte. Wie es Fanny wohl ergangen war, seit sich ihre Wege so unglücklich getrennt hatten? Ein rissiger Streifen Papier, der unschön aus der Bindung des Büchleins hervorragte, erinnerte noch an die

Seite, die Sisi im vergangenen Sommer herausgetrennt hatte, um eine knappe Botschaft für Fanny zu verfassen. Auf der nächsten Seite hatte sie vier schlichte Zeilen notiert, und es war ihr gleich, wer sie außer ihr noch las:

Ich bin erwacht in einem Kerker,
Und Fesseln sind an meiner Hand.
Und meine Sehnsucht immer stärker –
Und Freiheit! Du, mir abgewandt.

Sisi spürte, wie sich ihre Brust unter ihrem flachen Atem hob und senkte. Seit Stunden war sie zu keiner anderen Regung fähig gewesen. Die Frustration darüber, dass ihre Mutter nicht kommen durfte, hatte sie in eine lähmende, tränenlose Schwere gedrängt. Mehr und mehr hatte sie sich dem Morast hingegeben, in dem sie seit Wochen zu versinken drohte. Sogar der grüne Papagei hatte es aufgegeben, sie mit seinen Scherzen zu ermuntern, und den Kopf resigniert unter seinem Flügel vergraben.

«Hoheit?»

Als Sisi eine weiße Feder in der Tür aufblitzen sah, gefolgt von einem grauen Hut und schließlich der Oberhofmeisterin selbst, schloss sie seufzend die Augen und betete, die Elster möge direkt wieder umdrehen. Doch die Gräfin tat ihr diesen Gefallen nicht. Mit leisen Schritten kam sie näher.

«Hoheit, es ist so weit ...» Wie vor einigen Monaten war sie auch jetzt allein, und ein besorgter Ausdruck spielte auf ihrem Gesicht. «Der Mann, den Ihr treffen sollt, er ist in Wien.» Erst jetzt bemerkte Sisi, dass sie einen halblangen

Mantel über ihr Kleid aus silbergrauem Taft gezogen hatte. «Es bleibt nicht viel Zeit.»

Sie legte leise einen weiten Pelzmantel neben Sisi aufs Bett, stellte ein Paar gefütterter Stiefeletten vor ihr auf den Boden und streckte ihr auffordernd die Hand entgegen. Gerne hätte Sisi um Aufschub gebeten, einen Termin an einem anderen Tag, doch die Bestimmtheit in Gräfin Esterhazys Blick gab ihr zu verstehen, dass es am Zeitpunkt ihres Aufbruches nichts zu rütteln gab. Bang schloss Sisi das Tagebuch über der Locke, schob es behutsam unter ihr blütenweißes Kopfkissen und griff nach Esterhazys knöchriger Hand. Ausgerechnet heute würde es sie alle Kraft kosten, ihr Versprechen zu halten.

DER HANDEL

Gräfin Esterhazy schloss leise den Verschlag hinter sich und zog mit einem Ruck die Vorhänge zu. Schlagartig herrschte im Inneren der Droschke beinahe vollständige Dunkelheit. Nur an den spitzenbesetzten Rändern des Gardinenstoffes zeichnete sich das matte Licht einer verrußten Lampe ab, die draußen neben dem Kutschbock angebracht war.

Sisi schlang schützend die Arme um ihren Bauch, als die Gräfin zweimal ans Dach klopfte und das Gespann sich holpernd in Bewegung setzte. Angespannt lauschte sie dem Knirschen der Hufe auf dem Kies, unter das sich ihr beschleunigter Herzschlag mischte. Es dauerte einen Moment, bis sich ihre Augen an das spärliche Licht gewöhnten. Dann nahm sie in der Finsternis die Umrisse der Gräfin immer klarer wahr, die ihr gegenüber Platz genommen hatte und nervös ihre Finger knetete, offenbar um gegen die eisige Kälte in der Kutsche anzukämpfen. Sisi schluckte. Wen würde sie treffen?

Die Gräfin hatte sie durch die Hofwäscherei aus der Burg geschleust, durch einen der vielen Dienstbotenausgänge, und der scharfe Geruch der Lauge hing Sisi noch in der Nase, während sie in die Innenstadt einfuhren. Die Elster hatte sich weder dazu hinreißen lassen, ihr zu sagen, wie lange sie fahren würden, noch wohin. Ob Sisi nicht nur sich selbst in Gefahr begab, sondern auch ihr Kind, indem sie der Gräfin folgte? Was Franz wohl sagen würde, wenn er wüsste, was sie hier gerade tat?

Vorsichtig hob Sisi den Vorhang an und lugte hinaus in die Nacht. Obwohl im Hofgarten bereits die Krokusse hochgeschossen waren, pfiff ein forscher Wind durch die Gassen, und im Licht der Straßenlaternen segelten einige Schneeflocken vom dunklen Himmel. Ganz im Gegensatz zum Tumult auf dem Paradeplatz schienen die Straßen, die an den hinteren Teil der Hofburg angrenzten, wie ausgestorben. Nur ein paar Ratten huschten über die leeren Gehsteige und suchten in den Abfällen nach Nahrung, die die Menschen achtlos auf die Straße gekippt hatten. Vor einem mit Brettern verrammelten Trafik lagen einige Packen zerfledderter Zeitungen achtlos im Dreck. Je weiter sie sich von der Hofburg entfernten, je tiefer sie in die Wohnviertel der Arbeiter vordrangen, desto deutlicher warfen die dunklen Fassaden das schauderhafte Geheul klagender Frauen, Kinder und Greise zurück, durchsetzt von derbem Geschimpfe.

Völlig im Bann der unheimlichen Nachtmusik zuckte Sisi zusammen, als zwei Pferdelängen von der Droschke entfernt eine Handvoll Soldaten zwei junge Männer aus einem Hauseingang zerrte. «Weg da!», bellte ein Soldat. «Scher dich weg, wird's bald!»

Erst jetzt sah Sisi die weinende Frau, die verzweifelt versuchte, sie aufzuhalten. «Net meine Buam! Na!», kreischte sie unter Tränen, klammerte sich schreiend an einen der Soldaten, bis ein anderer ausholte und ihr einen Gewehrkolben in den Bauch rammte. Dann war die Kutsche vorbei, und die Szene verschwand aus Sisis Blickfeld.

Entsetzt suchte sie Gräfin Esterhazys Blick, doch die starrte nur entschlossen durch einen Spalt zwischen den Gardinen aus dem Fenster.

«Wen werde ich treffen, Gräfin?», fragte Sisi heiser.

Die Augen der Gräfin glänzten ihr in der Dunkelheit eindringlich entgegen. «Einen Anführer der ungarischen Rebellen», antwortete sie knapp.

Sisi stockte der Atem. *Einen Anführer der ...?!* Doch bevor Sisi weiter darüber nachdenken konnte, ertönte draußen die Stimme des Kutschers, «Ho!», und das Gespann kam zum Stehen. Perplex verfolgte sie, wie die Gräfin im Dunkeln nach der Klinke tastete.

«Wir sind da.»

Beklommen folgte Sisi dem matten Licht der Kutschlampe, mit der die Gräfin vorausging. Über den Dächern der heruntergekommenen Wohnhäuser und notdürftig aus Brettern zusammengezimmerten Hütten, zwischen denen ihre Droschke gehalten hatte, schimmerte der Sternenhimmel einer klaren Spätwinternacht. Die Kälte formte kleine Wölkchen vor ihrem Mund, und bei jedem Schritt knirschte das gefrorene Gras unter ihren Stiefeletten. Die Gräfin führte sie geradewegs auf eine verlassene Scheune zu. Der Geruch von Heu und altem Mist hing in der Luft, doch kein Schnauben, kein Scharren drang aus der Dunkelheit, die ihnen aus dem offenen Tor entgegenstarrte. Nur das Bellen eines Hundes erklang gedämpft in einiger Entfernung, gefolgt vom Schrei eines erwachten Babys.

Zwei Fuß vor dem Eingang blieb die Gräfin stehen und hielt Sisi die Laterne hin. Der Schein der bereits halb heruntergebrannten Kerze zuckte gespenstisch über ihr Gesicht. «Viel Glück, Hoheit», hauchte sie und trat mit einer knappen Verneigung zur Seite. Die einstudierte Geste, gepaart mit den feinen Handschuhen, edlen Stoffen und ausgestellten Röcken ihrer Aufmachungen – alles wirkte so deplatziert an diesem seltsamen Ort. Worauf, in aller Welt, hatte sie sich da eingelassen?

Zögernd nahm Sisi die Lampe an sich. Obwohl sie Wien unmöglich bereits ganz hinter sich gelassen haben konnten, hatte sie nicht den blassesten Schimmer, wo sie sich befand. Gerne hätte sie darum gebeten, nicht alleine weitergehen zu müssen, doch sie brachte keinen Ton heraus. Das Blut rauschte und pulsierte in ihren Ohren, als sie über die steinerne Schwelle trat.

Vorsichtig setzte Sisi im Halbdunkel einen Fuß vor den anderen. Durch ein kleines eingeschlagenes Fenster fiel das sanfte Licht des Mondes in den verlassenen Stall und verlieh dem brüchigen Steinboden der Boxen einen geheimnisvollen Glanz.

«Hallo?», fragte Sisi unsicher, doch ihre Stimme verhallte unbeantwortet in der Stille. Nur eine Katze auf einem aufgerissenen Heuballen starrte alarmiert in ihre Richtung und stellte wachsam die Ohren auf. Mit stockendem Atem schritt Sisi den Mittelgang hinab, die freie Hand behutsam auf ihren Bauch gelegt. Der Stall schien menschenleer. Hatte die Gräfin sich womöglich geirrt? Oder war sie selbst hinters Licht geführt worden?

Gerade wollte sie umkehren, da hielt das Klirren eines Pferdegeschirrs sie zurück. Alarmiert sah Sisi sich um. Erst war es nur ein Spalt. Dann schlug auf der gegenüberliegenden Seite des Stalls ein Holzgatter auf, und im Gegenlicht des Mondes zeichnete sich die Silhouette eines Mannes ab, der einen braunen Hengst am Zügel führte. Temperamentvoll warf das Tier seine Mähne hin und her, wohl ebenso sehr vor der Dunkelheit im Inneren der Scheune zurückscheuend wie Sisi kurz zuvor. Doch sein Reiter hatte ihn fest im Griff. Der schlicht verschnürte Dolman und die pelzbesetzte Überjacke räumten jeden Zweifel an seiner ungarischen Herkunft aus.

Sisi klammerte sich an die metallene Kutschlampe in ihrer Hand und gab sich einen Ruck. Mit pochendem Herzen hielt sie auf ihn zu. Je näher sie ihm kam, desto deutlicher zeichneten sich im Halbschatten die markanten Gesichtszüge des Rebellen ab. Als Ausdruck seiner aufwieglerischen Ansichten hatte er seinen imposanten Vollbart kaum getrimmt. Wilde Locken hingen ihm in Stirn und Schläfen, und unter seinen dichten Brauen glänzten helle, wache Augen. Gefährlich und faszinierend zugleich – sie war sich sicher, sie hatte das Porträt dieses Mannes schon einmal gesehen, wenn auch maßlos überspitzt. Es war in einer Ausgabe der *Fliegenden Blätter* gewesen, die in Possenhofen auf dem Schreibtisch ihres Vaters gelegen hatten. Eine gute Pferdelänge von ihm entfernt blieb sie stehen. «Gyula Andrassy?» Wie konnte die Gräfin sie hierher führen, zu ihm, dessen Ruf als blutiger Revolutionär weit über die Grenzen Österreichs hinaus bekannt war? «Ihr habt die ungarischen Rebellen in die Schlacht geführt, gegen meinen Mann!»

Der Graf verneigte sich beinahe stolz mit einem sanften Nicken, und Sisi glaubte zu sehen, dass ein fast amüsierter Ausdruck seine Lippen umspielte. «Hoheit, es freut mich sehr, dass Ihr mich empfangt.» Der dunkle ungarische Akzent schmeichelte seiner rauen und doch so sanften Stimme, und aus seinen Augen schlug ihr eine so vereinnahmende Kraft entgegen, dass Sisi nach Luft schnappte. Nur einmal war sie einem Mann mit einer so bestechenden Präsenz begegnet: Franz. Atemlos versuchte sie, seinem Blick standzuhalten und dabei nicht die Aufregung preiszugeben, die sich in ihrem Inneren überschlug.

«Viel Schändliches ist geschehen, im Namen Eurer Krone», fuhr Andrassy fort. «Dieses Unrecht, das ich mit meinen eigenen Augen gesehen, an meinem eigenen Leib erfahren habe, erlaubte es mir nicht, einen anderen Weg einzuschlagen als den, den ich gegangen bin.»

Sisi versuchte, die Wucht seiner düsteren Worte abzuwehren. «Wieso seid Ihr hier?», fragte sie so bestimmt es ihr möglich war. «Der sichere Tod steht Euch bevor, sollte Euch jemand entdecken.»

«Es gibt Dinge, die gehen über das eigene Leben hinaus.» Durchdringend blickte Andrassy sie an. «Vielleicht bin ich der Einzige, der Euch zu einem dauerhaften Frieden in Ungarn verhelfen kann.»

Belustigt stieß Sisi die Luft aus. Wofür hielt dieser Mann sich? Staatenlos, verfolgt, ohne Heimat. Erschreckt vom unerwarteten Geräusch ihres Atems, hatte der Hengst mit einem Ruck den Kopf zurückgeworfen und rollte erschrocken mit den Augen. Doch Andrassy fasste nur ruhig die Zügel knapper, bis sich das Tier seinem Willen fügte und widerspenstig den Kopf senkte. «Ich glaube, unsere beiden Völker haben nur eine Zukunft, wenn sie ihren Weg zusammen gehen ...»

«Und genau das will mein Mann», schnitt Sisi ihm entschieden das Wort ab. «Was also wollt Ihr nun von mir?»

Sisi sah die Wut in seinen Augen aufblitzen. «Euer Mann erdrückt mein Volk mit Steuern», polterten die Worte aus ihm heraus. «Er hat die Güter des Adels konfisziert, verwehrt uns eine eigene Verfassung und eine eigene Gerichtsbarkeit.» Andrassy schnaubte wütend. «Euer Militär sorgt bei uns für ‹Gerechtigkeit›!» Er spie das Wort aus wie einen schleimigen Brocken, sodass Sisi zurückwich.

Beherrscht straffte sie den Rücken. «Was wollt Ihr?», fragte sie kühl.

«Würde und Selbstbestimmung für mein Volk – und Frieden.» Andrassys Stimme bebte vor Überzeugung, und selbst in der Dunkelheit leuchteten seine Augen so glühend, dass sie sich ihrem Bann kaum entziehen konnte.

Selbstbestimmung. Das Wort hallte in Sisis Innerem nach. *Nichts verstehe ich besser als das*, hatte sie selbst noch am Vormittag gesagt. In anderer Angelegenheit zwar, aber doch nur scheinbar. Und sie hatte es genau so gemeint.

«Und für diesen Frieden suche ich eine Verbündete», setzte Andrassy mit gesenkter Stimme hinzu.

«Da überschätzt Ihr meinen Einfluss aber gewaltig.»

Sisi biss sich auf die Lippe. Der Spott und Hohn, der in ihren Worten lag, hätte genauso gut dem Mund ihrer Mutter entsprungen sein können. Ludovikas strenge Miene tauchte vor ihrem inneren Auge auf. Ihr sich selbst bemitleidender Blick. War sie auf dem besten Wege, genauso zu werden wie sie?

Überrascht sah sie, dass Graf Andrassy milde schmunzelte. «Die Österreicher lieben Euch», sagte er zögernd, «und auch die Ungarn beginnen Gefallen an Euch zu finden.»

Sisi legte die Stirn in Falten. Was meinte er damit? Skeptisch beobachtete sie, wie der Magnat ins Futter seiner Pelzjacke griff und aus einer Innentasche einen versiegelten Brief hervorzog. «Bitte gebt das Eurem Gemahl.» Beschwörend hielt er ihr den Umschlag hin.

Sisi starrte auf den Brief in seiner Hand. Sie war zierlicher als die von Franz, die Nägel knapp geschnitten und die Haut ohne Schwielen und gepflegt. Unvorstellbar, dass diese Hand den Säbel gegen ihren Mann geführt haben sollte. Gegen Österreich. Und doch hatte sie es getan. Allein in der Schlacht bei Schwechat waren Hunderte von Menschen gefallen. Sisi schluckte. Was sollte sie tun?

«Die Zeiten, in denen ein Kaiser mit blutigem Schwert über seine Völker herrschen kann, sind vorbei», drang der Graf erneut in sie. Doch Sisi wagte es nicht, den Brief zu nehmen. Eindringlich starrte Andrassy sie an, und für einen Moment schien die Zeit stillzustehen. Dachte er wirklich, sie würde ihrem Mann in den Rücken fallen? Oder hatte sie das mit diesem Treffen bereits getan?

Sekunden vergingen. Als in der Entfernung ein Eulenruf erklang, sog er scharf die Luft ein und schwang sich aufs Pferd. Mit Nachdruck hielt er Sisi den Brief hin. «Hoheit?» Erneut ertönte der Ruf des Käuzchens, diesmal lauter, warnend, und Andrassy schluckte nervös. «Ich bitte Euch.»

Sisi gab sich einen Ruck. Wenn der Eulenruf wirklich ein Zeichen war, wie sie vermutete, war es höchste Zeit, dass auch sie verschwand. Bebend ging sie zwei Schritte auf ihn zu und nahm den Umschlag an sich.

«Ich möchte Euch nichts versprechen», sagte sie so bestimmt, wie es ihr möglich war.

Selbst unter seinem dichten Bart konnte sie sehen, dass Andrassy die Zähne zusammenbiss. Er mochte sich mehr von diesem Treffen erhofft haben, doch etwas anderes konnte sie ihm nicht zusagen. Mit einem kräftigen Ruck riss er die Zügel herum und gab seinem Hengst die Sporen.

Aufgewühlt sah Sisi ihm nach. Obwohl es kaum mehr war als ein einfaches Stück Papier, wog der Brief schwer wie ein Stein in ihrer Hand.

DIE MENGE

Sisi klammerte sich an die Hand der Gräfin, erklomm mit pochendem Herzen das Trittbrett und kletterte in die ausgekühlte Droschke. Ein dumpfes Ziehen in ihrem Unterleib zeugte schon jetzt davon, was der Ausflug ihr körperlich abverlangt hatte. Ihr Bauch drückte beängstigend nach unten, und als sie sich vorsichtig auf die gepolsterte Bank im Inneren der Kutsche sinken ließ, musste sie für einen Moment die Augen schließen. Hatte sie mit diesem nächtlichen Ausflug am Ende doch noch eine Frühgeburt und damit womöglich das Leben ihres Kindes riskiert? Der Gedanke war so mächtig, so bedrohlich, dass Sisi sich verbot, ihn weiterzuführen. Bang beobachtete sie, wie Gräfin Esterhazy den Verschlag hinter ihnen zuzog und ans Dach klopfte, ganz so, wie sie es bei ihrem Aufbruch getan hatte. Einen Augenblick später fuhr die Kutsche an und nahm Geschwindigkeit auf. Sisi versuchte gleichmäßig zu atmen. Bald würde sie wieder in ihrem Bett liegen. Sich ausruhen. Das Ende all dessen abwarten, was sie in den letzten Monaten hatte erdulden müssen.

Sie zog den Pelzmantel enger um sich und kauerte sich an die gepolsterte Wand der Droschke. Sie hatte ihre Mutter viele Kinder austragen sehen, und die Erinnerung an die einsetzenden Wehen, ihre furchterregenden Schreie hinter den verschlossenen Türen der Zimmer, in denen Hebammen und Zofen mit blutigen Laken aus- und eingingen, machten ihr Angst. Doch weit schlimmer noch war der Gedanke an die Verantwortung, die auf sie zukam. Die Erziehung eines Thronfolgers an einem der vornehmsten Höfe der Welt. Sisi konnte sich nichts vorstellen, dessen sie sich derzeit weniger gewachsen fühlte als einer Mutterschaft.

Wie wohl Franz dem Ganzen entgegensah? Für ihn schien das Kind nicht mehr als ein politischer Tagesordnungspunkt zu sein. Ein Argument, mit dem er seinem

Volk diesen Krieg verkaufen konnte, während er sich mit wechselnden Gespielinnen von dem nahenden Grauen ablenkte und von den Opfern, die er seinen Soldaten abverlangen würde. Beim Gedanken an ihren Mann und die blasse Dame mit dem aufreizenden Dekolleté schob sich ein dicker Kloß in ihren Hals. Ob es ihr jemals gelingen würde, an seiner Seite glücklich zu werden, nach allem, was geschehen war?

«Wie lang hat mein Mann schon diese ...» Bitter presste Sisi die Lippen aufeinander. Die Frage war einfach aus ihr herausgepurzelt. In einem Anfall von Mut, der ihr Vermögen weit überstieg.

«Mätresse?», fragte Gräfin Esterhazy, und Sisi nickte düster. Dass die Elster das Wort so aussprach, als sei es das Selbstverständlichste der Welt, versetzte ihr einen schmerzhaften Stich.

Möglichst beiläufig hob die Gräfin den Vorhang einen Spalt an, wohl um Zeit für ihre Antwort zu gewinnen, und sah prüfend hinaus. Es musste bereits auf Mitternacht zugehen, denn das Licht der Straßenlaternen war erloschen, und nur noch vereinzelt zerriss das Klagen eine schlaflosen Frau die nächtliche Ruhe.

Obwohl das Knirschen der Räder auf dem eisigen Weg, gepaart mit dem rhythmischen Getrappel der Pferdehufe, ihr Schweigen schier unerträglich machte, hoffte Sisi, dass die Gräfin ihre Frage nicht beantworten würde. Sie erinnerte sich noch gut daran, wie sie die hygienische Dame vor einigen Wochen zum ersten Mal die Gemächer ihres Gatten hatte verlassen sehen. Mit schwingenden Hüften war diese die Gänge entlangspaziert, die Bluse halb geöffnet, auf so kecke, distanzlose Art die Wachen grüßend, dass keine Fragen über ihren Broterwerb offen blieben. Seither hatte Sisi sie viele Male ihre Reize ausspielen sehen, gegenüber der Arcièren-Leibgarde in den Appartements des Kaisers, genau wie gegenüber den höheren Beamten, den einfachen Livreedienern. Und in ihrem Geiste auch gegenüber Franz.

«Ich bin selbst die Frucht einer solchen Verbindung», sagte die Gräfin schließlich wie aus dem Nichts. Überrascht öffnete Sisi den Mund. Die Elster, ein Kind aus kaiserlichem Hause? «Deswegen blieb mir auch der Weg verwehrt, den ihr gegangen seid.» Die Gräfin faltete die Hände im Schoß. Beinahe vorwurfsvoll funkelten ihre Augen Sisi im Halbdunkel entgegen. Welchen Weg meinte sie? Die Heirat ins Kaiserhaus? Oder die politische Einflussnahme, die sie und Andrassy sich von Sisi erhofften?

«Werdet Ihr dem Grafen bei seinem Vorhaben helfen?», beantwortete die Elster ihre stille Frage.

Beklommen tastete Sisi nach dem Umschlag, der unter ihrer Handfläche auf der Kutschbank ruhte. Selbst wenn sie eine Antwort gehabt hätte, sie hätte sie der Elster nicht genannt.

«Woher kennt Ihr Andrassy?», fragte sie stattdessen.

«Graf Andrassy und ich, wir kennen uns noch ...», die Elster zögerte, «... aus einer anderen Zeit.» Einen Moment verfiel sie in Schweigen, als überlegte sie, ob sie bereits zu viel verraten hatte. Doch dann setzte sie erneut an. «Als er ein kleiner Junge war, habe ich einige Sommer mit seiner Familie verbracht und ihn und seine Geschwister in allem unterrichtet, was ich weiß.»

«Ihr wart seine Lehrerin?» Ungläubig musterte Sisi ihre Oberhofmeisterin. Kind einer Mätresse, Mentorin eines ungarischen Revolutionsführers? Diese Frau steckte voller Geheimnisse.

Als hätte sie ihre Gedanken erraten, verzog sich der Mund der Gräfin zu einem geheimnisvollen Lächeln. «Ich habe eine gute Nachricht für Euch», sagte sie dann. «Es wurde mir zugetragen, dass Eure Freundin in Wien geblieben ist.»

Erstaunt riss Sisi die Augen auf. Mit einem Mal war sie hellwach. Fanny war noch in Wien? Warum? «Sie hat Euch geschrieben?»

«Sie hängt wohl mehr an Euch, als Ihr denkt.» Die Gräfin schmunzelte und hob erneut den Vorhang an, um hinauszuspähen, wobei sich ihre Augen sichtlich besorgt verengten. Erst jetzt nahm auch Sisi wahr, dass in einiger Entfernung wütende Schreie und Parolen die Nacht zerrissen, durchsetzt von schrillen Pfiffen, und sie wagte ihrerseits einen Blick hinaus. Sie hatten die Wohngebiete am Rande der Stadt hinter sich gelassen und näherten sich aus nordöstlicher Richtung der Hofburg. Einige der wohlhabenden Gebäude und Geschäftshäuser erkannte Sisi bereits wieder. Die rasch zunehmende Lautstärke des Tumults verhieß, dass sich der Protest, der auf dem Paradeplatz seinen Ausgang genommen hatte, in der Zwischenzeit deutlich ausgeweitet hatte. Als die Kutsche an der nächsten Kreuzung in die Bräunerstraße einbog, eröffnete sich ein bedrohliches Bild: In den Straßen rund um den Michaeler Platz hatten sich Menschen mit Fackeln versammelt. Die Flammen loderten angriffslustig dem Nachthimmel entgegen und verliehen den ohnehin wütenden Gesichtern noch gefährlichere Züge.

«Ihre Armut und die Wut über ihre eingezogenen Söhne treibt sie auf die Straße», flüsterte die Oberhofmeisterin, während ihr Blick sorgenvoll über die Menge huschte.

Wenige Augenblicke später verlangsamte die Kutsche ihre Fahrt. «Schleichts eich, Fetzenschädel!», drang das Geschimpfe des Kutschers von draußen herein. Einige Meter weiter bremste er die Pferde. «Ho!»

«Ihr müsst zurück ...», flüsterte die Gräfin und klopfte energisch ans Dach. «Fahrt weiter!», rief sie laut nach draußen, und Sisi schlang ängstlich ihre Arme um den Bauch. Im nächsten Moment knallte eine Peitsche, und sie zuckte zusammen. «Hüa! Aus dem Weg!»

Doch gerade, als die Pferde wieder anzogen, traf ein heftiger Schlag die Kutsche. Sisi schnappte erschrocken nach Luft. Schon donnerte ein neuer Hieb an den Verschlag und brachte die Droschke merklich ins Schwanken.

«Augschmiert habts uns! Wia woalln unsre Buam wiada!», rief ein Mann direkt neben ihnen und schlug krachend seine Fackel gegen das Fenster.

Erschrocken klammerte sich Sisi an die Kutschbank. *Rums. Rums.* Ihr gegenüber suchte auch die Gräfin verzweifelt nach Halt in der schlingernden Kutsche.

«Packlrass! Raus mit eich!», ertönten ungehaltene Rufe aus der Menge. *Rums.* Der Kutscher ließ energisch die Peitsche knallen, doch das Gespann zog nur mäßig an.

«Diese Menschen glauben, der Kaiser hätte sie betrogen ...», hörte Sisi die Elster sagen, und ein Schauer lief über ihren Rücken. «Sie zweifeln daran, dass Ihr guter Hoffnung seid. Sie denken, Franz Joseph ist zu schwach, nicht Manns genug, die vielen Völker dieses Reiches geschlossen in die Zukunft zu führen.»

Überfordert schloss Sisi die Augen, um ihre Aufregung niederzuringen und einen klaren Gedanken zu fassen. Vor Anspannung hatte ihr ganzer Unterleib sich schmerzhaft zusammengezogen. Wie eine bretthart Kugel raubte er ihr den Atem. *Sisi soll sich doch nur einmal auf den Balkon stellen und ihren Bauch zeigen. Dann wären alle Zweifel an ihren Umständen ausgeräumt*, flackerte Franz' Brüllen in ihrem Geiste auf. Konnte ihr Bauch diese Menschen wirklich besänftigen?

Tapfer nahm Sisi einen tiefen Atemzug und starrte aus dem Fenster. Die Kutsche kam in der Menge so langsam voran, dass sie mühelos einzelne Gesichter ausmachen konnte. Da waren schnauzbärtige Männer mit Hut, ebenso wie kahlköpfige Greise, rüstige Weiber und blutjunge Frauen in einfachen Kleidern. Wut, Verzweiflung und Schmerz verzerrten ihre ausgezehrten Mienen. Abermals knallte die Peitsche durch die Luft. Ein erschrockener Aufschrei ging durch die Menge, gefolgt vom panischen Wiehern der Pferde. Dann blieb die Kutsche stehen. Sisi sah, wie die Oberhofmeisterin sich bekreuzigte. «Ich hätte Euch niemals herbringen dürfen», murmelte sie mit blassen Lippen.

Doch dafür war es nun zu spät. Es war allerhöchstens eine Frage von Minuten, bis der wütende Mob ihre Kutsche gewaltsam kapern würde.

Mit vor Kälte tauben Fingern griff Sisi nach Andrassys Brief und schob ihn zitternd unter ihren Mantel. *Die Österreicher lieben Euch.* Sie klammerte sich an die Worte des ungarischen Grafen wie an einen seidenen Faden, straffte sich und rutschte bis auf die Kante der Sitzbank vor. Dann wandte sie sich der Tür zu und nahm aus den Augenwinkeln wahr, wie der Elster die Gesichtszüge entgleisten.

«Was habt Ihr vor? Hoheit?» Schrill und nervös ging die Stimme der Gräfin doch beinahe im Geschrei und Gerumpel unter. Es war, als droschen Hunderte von Fäusten gleichzeitig auf den Verschlag der Kutsche ein.

«Zruck mit eich!» Drohend ließ der Kutscher draußen die Peitsche knallen, was die Menge nur noch mehr gegen sie aufzubringen schien. Mit rasendem Herzen tastete Sisi nach der Klinke.

«Hoheit?», kreischte die Gräfin, doch Sisi drückte schon entschieden die Tür auf und stemmte sich hoch. Im selben Atemzug spürte sie einen entschiedenen Griff um ihr Handgelenk. Beinahe flehend sah die Gräfin sie an. *Tut das nicht*, schienen ihre Augen zu schreien. Sisi dachte daran, was auch ihre Oberhofmeisterin bei alldem zu verlieren hatte. Sollte jemand vom Grund ihrer Ausfahrt erfahren, würde sie das mit nichts weniger als ihrem Leben bezahlen. Der Galgen, das war die Strafe, die auf Hochverrat stand.

«Ich übernehme die volle Verantwortung», sagte Sisi, setzte entschieden einen Fuß auf das Trittbrett und duckte sich durch die Tür hinaus. Sofort wichen die Menschen draußen zurück. Ein erstauntes Raunen mischte sich zwischen die erbitterten Schmährufe. Während von hinten noch die nächsten Wütenden nachdrängten, breiteten die Aufständischen in den vorderen Reihen schützend die Arme aus, um den Mob zurückzuhalten. «Stop!», ertönten immer mehr Schreie aus der Menge, bis das Schieben und Stoßen allmählich schwächer wurde und schließlich Hunderte von Augenpaaren, in denen sich die Flammen der brennenden Fackeln spiegelten, erwartungsvoll der offenen Tür der Kutsche entgegenstarrten.

Erst als es so still war, dass man den rauschenden Atem der Pferde hören konnte, spürte Sisi, wie sich der Griff der Elster um ihr Handgelenk lockerte, und sie machte sich los. In Erinnerung an die Stöße des Kohlmarktes hielt sie schützend ihre Arme vor ihren Bauch. Erneut hatte sich ihr Unterleib so sehr verhärtet, dass es ihr den Atem raubte. Ächzend kletterte sie das Trittbrett herunter auf die Straße. Mit einem Satz sprang die Gräfin ihr nach und postierte sich leichenblass an ihrer Seite wie eine Wächterin. Sisi ließ ihren Blick über die Gesichter der Umstehenden gleiten und blieb inmitten der stillen Menge stehen.

Im nächsten Moment brandete ein so tosender Beifall auf, dass Sisi überwältigt den Mund öffnete. Dutzende Arme reckten sich ihr entgegen wie einer Heiligen, strichen über ihre Haut, ihr Haar, griffen nach ihrem Rock. Anders als zuletzt auf dem Kohlmarkt, war die Stimmung aber nicht aggressiv. Die Menschen waren freundlich, respektvoll und beinahe zärtlich. Sie strömten ihr begeistert entgegen, erfassten sie und trieben sie im Gedränge hin und her wie ein einzelnes Blatt im steinigen Lauf eines Gebirgsbaches.

STARR

Franz umklammerte den Knauf seines Säbels und stürmte aus dem Tor des Großen Hofs. Hinter ihm ließ ein entferntes Scheppern und Klirren vermuten, dass ihm die Leibgarde im Laufschritt folgte, doch er verlor keine Zeit damit, sich ihrer Anwesenheit zu vergewissern oder gar auf ihren Beistand zu warten.

Getragen von der euphorischen Menge, die vor der Hofburg zwischen Reichskanzleitrakt, Winterreitschule und Hofburgtheater unter dem Feuer lodernder Fackeln tobte, trieb Sisi wie eine Nussschale. Die Hände Tausender reckten sich nach ihr. *Gott Allmächtiger*, wiederholte Franz in Gedanken Sophies entgeistertes Flüstern. Als sie vor wenigen Minuten gemeinsam ans Fenster getreten und Zeugen davon geworden waren, weshalb die wütenden Schreie und dunklen Rufe des Protestes innerhalb von Sekunden in freudige Pfiffe, kurz darauf sogar in Jubel umgeschlagen waren, hatte seine Mutter vor Entsetzen die Hand vor den Mund geschlagen. Franz hingegen hatte kein einziger Muskel seines Körpers gehorchen wollen.

Obwohl er sich mit aller Entschlossenheit durch die Menge schlug, weiche wie knochige Körper auseinanderschob, während Hüte und Haare unsanft seine Wangen streiften, sah er sich noch immer selbst am Fenster stehen. Steif und starr. Reglos und schwach. Ganz so, wie die Leute sagten. Selbst die Hitze, die sich jetzt unter seinem Waffenrock staute, konnte die Erinnerung an sein Unvermögen nicht ausmerzen. Zwar hatte es nur eine Sekunde gedauert, bis er sich wieder unter Kontrolle bekam, doch der Moment hatte sich angefühlt wie eine Ewigkeit. Die beschlagene Scheibe, hinter der lichterloh das gefährliche Spektakel wütete. Die Wärme seiner Mutter, kurz vor Mitternacht bereits für die Bettruhe in Nachthemd und pelzbesetzten Morgenmantel gehüllt. Der staubige Geruch der Vorhänge, die die bodentiefen Fenster umrahmten wie eine Bühne. Es war, als hätte seiner Starre eine tiefe Wahrheit angehaftet. Eine Wahrheit, vor der ihm graute. Vor der ihn niemand retten konnte. Nicht einmal Grünne, anders als damals, als er ihn vor dem Feuer bewahrt hatte, mit dem Rücken zur kalten, erdigen Wand.

Franz schloss seinen Griff enger um den Säbel und hielt auf Sisi zu. Der Rauch verbrannten Fackelöls, der die kalte Luft durchsetzte, stach in seinen Lungen. «Der Kaiser!», brandeten immer lautere Rufe um ihn auf, doch sie hatten nicht die Macht, die Menge zu teilen. Vor Begeisterung tolle Gesichter strahlten ihm entgegen. Längst hatte die Meute ihren eigenen Charakter entwickelt, wie dies oft der Fall war, wenn Menschen zu einem gemeinsamen Zwecke aufeinandertrafen. Der Wille der Masse, hinter dem das Wollen des Einzelnen zurücktreten musste, konnte bisweilen in eine gefährliche Hysterie münden. Vor einigen Jahrhunderten, davon hatte ihm sein Geschichtslehrer erzählt, hatte dieser Wille sich in Aachen zu einer bizarren Tanzwut gesteigert. Reihenweise waren die Menschen zusammengebrochen unter dem Drang der rhythmischen Bewegung und Verrenkung, der sich ihrer bemächtigt hatte wie der Teufel.

Von dem Gedanken zu neuer Entschlossenheit angespornt, zückte Franz seinen Säbel und hielt auf Sisi zu, die auf zahllosen Händen getragen nur noch wenige Schritte vor ihm über den Köpfen der Menge schwebte.

«Aus dem Weg!», schrie Franz, «Sofort!»

Kaum einen Atemzug später riss ihm ein kräftiger Ruck die Waffe aus der Hand. Kurz blickte er sich vergebens nach ihr um, bevor er sich mit Ellenbogen und Fäusten weiterkämpfte. «Wachen!», schrie er, so laut er konnte, ohne die Augen von Sisi abzuwenden, die nur wenige Armlängen vor ihm in einem hellblauen Kleid vor dem pechschwarzen Himmel schwebte. Der Pelzmantel war ihr im Gedränge beinahe vollständig von Bauch und Schultern gerutscht, und einer der Stiefel war bereits in der Menge verloren. Einige Schritte hinter ihr ragten die Hellebarden und weißen Rosshaarbüsche seiner Leibgarde über die Köpfe hinaus, die sich von allen Seiten bemühte, mit strikten Befehlen Ordnung zu schaffen.

Franz machte einen letzten Satz nach vorn und schaffte es endlich, sich das letzte Stück zu seiner Frau durchzuschlagen. Kaum hatte er den seidenen Stoff ihres Kleides gestreift, packte er ihre Hand, zog sie an sich, und die Menge ließ zu, dass er sie herunterhob, unendlich behutsam, besorgt und erleichtert, und sie in die Arme schloss. Doch schon mit dem nächsten Wimpernschlag spürte er, wie eine gewaltige Wut ihn überrollte und alles andere beiseitedrängte. Wie ein mächtiger Strom sprudelte sie aus ihm hervor.

«Verdammt!», schrie er. Inmitten der Menge packte er sie an den Schultern, schüttelte sie. «Was hast du dir gedacht!»

Mit geröteten Wangen starrte Sisi ihn an, hin und her geschoben von der Menge, und der Zorn, der ihm aus ihren braunen Augen entgegenblitzte, stand dem seinen in nichts nach. Wie zwei ebenbürtige Gegner inmitten eines Schlachtfelds standen sie sich gegenüber, umringt von ihrem schaulustigen Publikum, das sich zu keinem anderen Zweck versammelt zu haben schien als diesem: ihrer beider Auseinandersetzung beizuwohnen.

Da schrie Sisi auf. Ein gewaltiger Schmerz musste ihren Körper erfasst haben, denn sie krümmte sich mit weit aufgerissenem Mund zusammen, japste nach Luft. Um einige Sekunden verzögert wich die Menge zurück, als erwachte sie aus einem bösen Traum, aus einer benebelnden Trance und Besessenheit. Gelähmt stand Franz inmitten der Menschen und spürte, wie Sisis Finger sich in seinen hechtblauen Waffenrock krallten. Unter Schmerzen stöhnte sie, während sich Fruchtwasser oder Urin, Franz vermochte es nicht zu sagen, dunkel auf dem hellen Stoff ihres Rockes ausbreiteten. *Und die, die du liebst, sollen elendig zugrunde gehen,* hallte der Fluch der Ungarin in seinem Kopf nach. Monatelang hatte er diesen Tag gefürchtet. Sich in seinen Akten verkrochen, im Opium, im Cognac und im Schoß seiner Mätresse. Panisch blickte er sich um, auf der Suche nach Hilfe. Doch er traf nur seine eigene Angst, gespiegelt in den Augen seiner Männer.

GEBET

Der Schmerz war so groß, dass Sisi glaubte, er würde sie zerreißen. Wo er zuvor noch nach kurzer Zeit verschwunden war, um sie dann erneut zu überrollen, hatte er jetzt seit einer Ewigkeit nicht mehr nachgelassen. Längst hatte sie aufgehört, ihrer Umgebung Aufmerksamkeit zu schenken, und war eingetreten in einen schmerzerfüllten Raum, losgelöst von Ort und Zeit, an dem ihre Kräfte sie zusehends verließen. Die hektischen Zurufe der Zofen, die mit Tüchern, Laken und Eimern voll dampfenden Wassers in ihrem Gemach ein und aus gingen. Das Flackern der Kerzen, die Stunde um Stunde in den Girandolen herunterbrannten. Und über allem der schwere Duft von Lavendel, der von der Anwesenheit ihrer Schwiegermutter zeugte.

«Fanny», hauchte Sisi verzweifelt, als eine neue Woge des Schmerzes ihren Körper zu sprengen drohte. Irgendwann hatte sie begonnen, gebetsmühlenartig den Namen ihrer Freundin zu wiederholen, um sich bei Bewusstsein zu halten. Die Hoffnung nicht zu verlieren. Bei sich zu sein. Doch so sehr sie auch dagegen ankämpfte, presste, schrie, der Krampf, der ihre Körpermitte erfasst hatte, raubte ihr beinahe die Sinne.

«Wenn die Kaiserin sich nicht bald entspannt ...», drang die gedämpfte Stimme der Hebamme in Sisis Bewusstsein, die die Erzherzogin Sophie wohl über den ausbleibenden Fortschritt der Geburt unterrichtete. Ächzend biss Sisi die Zähne zusammen. *Wenn sich die Kaiserin nicht bald entspannt.* Wie ein gigantischer Mühlstein zermahlten die wenigen Worte ihre letzte Kraft, ihr letztes Vertrauen in ihren Körper und das Kind. Ihr Unterleib war so hart wie Granit. Würde sie an dieser Herausforderung scheitern?

Als junges Mädchen hatte sie einmal so hohes Fieber gehabt, dass sie glaubte, zu sterben. Ludovika, Max und der alte Wilhelm hatten abwechselnd an ihrem Bett Wache gehalten. Manchmal auch Nene. Für sie gesungen, ihr Geschichten erzählt. Obwohl sie zu schwach gewesen war, die Lider aufzuschlagen, hatten sie sie in ihrem Dämmerschlaf doch erreicht. Wenn sie nur hier sein könnten, die geliebten Menschen, um ihr auch heute beizustehen! Doch diesen Trost hatte die Erzherzogin ihr verwehrt. Und Sisi fühlte sich zu schwach, um alleine weiterzukämpfen. Lose Strähnen klebten ihr auf der schweißnassen Stirn, wie damals, als sie um ihr Leben fieberte, und die Panik darüber, der Geburt nicht gewachsen zu sein, ließ eine unendliche Hoffnungslosigkeit über sie hereinbrechen. Wie aus weiter Ferne hörte sie das eilige Trippeln von Füßen auf dem Parkett, das Rascheln feiner Stoffe. Matt drang an ihr Bewusstsein, dass die Umstehenden leise Worte wechselten. Sie spürte, wie jemand sanft ihren Kopf anhob, sie stützte und ein pralles Kissen unter ihren Rücken schob. Spürte leichte Berührungen an ihrer Stirn, unendlich zärtlich. Liebevoll.

«Du schaffst das ...», flüsterte eine vertraute Stimme ihr zu. «Glaub an dich!» Wer war das? Sisi schaffte es nicht, den Gedanken zu fassen oder gar weiterzudenken. Völlig ausgezehrt heftete sie sich an den zarten Funken Hoffnung, den ihr die Stimme gab. Als die Welle des Schmerzes langsam verebbte, schlug sie matt die Augen auf. Ihre Schwiegermutter hielt mit beiden Händen ihren Kopf, die Hebamme stützte ihren Rücken, und da, an ihrer Seite, saß Fanny und stützte ihre Knie. Sisi konnte es nicht glauben. Das mintgrüne Kleid kontrastierte ihre rotblonden Haare, die sie notdürftig hochgesteckt hatte, und die hektischen Flecken in ihrem Gesicht. Sie musste sich ordentlich gesputet haben. Und jetzt war sie hier, bei Sisi. Tränen der Erleichterung vermischten sich mit denen der Verzweiflung und mit dem Schweiß, den Sophie ihr vorsichtig abtupfte.

Flüchtig streifte Sisis Blick ihren Gemahl, der hilflos neben dem Bett stand und mit dem blanken Entsetzen zu ringen schien, dann wandte sie sich wieder ihrer Freundin zu, klammerte sich an ihren Anblick, als eine neue Welle des Schmerzes durch ihren Körper jagte.

«Du schaffst das ...», redete Fanny leise auf sie ein. «Atmen ...»

«Sehr gut, Eure Majestät», hörte sie nun auch die Hebamme sagen, und sie sah aus den Augenwinkeln, wie sie eine Zofe mit einer Waschschüssel heranwinkte. Ihre Ärmel noch etwas weiter hochkrempelnd, lief sie einmal um das Bett und kniete sich vor dem Fußende nieder. «Gebt jetzt alles, Hoheit!»

Sisi schloss die Augen und spannte ihre Bauchmuskeln an. Sie wollte das Kind nach unten schieben, doch es gelang ihr nicht. Panisch schnappte sie nach Luft.

«Weiter, du hast es gleich geschafft!» Fanny drückte bekräftigend ihre Hand, und Sisi presste, presste, so fest sie konnte.

Vor Anspannung hatte sie fast das Gefühl zu platzen, dann ließ der Druck mit einem Mal nach. Sisi hielt den Atem an, bereit, den ersten Schrei ihres Kindes zu hören – und blinzelte verwirrt. Es war so still, dass man eine Stecknadel hätte fallen hören.

«Lebt es?», fragte Sisi heiser.

Unter dem Schweigen flirrte die Luft so geladen wie vor einem heftigen Gewitter. Hilflos suchte Sisi Franz' Blick, dann Fannys, doch beide starrten mit aufgerissenen Augen an ihren Knien vorbei aufs Bett. Eine kalte Angst fuhr Sisi ins Mark. Was war dort unten? Ein totes Kind? Eine Missgeburt? Was hatte sie da unter Schmerzen zur Welt gebracht?

Zitternd stemmte sie sich auf den Ellenbogen hoch. Das Blut rauschte in ihren Ohren und ihr war kalt und heiß zugleich, als plötzlich eine intensive Übelkeit in ihr aufstieg. Sie hörte noch, wie ein anklagender Schrei das Schweigen zerriss, bevor ihr Neugeborenes, das blutig-nasse Laken, ihr Gemach und alle Anwesenden hinter einem weißen Schleier entschwanden, bis die Helligkeit sie ganz umfing.

ERBE

Das Schreien des Kindes war so unerträglich, dass Franz am liebsten davongelaufen wäre. Hilflos und nackt lag es auf der Decke und schrie. Schrie so angestrengt, dass es zitterte, während die Hebamme ihm auf der Kommode mit geübten Handgriffen eine Windel anlegte. Sie packte so fest zu, dass es Franz den Magen umdrehte. Befremdet starrte er auf das kleine Geschöpf, das seine Frau beinahe das Leben gekostet hätte. Die Nägel, Ohren, ja sogar die Falten in der geröteten Haut, alles war da, unendlich klein zwar, aber doch vollständig ausgeprägt. Wie es sich wohl angefühlt hatte, zum ersten Mal die Luft dieser Welt zu atmen? Zum ersten Mal die Kälte zu spüren, außerhalb des Mutterleibs? Ungedämpft die Geräusche zu hören? Und bei alldem nicht mehr Teil eines anderen zu sein?

«Majestät sollte darüber nachdenken, die Taufe zu verschieben», unterbrach Dr. Griebe mit gesenkter Stimme seine Gedanken. «Die Kaiserin hat sehr viel Blut verloren. Sie muss sich schonen.»

Irritiert starrte Franz seinen Leibarzt an, während die Erzherzogin sich neben ihm düster auf einen Sessel stützte. Ihre Hand krallte sich so fest in die Lehne des Stuhles, dass ihre Knöchel weiß hervortraten. Franz wusste, dass sie angesichts des ärztlichen Rates dahinschmelzen sah, worauf sie seit Monaten all ihre Energien verwendet hatte. Obwohl sich der Protest vor der Burg aufgelöst hatte, nachdem er Sisi mit Hilfe der Leibgarde aus der Menge geborgen hatte, schienen die kühlen Mauern noch immer die Schreie und Rufe seiner Gegner zurückzuwerfen.

«Dann muss die Taufe ohne die Mutter stattfinden», sagte Sophie knapp und richtete sich entschieden auf, «wir können keinen Tag länger warten.»

Überfordert blickte Franz zwischen dem Arzt und seiner Mutter hin und her, die ihn aufmerksam ansahen und eine Entscheidung von ihm zu erwarten schienen. Die Luft im Inneren des Gemaches fühlte sich plötzlich so feucht und stickig an, so gesättigt von den Ereignissen der letzten Stunden, dass Franz sich danach sehnte, die frische Winterkühle in seine Lungen zu atmen. Zum wiederholten Male waren die Kerzen in den Leuchtern und Kandelabern heruntergebrannt, doch diesmal hatte in der Aufregung niemand daran gedacht, sie durch neue zu ersetzen. Zwei Zofen schrubbten am Fußende des Bettes stumm den Boden, während zwei weitere je einen Korb mit blutigen Laken und Tüchern hinausschafften.

Nachdem Sisi das Bewusstsein verloren hatte, hatten sie das Blut entdeckt. Hellrot hatte es sich auf dem weißen

Laken ausgebreitet. Erst als Dr. Griebe die Nabelschnur durchtrennt hatte und es der Hebamme gelungen war, die Nachgeburt aus Sisis Leib zu holen, war es schließlich allmählich verebbt.

«Lasst die Zeremonie nach Vorgabe des Protokolls für morgen festsetzen», verkündete Franz. «Die Kaiserin ist für die Feierlichkeiten entschuldigt.» Mit einem knappen Nicken unterstrich er seine Entscheidung, wandte sich ab und zog mit einem Ruck die dichten Vorhänge zurück, hinter denen der aufhellende Nachthimmel den baldigen Sonnenaufgang ankündigte. Als hätte er damit ein Zeichen gegeben, zerriss eine erste Kanonensalve das betretene Schweigen. Die Mauern der Hofburg erzitterten unter dem Donnern der Schüsse, und Franz malte sich aus, wie die Leute in den Gassen die Schüsse der Kanonen zählten. Wie sie mit Kreide Striche an Hauswänden zogen und mit angehaltenem Atem vergebens den letzten Schuss erwarteten, der für einen Erben, einen Thronfolger stand.

«Wo ist mein Kind?», hörte er Sisis leise Stimme und drehte sich um. Blutleer und kraftlos lag sie im Bett, während Fanny bei ihr saß, und nicht er, um ihre Hand zu halten. Erfolglos versuchte sie, unter dem steten Dröhnen der Kanonen ihren Kopf zu heben. Das Kalkweiß ihrer Haut hob die dunklen Ringe unter ihren fiebrigen Augen hervor.

«Keine Sorge», redete ihr Fanny leise zu und drückte sie sacht zurück in die Laken. «Es ist wohlauf.»

Skeptisch, ja beinahe eifersüchtig musterte Franz ihr hellgrünes Kleid. Die verblichene rote Farbe ihrer notdürftig hochgesteckten Haare. Die geröteten Wangen. Dafür, dass sie heute hier aufgetaucht war, um das Blatt zum Guten zu wenden, würde er sie angemessen entlohnen. Doch wer war diese Frau, die seiner Gemahlin so nahe stand und doch nicht einmal die Ahnenprobe bestanden hatte?

Die Hebamme, die den Dialog der Frauen verfolgt haben musste, trat einen Schritt zur Seite, ohne aber die Hand von dem kleinen Körper des weinenden Kindes zu nehmen. Mit weißen Tüchern hatte sie den Säugling zu einem kompakten Bündel geschnürt, fast wie eine winzige Puppe. Sie sah Franz auffordernd an, ganz so, als wolle sie ihm die Aufgabe überlassen, es zu seiner Mutter zu tragen. Franz jedoch machte keine Anstalten, das Kind zu nehmen, und so sank die Hebamme in einen Knicks. «Herzlichen Glückwunsch, Majestät!», sagte sie laut, um das weinende Neugeborene zu übertönen, und nahm es selbst von der Decke hoch.

Unfähig, auch nur ein Wort zu erwidern, nickte Franz ihr zu und beobachtete, wie sie sein Kind zum Bett trug. Allein der Kopf mit der weißen Häkelhaube war so klein, dass er mühelos in ihre Hand passte, und der Körper so schwach, dass er wie ein ungebackener Teig an ihrer Brust zusammensackte.

«Ist es ein Thronfolger?», hörte er Sisi leise fragen, als die Hebamme an ihrer Seite stehen blieb, und einen Moment drehte das Baby den Kopf, als habe es ihre Stimme erkannt.

«Eine kleine Erzherzogin.» Fast entschuldigend zeigte die Hebamme ihr das Kind.

Der Anblick ihrer Tochter schien vergessene Kräfte in Sisi zu wecken, denn sie richtete sich tapfer zum Sitzen auf und streckte die Arme aus. Vorsichtig legte die Hebamme das Bündel auf ihre Brust.

«Hallo, mein Mädchen», flüsterte Sisi und fügte mit gesenkter Stimme sanfte Worte hinzu, die er von seinem Platz am Fenster aus nicht verstand. Das Bild von Mutter und Tochter ließ Gefühle in ihm aufsteigen, die er nicht zu nehmen wusste. War es Erleichterung, Enttäuschung, Erschöpfung, Sehnsucht oder Selbstmitleid? Während sich das Kind unter Sisis Nähe zusehends beruhigte, kämpfte Franz gegen Tränen an. Starr beobachtete er, wie Sisi über die winzige Handfläche ihrer Tochter strich, die sich bei der Berührung sanft um ihren Zeigefinger schloss, und als Sisi schließlich seinen Blick suchte, versuchte er, seine Gefühle hinter einem gezwungenen Lächeln zu verbergen. Er wollte sie auf keinen Fall spüren lassen, welch Enttäuschung ein Mädchen in der aktuellen politischen Lage war. Ein Teil von ihm schämte sich dafür, dass er als Kaiser so denken musste, doch es würde mindestens ein gutes Jahr dauern, bis seine junge Frau erneut gebären würde. Vielleicht sogar länger, nach den kräftezehrenden Strapazen dieser Geburt. Mindestens ein Jahr, bis das Haus Habsburg eine neue Chance auf einen männlichen Erben hatte. Ein Jahr, das war beileibe eine Ewigkeit in diesen dunklen Tagen, diesen unruhigen Zeiten.

IM NAMEN DES VATERS

Sisi nahm einen tiefen Atemzug, um einen Anflug von Übelkeit zu vertreiben. Entgegen aller ärztlichen Einwände hatte sie darauf bestanden, nicht nur an der Taufe teilzunehmen, sondern auch an dem feierlichen Einzug in die Pfarrkirche. Sie wusste, welch herbe Enttäuschung ein Mädchen für ihre Familie war und hatte die schlechte Stimmung durch ihre Anwesenheit an diesem wichtigen Tag zumindest zu einem gewissen Teil wettmachen wollen. Doch jetzt spürte sie, wie die Kräfte sie verließen. Franz musste ihre Schwäche bemerkt haben, und er bot ihr den Arm, doch Sisi biss die Zähne zusammen. *Das Volk soll sehen, dass auch die Kaiserin wohlauf ist*, wiederholte sie im Geiste ihre eigenen Worte, *gerade in diesen Zeiten*, und schleppte sich weiter, den Hoffourieren, Edelknaben, Kämmerern und geheimen Räten nach, auf den Torbogen der Augustiner Hofkirche zu. Über die markant geschnittene Schulterpartie ihrer Schwiegermutter hinweg konnte sie sehen, wie ihre Tochter in dem üppigen weißen Taufkleid hilflos mit den Armen ruderte. Der silberne und mit kostbaren Perlen besetzte Bezug des Polsters, auf das man sie gebettet hatte, funkelte im Licht der Kerzen, die großzügig den Gang erhellten.

Mit jedem Schritt, den sie an Franz' Seite dem Hofstaat folgte, wie sie es vor knapp einem Jahr an der Seite ihres Vaters getan hatte, nahm die Dringlichkeit des dumpfen, brennenden Schmerzes zu, der von ihrem Unterleib ausgehend in ihren ganzen Körper ausstrahlte. Doch selbst wenn sie es gewollt hätte, an Umkehren war nicht mehr zu denken. Eine gedämpfte Fanfare von Trompeten und Pauken setzte ein, als sie gemeinsam den Torbogen in die Augustiner Hofkirche passierten, und das nackte Gemäuer erdröhnte unter feierlichem Glockengeläut. Im Presbyterium hatten sich bereits alle in Wien anwesenden Erzbischöfe, Bischöfe und Prälaten in der Nähe des Hochaltars versammelt. Nach und nach ließen sich auch die Ehrenleute, die ihren Zug angeführt hatten, in den Kirchbänken nieder. Andächtig verfolgten sie den Einzug der kaiserlichen Familie, reckten die Hälse dem Kind der Krone entgegen, und Sisi hatte Mühe, nicht vor aller Augen unter dem schieren Gewicht ihres cremefarbenen Kleides zusammenzubrechen. Erhobenen Hauptes kämpfte sie sich den Mittelgang entlang, während ihr ganzer Körper dem Boden entgegenstrebte.

Da begegnete sie im Auditorium dem Blick einer elegant gekleideten Dame, deren leichenblasse Haut und rote Locken ihr entgegensprangen wie eine offene Beleidigung. Das Publikum begann zu tuscheln, als Sisi abrupt stehen blieb und die Mätresse fassungslos anstarrte. Ein gedämpftes Murmeln ging durch die Reihen. Aus den Augenwinkeln nahm Sisi wahr, wie die Leute sie fragend anblickten und auch Erzherzogin Sophie sich irritiert nach ihr umdrehte.

Sisi schickte Franz einen harten Blick. Dann schritt sie weiter, um in erster Reihe erhobenen Hauptes ihren Platz einzunehmen. Als Mutter. Als Kaiserin. Egal, wie groß ihre eigene Schmach war, wie tief ihre Verletzung. Ihre Tochter konnte nichts dafür. Sie verdiente den Segen Gottes. Seine schützende Hand.

Franz ließ sich gefasst neben Sisi nieder. Obwohl sich ihre Körper fast berührten, hatte sich ein unüberwindbarer Graben zwischen ihnen aufgetan, und das ganze mächtige Kirchenschiff schien die Anspannung zu atmen, die sie voneinander trennte. Eine fast unheimliche Stille breitete sich über den Köpfen der Anwesenden aus, als das Glockengeläut zum Beginn des Gottesdienstes verklang und die Erzherzogin nach Art des Zeremoniells mit dem Kind die letzten Stufen erklomm, um es dem Kardinal zu überreichen.

«Ich werde diese Frau nicht wiedersehen», hörte Sisi Franz' leises Flüstern, als der Geistliche seine Stimme zum Gebet erhob.

Noch immer schlug die Wut ihr bis zum Hals, und obwohl die Worte des Kardinals laut und deutlich durch die Kirche hallten, nahm Sisi sie kaum wahr. Wie im Traum sah sie sich selbst vor dem Altar auf dem Schemel knien, im letzten Frühling, und im Beisein der versammelten Gesellschaft des Hofes mit der Entscheidung ringen, diese Ehe einzugehen. Der dunkle Schatten an ihrem Handgelenk tauchte in ihrer Erinnerung auf, den Franz ihr im Wald vor Bad Ischl zugefügt hatte. Die nackten Frauenkörper unter seidenen Tüchern und der zarte Schleier von Opiumrauch. *Ich meine damit auch mich*, hörte sie Franz' Stimme in ihrem Kopf. Und auch wenn es keine Entschuldigung für sein Verhalten gab, hatte sie selbst nicht Ja zu diesem Leben gesagt? Sich aus vollem Herzen und ohne Zweifel für ihn entschieden? Im Wissen um seine Schwächen, seine Fehler, seine Dunkelheit?

Als Franz nach ihrer Hand griff, ließ Sisi es zu. Sie spürte, wie seine Finger sich kräftig um ihre schlossen, wie sich auch seine zweite Hand warm auf die ihre legte. Eine gefühlte Ewigkeit saß sie einfach so da, während die hohen Wände und Decken der Pfarrkirche den Singsang des Predigers zurückwarfen, der dafür bestimmt war, das Kind, das ihrer Liebe entsprungen war, in die heilige Kirche aufzunehmen.

Andächtig beobachtete Sisi, wie der Kardinal schließlich

ihre Tochter über das steinerne Taufbecken hielt, eine kleine Schale ins Weihwasser tauchte, ihren Kopf damit übergoss und zuletzt ein kleines Kreuz auf ihre Stirn zeichnete. All das ließ ihr Mädchen mit einer Engelsgeduld zu, die Sisi anrührte. Ob dieses Kind dem höfischen Leben besser gewachsen war als sie selbst? Würde es ihr an diesem strengen Ort leichter gelingen, ihren eigenen Weg zu gehen?

«Sophie Friederike Dorothea Maria Josepha», verkündete der Kardinal verheißungsvoll, «ich taufe dich im Namen des Vaters und des Sohnes und des Heiligen Geistes.»

«Amen», antworteten die Versammelten im Chor, so geschlossen wie eine einzige, mächtige Stimme, und Sisi lief ein Schauer über die Haut. Der würzige, leicht zitronige Duft des Weihrauchs, den die schwingenden Weihrauchschalen der Thuriferare verströmten, verstärkte noch den Zauber des Augenblicks. Wo immer sie diesem Geruch in der Vergangenheit begegnet war, hatte sie sich geborgen gefühlt und geschützt. Nichts anderes wünschte sie auch ihrer Tochter. *Mögest du stets einen offenen Himmel finden, mein geliebtes Kind,* formulierte sie in Gedanken ein stilles Gebet, *so ungehindert, wie dieser Weihrauch in die Höhe steigt.*

Als die Taufgesellschaft wenig später aus der Burg trat, um sich mit dem Kind dem Volk zu zeigen, lag eine so festliche Stimmung in der Luft, dass es Sisi zutiefst berührte. Bekräftigend drückte Franz ihre Hand. Auf dem weitläufigen Paradeplatz hatten sich so viele Schaulustige versammelt, dass es der Leibgarde kaum gelang, die Menge in Schach zu halten. Entgegen der Bemühungen der Wachen, die Zugänge zum Gelände der Hofburg zu versperren, strömten durch das Burgtor immer noch weitere Leute hinzu. Über den unzähligen Köpfen strahlte der Himmel in einem so unwirklich anmutenden Blau, dass er einem zu kitschig geratenen Gemälde entliehen schien, und die grelle Sonne verlieh der kalten Luft einen Hauch von Wärme. Sankt Stephan, Sankt Ruprecht und Maria Schnee: Aus der ganzen Stadt beantworteten die Glockenstühle der umliegenden Kirchtürme das ohrenbetäubende Geläut der Augustiner Hofkirche.

Benebelt von den überbordenden Eindrücken und dem dumpfen Brennen ihres Unterleibs winkte Sisi in die jubelnde Menge. Die fröhlichen Gesichter und jubelnden Menschen mit ihren Rufen und Pfiffen verschwammen in ihrer Wahrnehmung zu einer flirrenden Masse. So gerührt sie von der Begeisterung dieser Leute war, so sehr sehnte sie sich danach, sich von den Strapazen der Geburt zu erholen. Mit ihrer Tochter im Arm auszuruhen. Zu schlafen. Und danach erfrischt zu erwachen, bereit, diesen neuen Abschnitt ihres Lebens zu begehen.

«Wer ist diese Frau?», riss Franz sie aus ihren Gedanken. Überrascht folgte Sisi seinem Blick. Inmitten der höfischen Menge, die sich um sie geschart hatte, entdeckte sie Fanny, die ihr verhalten zulächelte. Im Gegensatz zum Vortag waren ihre Haare ordentlich frisiert. Die violette Haube griff geschickt die Farbe ihres Kleides auf, das unter einem eleganten schwarzen Mantel hervorblitzte, und beides erinnerte Sisi an den blühenden Flieder in den Gärten von Schloss Possenhofen. Der Gedanke war so lebendig, dass sie für einen Atemzug glaubte, den intensiven Duft der zarten Blüten zu riechen und das Summen und Brummen der

Bienen zu hören, die sich in der prallen Frühlingssonne um sie tummelten.

«Eine gute Freundin», antwortete Sisi und lächelte Fanny aufmunternd zu. «Eine einfache Frau aus dem Volk.» Entschlossen wandte sie sich an Franz und sah ihm ernst in die Augen. «Und ich wünsche mir, dass sie als meine erste Zofe an der Hofburg verbleibt. Sie hat sich ihren Platz an meiner Seite redlich verdient.»

Ohne auszuweichen erwiderte Franz ihren Blick. Der hellblaue Himmel spiegelte sich in seinen glänzenden Augen, und die ungeheure Kraft, die sie ausstrahlten, zog Sisi an. Fast wie damals, als sie ihn in Bad Ischl zum ersten Mal nach Jahren wiedergesehen hatte, vor dem Grand Hotel, an der Seite seiner Mutter, umringt von zahlreichen Bediensteten, schien für einen Augenblick die Zeit um sie stillzustehen.

Da zuckte in ihren Augenwinkeln eine Bewegung auf, und ein dunkler Schatten schnellte vor. Es war weniger als ein Atemzug. Ein Wimpernschlag. Blitzschnell tauchte die metallene Klinge am Rand ihres Gesichtsfeldes auf, warf für den Bruchteil einer Sekunde das gleißende Sonnenlicht zurück. Fast gleichzeitig stürzte Grünne auf sie zu und warf sie schützend zu Boden. Der Aufprall auf dem harten Marmor schoss wie eine Welle durch Sisis Körper, doch sie nahm den Schmerz kaum wahr. Unerbittlich schnell stürzten die Eindrücke auf sie nieder. Menschen stoben auseinander. Irgendwo in der Nähe kreischte ihre Schwiegermutter laut auf, und ihr Kind begann zu schreien. Dazwischen rang Grünne mit einem Mann, taumelte zurück, bevor die Leibgarde durch die Reihen brach.

Panisch stemmte Sisi sich auf die Knie. Niemand nahm Notiz von ihr. Als sie spürte, dass etwas Nasses ihre Hände berührte, blickte sie alarmiert zu Boden. Wie in Trance nahm sie die Blutlache wahr. Dunkelrot und kreisförmig breitete sie sich um Franz' schmerzverzerrtes Gesicht auf dem Steinboden aus. Röchelnd hielt ihr Mann sich den Hals und starrte sie aus weit aufgerissenen Augen an, während zwischen seinen Fingern immer neues Blut hervorsprudelte.

TEIL 2

SCHLAF

Franz spürte, dass Sisi seine Hand umklammerte, und obwohl er wusste, wie schlecht es um ihn stand, erfüllte ihn ihre Anwesenheit mit einem tiefen Frieden. Solange sie an seiner Seite war, hatte er keine Angst zu sterben. Am Rande seiner Wahrnehmung, aus unendlich großer Entfernung, drangen die hektischen Schritte und Anweisungen einiger Ärzte und Krankenschwestern in sein Bewusstsein. Ohne dass er den Sinn ihrer Worte zu begreifen vermochte, mischten sich ihre gedämpften Stimmen unter das Klirren von Glas und Medizinbesteck, das Rascheln von Tüchern und den dumpfen Druck von Händen, die ihn an Schultern, Kopf und Beinen packten. Es tat einen unangenehmen Ruck, als sein Körper angehoben und einen Moment später auf einer harten Unterlage abgelegt wurde. Ein grelles Licht stach ihm in die Augen und raubte ihm die Sicht. Was hatten sie mit ihm vor?

Unfähig, sich in der Helligkeit zu orientieren, suchte er blinzelnd nach Sisis Gesicht, ihren feinen Zügen, ihrem wissenden Blick. Er wusste, dass sie da war, denn ihr Händedruck hatte die ganze Zeit über nicht nachgelassen.

«Franz!», hörte er sie flüstern und eine Welle der Erleichterung erfasste ihn, als er ihre Augen fand. Wenn er ihr nur die Sorge hätte nehmen können, die aus ihnen sprach!

Ihr Gesicht hatte in den letzten Monaten eine sanfte Fülle gewonnen, und obwohl sie weit erschöpfter sein musste als er, kam sie ihm vor wie ein Engel. Nichts wünschte er sich in diesem Augenblick so sehr wie sie glücklich zu machen. Er wollte ihr sagen, wie dankbar er war, dass sie bei ihm war. Doch er war zu schwach. Als sei der Schmerz an seiner Kehle zu einem Teil von ihm geworden, schien er Franz' gesamtes Sein zu durchdringen. War es so auch den jungen Männern ergangen, die durch seine Hand ihr Leben gelassen hatten? Durch sein Wort? Seinen Befehl?

Von all denjenigen, die er hatte sterben sehen, tauchte das Gesicht des ungarischen Gefangenen vor ihm auf, jenes Mannes, dessen Frau ihn, den Kaiser, verflucht hatte und mit ihm all diejenigen, die er liebte. Er sah noch einmal, wie der ängstliche Atem des Mannes das braune Tuch des Sackes anzog und blähte, den der Henker ihm übers Gesicht gestülpt hatte. Was hatte dieser Mann erlebt, mit dem Sack über dem Kopf, dem Strick ums Genick? Was hatte er gefühlt, gedacht, bevor der Boden unter ihm nachgegeben hatte und er hinunter gerauscht war, in den sicheren Tod?

«So tut doch endlich etwas!», hörte er Sisi aus der Ferne rufen, während er langsam wegdämmerte. Würde sie ohne ihn glücklicher sein?

«Redet weiter mit ihm, Hoheit. Er darf nicht einschlafen.» War das die Stimme seines Arztes? «Macht schnell ...»

Die Anstrengung, all die Eindrücke zu begreifen, die

Orientierung zu bewahren, dem blendenden Licht zu trotzen, all das schien plötzlich zu groß, um es jemals zu bewältigen.

Als Franz abermals die Augen schloss, tauchte ein kleiner Junge mit blonden Haaren vor seinem Geiste auf. Rußverschmiert und hustend kauerte er in einem Graben. Zurückgedrängt von den lodernden Flammen einer Feuerwand, sah er ihn aus seinen stahlblauen Augen durchdringend an. War das ein Abschied?

ERINNERUNG

Sisi umklammerte Franz' eisige Hand. Während sie anfangs noch den Druck seines Griffes gespürt und versucht hatte, seinen flatternden Lidern Orientierung zu sein, lag seine Hand nun schlaff in ihrer. Jegliche Spannung war aus seinem Körper gewichen.

Hilflos wandte sie sich nach seinem Leibarzt um. *So tut doch etwas*, wollte sie schreien, den alten Mann aus seiner Untätigkeit schütteln. Doch der Doktor hatte den Blick betreten gesenkt, und sie wusste, dass er alles in seiner Macht Stehende getan hatte. Er selbst hatte ihr den Auftrag gegeben, den Kaiser bei Bewusstsein zu halten, was ihr nicht gelungen war.

«Franz! Bitte, bleib bei mir!», flüsterte Sisi und beugte sich nah über seine Stirn, um sich seines leisen Atems zu versichern. Auf dem blutdurchtränkten Laken des Operationstisches wirkte sein Gesicht beängstigend fahl und blass. Leblos, wie das eines Toten.

«Franz, bitte», flehte sie ihn an und führte seine Finger an ihre Lippen, «komm zurück!»

Sie hatte keine Ahnung, wie lange die Ärzte für die Operation gebraucht hatten. Wie viel Zeit vergangen war, bis sie die Blutung gestillt, die tiefe Schnittwunde an seiner Kehle vernäht hatten. Alles war so unfassbar schnell gegangen und ihr doch so nervenaufreibend langsam vorgekommen. Zuletzt hatte Dr. Griebe Franz' Hals mit weißem Tuch verbunden, seinen Körper in eine wärmende Wolldecke gebettet und sich mit vor dem blutigen Kittel gefalteten Händen am Rand des Krankenzimmers postiert, umringt von seinen Helfern und Helferinnen. Ob er daran glaubte, dass Franz zurückkehren würde?

Der Gedanke, ihn zu verlieren, war so groß, dass Sisi all ihren Willen zusammennehmen musste, um nicht davon überwältigt zu werden. Das tiefe Blau seiner Augen blitzte in ihrem Geiste auf. Der erdige Geruch seines Körpers. Der süße Geschmack seiner vollen Lippen, die nassen blonden Strähnen auf seiner glänzenden Stirn, wenn sie sich geliebt hatten. Was waren schon ihre Zerwürfnisse, all die bitteren Enttäuschungen, angesichts der Liebe, die sie jetzt für ihn empfand?

Sie spürte, wie ein sanftes Zittern ihre Hände erfasste, ihr Kinn, und obwohl sie ihrem Mann Kraft spenden wollte, stark sein wollte, wo er so verletzlich war – es gelang ihr nicht, ihre Muskeln unter Kontrolle zu bringen. Immer weiter breitete das Zittern sich in ihr aus. Verzweifelt versuchte sie, ihm ihre letzte Kraft entgegenzusetzen, doch so sehr sie auch suchte, es war nichts mehr übrig.

Als hätte Franz ihre Erschöpfung gespürt, nahm Sisi ein

sanftes Zucken seiner Lider wahr. Für eine Sekunde schien die Zeit zwischen ihnen stillzustehen. Nur der gedämpfte Gesang einer Amsel, der sich durch die geschlossenen Fenster ins Zimmer kämpfte, verriet, dass die Welt nicht stehen geblieben war.

Bebend öffnete Franz die Lider. Erst nur einen Spalt, flatternd, dann jedoch schlug er sie ganz auf. Und Sisi beugte sich über ihn, sah in seine Augen, und so kurz der Moment war, es war ihr, als blickte sie direkt auf den Grund seiner Seele.

Als Dr. Griebe sich mit einem Kristallglas näherte, kehrte auch in die Umstehenden das Leben zurück. Der Arzt deutete zwei Schwestern, ihm zu helfen, und während sie behutsam Franz' Kopf und Rücken stützten, führte er vorsichtig das Glas an dessen blaue Lippen. «Trinkt das bitte, Hoheit», sagte er leise. «Das wird Euch stärken.»

Franz schlürfte etwas von der braunen Flüssigkeit. Als er jedoch schluckte, verzog er unter Schmerzen das Gesicht.

«Sehr gut, Hoheit.» Doktor Griebe lächelte ihm aufmunternd zu. «Nun könnt Ihr schlafen.»

Franz klammerte sich an Sisis Hand und hielt unter flatternden Lidern ihren Blick, als die Schwestern ihn behutsam auf ein Krankenbett umlagerten. Als habe er ihr etwas unendlich Wichtiges mitzuteilen, formten seine Lippen Laute, und doch drang keine Stimme heraus. Zärtlich strich Sisi ihm über die fiebrige Stirn. Ob er jemals wieder der Alte werden würde? «Bitte, schlaf. Ruh dich aus.»

Sie beobachtete, wie Franz gehorsam die Augen schloss, und streichelte so lange seine Hand, bis ein sanftes Zucken durch seine Glieder lief und sich sein Atem im Schlaf vertiefte.

Aus den Augenwinkeln nahm sie wahr, dass Dr. Griebe ihr einen anerkennenden Blick schickte und die Umstehenden im Flüsterton anwies, die Vorhänge vor die hohen Fenster zu ziehen.

Eine sanfte Berührung an ihrem Arm ließ Sisi aufblicken. Fanny stand direkt neben ihr. Der violette Stoff ihres Kleides war zerknittert, und ein müder Schatten umspielte ihre Augen. War sie die ganze Zeit über in ihrer Nähe gewesen?

«Er hat es geschafft ...», flüsterte ihre Freundin, bevor Sisi einen klaren Gedanken fassen konnte, und drückte fest ihre Hand. «Er wird leben.»

Er wird leben, wiederholte Sisi im Geiste und spürte, wie ihre Unterlippe zu beben begann. Mit einem Mal brach ihre ganze Erschöpfung über sie herein. Die Stärke, die sie in der Not durchdrungen hatte, war komplett verschwunden. Stattdessen begehrte ihr schmerzender Unterleib nun vehement auf, dazu die spannenden Brüste, so prall von der eingeschossenen Milch, dass sie beinahe platzten. Wo war ihr Kind? Sie schluckte die Tränen herunter, die sich Bahn zu brechen drohten, und spürte, wie Fanny tröstend den Arm um sie legte. Und wie sie Franz daliegen sah, so unendlich verwundbar, blass, so friedlich atmend, da kam ihr zum ersten Mal, seit das Messer in ihrem Gesichtsfeld aufgetaucht war, die Frage in den Sinn, wer zu solch einer Grausamkeit fähig war. Wer zur Hölle hatte ihnen an diesem glücklichen Tag so entsetzliches Leid zugefügt?

«Ihr solltet Euch etwas ausruhen», hörte Sisi eine vertraute Stimme und hob verwundert den Kopf.

Graf Grünne senkte respektvoll das Kinn, als ihr Blick seine grünen Augen traf. «Kommt, ich löse Euch ab.»

Doch Sisi schüttelte nur entschieden den Kopf. Sie würde Franz nicht alleine lassen, nicht jetzt, da sie ihn eben noch beinahe verloren hatte.

«Ich werde dem Kaiser nicht von der Seite weichen», sagte Grünne, als hätte er ihre Gedanken erraten, und versuchte ein aufmunterndes Lächeln. «Versprochen.»

Die verkrustete Wunde, die über seiner Braue klaffte, und die wirren Haare, die sein volles Gesicht umspielten, erinnerten sie daran, dass er vor wenigen Stunden im Nahkampf einen Attentäter überwältigt und nicht nur Franz, sondern wahrscheinlich auch ihr das Leben gerettet hatte. Erschöpft suchte Sisi nach den richtigen Worten, um sich für seine Dienste zu bedanken, da unterbrach ein junger Leibgardist mit einem Räuspern ihre Bemühungen.

«Die Zeichnung ist fertig, Graf Grünne», sagte er verlegen. Seine Finger waren von Kohle verschmiert und hatten dunkle Abdrücke auf seiner weißen Hose hinterlassen. «Wenn Ihr einen Blick darauf werfen könntet?» Schnell flüchtete er sich in eine Verneigung, als wollte er die Schamesröte verstecken, die ihm auf die Wangen getreten war.

Sisi sah aus den Augenwinkeln, dass Grünne nickte. Der junge Leibgardist wartete einen Moment unschlüssig auf weitere Anweisungen. Doch da Grünne schwieg und auch keinerlei Anstalten machte, das Krankenlager zu verlassen, drehte er das Papier schließlich einfach um.

Ein Mann mit wilden Locken und markanten Wangenknochen blickte Sisi aus dem Bild entgegen. Sofort erkannte sie ihn wieder. Unweigerlich flackerte der lüsterne Glanz in ihrer Erinnerung auf, den seine Augen beim Anblick ihres Korsetts versprüht hatten. Erneut schnürte ihr die Angst die Kehle zu, die sie ergriffen hatte, damals im Wald vor Bad Ischl, als er, umringt von seinen Kumpanen, mit einem Messer den aufgerissenen Stoff ihres Kleides zur Seite geschoben hatte. Die Kohlezeichnung war beeindruckend detailliert gearbeitet und wirkte so lebendig, dass Sisi spürte, wie auch Fanny neben ihr der Atem stockte. Der Zeichner hatte sich die künstlerische Freiheit erlaubt, einen feurigen Ausdruck in die Augen des Porträtierten zu legen, wohl mit der Absicht, den Betrachter nicht an der Entschlossenheit zweifeln zu lassen, mit der dieser Mann versucht hatte, den Kaiser von Österreich zu ermorden.

«Unser Gefangener sagt, dieser Mann hätte ihn mit der Tat beauftragt», erklärte der Leibgardist.

«Ich denke, ich habe diesen Mann schon einmal gesehen», sagte Grünne nachdenklich und zwirbelte seinen Schnauzbart zwischen den Fingern. «Er hat schon einmal versucht, Franz zu töten.»

«Auch ich bin diesem Mann schon begegnet», durchbrach Sisi ihre Starre. «Ich glaube, er ist Ungar.» Sie räusperte sich, um die Trockenheit in ihrer Kehle zu vertreiben. Hatte sie nicht selbst die toten Männer auf dem Waldboden gesehen? Das rote Blut auf Franz' weißem Waffenrock? Den goldenen Lampassen seiner Hose? Sie war doch dabei gewesen, als Franz Grünne zurückgelassen hatte, am Ort ihres Überfalls, mit dem stummen Auftrag, alle zu töten. *Niemand darf erfahren, was gerade geschehen ist,* hörte sie seine Stimme so klar in ihrem Geist, als sei es erst gestern gewesen, dass sie vor ihm aufs Pferd gestiegen war. Wenig später hatte sie am Weiher den Schuss gehört. Hatte die Vögel gesehen, die der Knall aus den Wipfeln der Tannen hatte aufstieben lassen. Wie um alles in der Welt war es diesem Mann gelungen, den Wald lebendig zu verlassen?

Aufgewühlt atmete sie gegen die Schuldgefühle an, die in ihrem Inneren aufstiegen. Hatte sie nicht vorletzte Nacht in aller Heimlichkeit selbst einen ungarischen Freiheitskämpfer getroffen? Einen Mann, der einst sein Schwert gegen Franz geführt hatte?

«Wie viel hat er unserem Gefangenen bezahlt?», unterbrach Grünne ihre Gedanken.

«Er sagt, der Auftraggeber hat ihm hundert Golddukaten für seine Dienste gegeben, Herr General.»

Hundert Golddukaten, wiederholte Sisi in Gedanken seine Worte. War dies das Leben ihres Mannes wert? Sie beobachtete, wie Graf Grünne nüchtern nickte und dem Leibgardisten hieß, das Papier auf einen Beistelltisch abzulegen. Ohne sich anmerken zu lassen, was in seinem Inneren vorging, sah er dem jungen Mann nach, der sich mit einer knappen Verbeugung eilig zurückzog.

KOMM

Ein sanfter Nebel lag über den Gärten der Hofburg und hüllte die knospentreibenden Sträucher und Bäume in einen weißen Schleier. Die untergehende Sonne war fast hinter der Stadtmauer verschwunden, und die Eisblumen auf den dunklen Ästen und Zweigen glitzerten in ihren letzten Strahlen.

Sisi kniete sich auf die vereiste Wiese und bedeutete Fanny, sich neben ihr niederzulassen, während in einigem Abstand ihre Hofdamen von einem Fuß auf den anderen traten, um sich warm zu halten.

Trotz des Attentats auf ihren Mann und trotz des neuen Kälteeinbruchs hatte Sisi darauf bestanden, noch am Tag der Taufe einen Birnbaum zu setzen, wie es Brauch in ihrer Familie war. Die schwarze Erde zu diesem Anlass mit den eigenen Händen ausheben zu dürfen, erfüllte sie trotz ihrer Erschöpfung mit einer tiefen Zufriedenheit. Wie oft hatte sie in Possenhofen beim Pflanzen geholfen? Im Frühjahr Steckholz geschnitten, den Boden umgegraben und Astern und Himmelsröschen gesät?

Sisi wischte sich mit dem Handrücken eine Strähne aus dem Gesicht und nickte Fanny zu, die ihr einen schmalen, aber kräftigen Setzling reichte, den sie in der Gärtnerei bestellt hatte. Unauffällig beugte Sisi sich zu ihr hinüber. «Hol deine Sachen vom Kohlmarkt», flüsterte sie ihr zu. «Du bist bei mir herzlich willkommen.»

Ungläubig sah Fanny sie an. Doch Sisi strich nur verheißungsvoll lächelnd über die glatten, elliptischen Birkenblätter mit dem gesägten Rand. «Ich habe meiner Oberhofmeisterin bereits befohlen, dir ein Zimmer in meiner Nähe herrichten zu lassen.» Der feuchte Boden drückte sich kalt durch die vielen Lagen ihrer Unterröcke, und ihr Atem formte kleine Wölkchen vor ihrem Gesicht.

«Möge unsere Tochter ein langes und glückliches Leben haben!», sagte sie laut und setzte den Wurzelballen in das

Pflanzloch, während hinter ihr höflicher Applaus aufbrandete. Der junge Birnbaum war auf einer robusten Quitte veredelt, damit er nicht zu weit in die Höhe schoss und früher Früchte trug. Sisi war sich sicher, dass ihm ein kraftvolles, fruchtbares Leben bevorstand. Liebevoll warf sie einen Blick zurück, wo Gräfin Esterhazy ihr in Wolldecken und Felle gehülltes Kind schunkelte. Nachdem sie bis in den späten Nachmittag hinein an Franz' Krankenbett gewacht hatte, hatte sie ihre Tochter erst am frühen Abend wiedergesehen. Die Amme hatte ihr gezeigt, wie sie den Druck der Milch in ihren schmerzenden Brüsten durch sanfte Massagen lindern konnte, denn es schickte sich nicht für eine Kaiserin, ihr Kind selbst anzulegen.

Freudig drückte Sisi Fannys Hand. Doch obwohl ihre Freundin sich alle Mühe gab, es zu verbergen, lag etwas Angestrengtes auf ihrem Gesicht.

«Dich bedrückt etwas?», fragte Sisi leise, während sie die lockere Erde über den Wurzeln des Bäumchens verteilte und leicht festdrückte.

«Nein, nein», antwortete Fanny schnell und lächelte, doch Sisi konnte in ihren dunklen Augen sehen, dass sie nicht die Wahrheit sagte.

«Sag es mir, bitte.»

Fanny presste die Lippen zusammen, wohl unschlüssig, ob sie sich ihr anvertrauen konnte. Schließlich warf sie einen Blick über die Schulter, wo die vornehm gekleideten Hofdamen mit gesenkter Stimme tuschelten und schäkerten. Sisi folgte ihren Augen. Die kostbar verzierten Stoffe ihrer Kleider, Hüte und Mäntel, die feinen Seidenschuhe mit den dezenten Absätzen und die pelzigen Muffs, in denen sie ihre zarten Hände vergruben, fügten sich wie hingegossen in die geometrischen Formen der französischen Gartenanlage. Wahrscheinlich hatte keine von ihnen je mit den eigenen Händen in die Erde gegriffen, beim Waschen die scharfe Lauge unter den Nägeln brennen gespürt oder gar die Luft eines Bordells geatmet. Dass diese Frauen im engsten Kreis der Hofburg ein und aus gingen, zeugte von ihrem erstklassigen Stammbaum. Davon, dass *sie* die Ahnenprobe bestanden hatten. Ganz im Gegensatz zu Fanny, die erst in Schimpf und Schande vom Hof gejagt wurde und nun stolz durch die Vordertür wieder eingetreten war.

Sisi schenkte ihrer Freundin ein aufmunterndes Lächeln. Es wunderte sie, dass sie sich von solchen Dingen beeindrucken ließ. «Du hast dir selbst lesen und schreiben beigebracht und dir die Kaiserin zur Freundin gemacht …», sagte sie und sah ihr fest in die Augen. «Das kann keine von denen da behaupten.»

Fanny erwiderte bedrückt ihren Blick. Doch schließlich gab sie sich merklich einen Ruck und es dauerte keine Sekunde, bis ihr Mund sich zu einem kecken Grinsen verzog. «Nach meinem Auftritt bei der Geburt muss wohl selbst die Erzherzogin meinen Einzug in ihr Schloss hinnehmen, was?» Amüsiert straffte sie ihre Schultern.

Sisi klopfte sich schmunzelnd die Erde von den Händen und erhob sich. Auch wenn es sicher Gegenwind geben würde, sie war froh, Fanny von nun an bei sich zu haben.

«Meine Damen?», wandte sie sich an ihr Publikum, und sofort kehrte Ruhe in ihrem Gefolge ein. Unter aller Augen ging sie auf Gräfin Esterhazy zu, streckte die Hand nach ihrer Tochter aus und schloss sie sanft in ihre Arme.

«Ich werde sie selbst tragen», sagte sie und sah mit Vergnügen, wie den umstehenden Damen die Augen übergingen. «Wollen wir?»

Sie lächelte Fanny verschwörerisch zu und schritt ohne zu zögern voraus, auf das dunkle Gemäuer der Hofburg zu. Es war Zeit, ihre Rolle als Kaiserin und Mutter auf ihre eigene Art einzunehmen, auch wenn das vielen nicht passen mochte. Der süßlich-wohlige Duft ihrer Tochter. Das warme Gefühl der Liebe, das sie beim Gedanken an ihren Mann durchflutete. Die Gesellschaft ihrer Freundin. Das alles ließ sie trotz der Sorge um Franz' Gesundheit so zuversichtlich in die Zukunft blicken, wie sie es in den letzten Monaten kaum für möglich gehalten hatte.

Wien, vier Monate später

ZERRISSEN

Mit schwitzigen Händen trat Franz in die Tür zum Salon. «Seine Majestät, der Kaiser!», kündigte ein Portier ihn an, und sofort verstummte das gedämpfte Geplauder, das die Gemächer seiner Frau eben noch erfüllt hatte.

Als Sisi seinen Blick traf, die kleine Sophie auf dem Arm, erschien ein so strahlendes Lächeln auf ihrem Gesicht, dass er am liebsten umgekehrt wäre.

Doch die Hofdamen, die in der Sitzgruppe Tee getrunken und vom Gebäck in den Kristallschalen genascht hatten, schickten sich bereits an, den Salon durch die gegenüberliegende Tür zu verlassen. So auch Fanny, die die Kaiserin seit der Geburt stets um sich zu haben pflegte.

Beklommen streifte Franz seine feuchten Finger am blauen Tuch seiner Hose ab und hielt auf Sisi zu. In den vergangenen Wochen war sie in ihrer ganzen Schönheit erblüht. Ihr Körper, der mit der Schwangerschaft an Rundungen gewonnen hatte, strotzte vor Lebendigkeit, und die sanfte Fülle, die ihr gesunder Appetit auf ihren Wangen hinterlassen hatte, stand ihr.

«Ich dachte schon, du hast uns vergessen», sagte Sisi schmunzelnd, als er vor ihr stehen blieb, und reckte sich, um ihn zu küssen.

Er versuchte, sich vom Geschmack ihrer Lippen davontragen zu lassen, wenn auch nur für einen kurzen Moment. Es gelang ihm nicht.

Franz zwang sich zu einem Lächeln und strich über ihre kastanienbraunen, gewellten Haare, die so kräftig glänzten wie nie zuvor. Auch ihre makellose rosige Haut schien von Innen zu leuchten.

«Als ob ich das auch nur einen Augenblick könnte.» Innerlich zerrissen drückte er Sophies speckig weiche Hand. Erst in den letzten Tagen hatte seine Tochter begonnen, wackelig ihren Kopf zu heben und sich Dingen zuzuwenden, die sie interessierten. Den in der Sonne glitzernden Kristallschalen der Bonbonieren im Salon, dem intensiven Duft der Blumenbouquets in den goldenen Jardinieren auf den Tischen oder dem roten Polster eines Sessels, auf das ein Streifen Sonnenlicht fiel. Seit er sich leidlich von dem Attentat erholte und das Krankenzimmer hatte verlassen dürfen, war kein Tag vergangen, an dem er seine Frau und seine Tochter nicht hier aufgesucht hatte, um die frühen Abendstunden mit ihnen zu verbringen. Heute jedoch nahm er zum ersten Mal bewusst das so vertraute Klirren wahr, das entfernt aus den Hofküchen drang, durchsetzt vom Geplapper der Waschfrauen, die draußen die Laken aufhängten. Der Klang der Hofburg. Doch die sonst so vertraut alltäglichen Geräusche schnürten ihm die Kehle zu.

Sisi musste seine Sorge gespürt haben, denn sie sah ihn forschend an. «Was ist passiert?»

Verlegen wich Franz ihrem durchdringenden Blick aus und rieb sich durch den goldbestickten Stehkragen seiner Uniform hindurch die heilende Narbe an seinem Hals. Wie viel er darum gegeben hätte, ihr zu ersparen, was er ihr zu sagen hatte, gerade jetzt, da sie ein kleines Stück gemeinsamen Friedens gefunden hatten!

«Franz? Was ist passiert?» Ihre Stimme hatte einen eindringlichen Unterton bekommen.

Ohne ein Wort über die Lippen zu bringen, zog Franz sie an sich und küsste seiner Tochter den Hinterkopf. Die Wärme ihrer Haut machte ihm bewusst, wie sehr es ihn trotz der Schwüle im Salon fröstelte.

«Ich werde morgen ... abreisen», sagte er gefasst, und spürte, wie Sisi ihn sacht von sich schob.

«Abreisen?» Erschrocken starrte sie ihn an, während Sophies Lippen ahnungslos den weißen Spitzenkragen ihres Kleides erkundeten. «Wohin?»

«In die Lombardei.»

«An die Front?»

Franz nickte, während er gegen die Gefühle ankämpfte, die der Gedanke an den bevorstehenden Kriegseinsatz in ihm aufsteigen ließ. Er musste Sisi Halt geben. Vor wenigen Minuten noch hatte er die Zinnsoldaten auf dem mächtigen Kartentisch hin und her geschoben, der seit dem Kriegsbeginn in der Lombardei wie ein Mahnmal vor dem bodentiefen Fenster seines Arbeitszimmers stand. Händeringend hatte er mit seinen obersten Generälen und engsten Beratern nach einer Alternative gesucht. Sich den Kopf zerbrochen, wie es gelingen konnte, dass er in Wien bliebe, bei seiner Familie. Doch es gab keinen anderen Weg.

Er war der Kaiser. Der oberste Befehlshaber seiner Armee. Kopf und Seele dieses Reiches. Seine Soldaten brauchten ihn und seine militärische Expertise.

«Napoleon hat uns bei Magenta geschlagen», sagte er so ruhig es ihm möglich war. «Er hat Mailand fast erreicht. Ich muss ihn stoppen.» Ernst sah er in ihre dunklen Augen und spürte, wie Sisis Schultern unter seinen Händen ein Stück nach unten sackten. «Und deshalb möchte ich mich von dir verabschieden.»

Die blutigen Bilder, die die Berichte vom Schlachtfeld vor seinen Augen hatten auferstehen lassen, drängten sich erneut seinem Geiste auf. Dutzende toter Soldaten, die den staubigen Boden der Hügel und Ebenen pflasterten. Ihre von Hufen und Wagenrädern zermalmten Gesichter, Gelenke und Gebeine auf der blutgetränkten, von Haubitzen aufgerissenen Erde. Was, wenn es ihm nicht gelingen würde, das Blatt zu wenden? Würde er seine Frau je wiedersehen?

IM MORGENGRAUEN

Aufgewühlt blickte Sisi aus dem Fenster in das Zwielicht des Hofes, wo Franz sich an der Spitze einer kleinen Eskorte in den Sattel eines Lipizzanerhengstes schwang. Das schneeweiße Tier trat unter seinem Gewicht ungeduldig von einem Huf auf den anderen, als könnte es den Aufbruch nach Italien kaum erwarten. Der rote Stoff der Satteldecke mit den goldenen Stickereien spielte über den kräftigen Muskeln seines Rückens, während sich neben ihm die Flagge Habsburgs im lauen Morgenwind straffte. Fast sah es aus, als erhebe sich der doppelköpfige Adler mit ausgebreiteten Schwingen in die Lüfte, umrahmt von roten, schwarzen und goldenen Flammen, die den Rand des edlen Stoffes säumten.

Sisi zog sich den Morgenmantel enger um die Brust, als ein Frösteln über ihre Haut huschte. Die Kälte kroch ihr über die nackten Füße die Waden hoch, doch sie erlaubte sich nicht, auch nur einen kostbaren Moment darüber zu versäumen, zum Bett zurückzueilen und wenigstens in ihre Pantoffeln zu schlüpfen.

Bewacht von einigen Soldaten in weißen Waffenröcken und blauen Hosen, warteten vier Kutschen, bis zum Zusammenbrechen beladen mit Truhen voll Proviant, Möbeln, Munition, Verbandzeug und Kleidung, auf ihren Aufbruch. Beiläufig streifte Franz den roten Kragen seiner Feldmarschallsuniform, wie er es in den letzten Monaten so oft getan hatte, und ließ sich von Grünne seine Waffen reichen. Pistole, Säbel, Bajonett. Das Attentat lag kaum vier Monate zurück, dennoch hatte er darauf bestanden, den Zug zu Pferd anzuführen, um seinen Männern Hoffnung zu spenden. *Niemand soll daran zweifeln, dass ich stark genug bin, diesen Krieg zu gewinnen*, hatte er kurz vor Anbruch der Dämmerung geflüstert, während sein Finger über ihren nackten Busen geglitten war. *Keinen Zoll meines Landes werde ich diesem Erzschuft freiwillig überlassen.* Dann hatte er sich noch einmal auf sie gewälzt, gierig ihren Körper umschlungen, und sie hatten sich geliebt, als sei es das letzte Mal.

Sisi legte ihre Fingerspitzen auf das kalte Glas der

Scheibe, als könnte sie ihren Mann dadurch noch einmal berühren. Sie glaubte, noch immer seinen Duft auf ihrer Haut zu spüren. Wie lange mochte dieser Krieg sie voneinander trennen? Für einige Wochen, Monate – für immer?

Inzwischen hatte sich im Innenhof auch Grünne auf einem Lipizzaner an Franz' Seite eingefunden und beugte sich im Sattel zu ihm hinüber. Sisi gelang es nicht, den kurzen Wortwechsel von ihren Lippen abzulesen, doch sie sah, dass Franz knapp nickte.

Bevor er seinem Hengst die Sporen gab, hob er noch einmal seinen Blick zu ihrem Fenster. Doch er schien sie nicht zu finden. Entweder die hellen Wolken, die sich im ersten Sonnenlicht in der Scheibe spiegelten, oder die Dunkelheit des Schlafzimmers musste ihre Gestalt verschlucken.

Angespannt verfolgte Sisi, wie der Zug sich unter Franz' Befehl in Bewegung setzte. Das Knirschen der Hufe und Räder rauschte in ihren Ohren. Die Geräusche mussten auch ihre Tochter aus dem Schlaf gerissen haben, denn sie hörte, wie Sophie zu schreien begann. Reglos starrte Sisi aus dem Fenster, unfähig, in diesem Augenblick auf die Not ihres Kindes einzugehen. Sie hielt so lange ihre Position, bis der letzte Reiter aus ihrem Blickfeld verschwunden war und nur noch die unzähligen Spuren im Kies vom vergangenen Aufbruch zeugten.

Sisi schob den seidenen Himmel beiseite und beugte sich über die Wiege. Obwohl ihre Tochter mit ihren vier Monaten unmöglich die Tragweite dieses Morgens begreifen konnte, schien sie doch zu ahnen, dass etwas nicht stimmte, denn entgegen ihrer Gewohnheit ließ sie sich nicht davon trösten, dass ihre Mutter sich nah zu ihr herunter lehnte.

Sanft strich Sisi ihr über die heiße Stirn und hob sie aus den weißen Kissen, die das Innere des Bettchens polsterten. Die feinen blonden Haare, die sie von ihrem Vater geerbt hatte, lockten sich in feuchten Strähnen über ihrem Scheitel, und die Haut über der Fontanelle pulsierte unter ihrer hellen Aufregung. Obwohl Sisi sie schunkelte, ihr besänftigende Worte zusprach und ihr über den kleinen Rücken strich, es gelang ihr nicht, sie zu beruhigen. Ob sie spürte, wohin ihr Vater aufgebrochen war?

«Sie hat Hunger», ließ die Stimme ihrer Schwiegermutter sie herumfahren. Mit ausgestreckten Armen schritt die Erzherzogin auf sie zu. «Ich bringe sie zur Amme.»

Wie so oft hatte Sisis Schwiegermutter sich auf Katzenpfoten genähert, um ausgerechnet dort zu erscheinen, wo man sie am wenigsten wünschte.

«Danke, aber das ist nicht nötig.» Entschieden legte Sisi die Arme um ihr schreiendes Kind und betete, es würde sich endlich beruhigen und ihrer Großmutter keinen Anlass geben, zu bleiben und sich mit ihrer forschen Art in Dinge einzumischen, die sie nichts angingen. Doch ihre Tochter hatte ihren eigenen Willen. Schreiend warf sie den Kopf in den Nacken und überstreckte so waghalsig ihren Rücken, dass sie Sisi beinahe aus dem Arm geglitten wäre. Ihr kleiner Körper vibrierte entsetzlich, und ihr speckiges Gesicht hatte sich unter ihrer Erregung krebsrot verfärbt.

Missbilligend legte Sophie die Stirn in Falten. «Du solltest dich ausruhen», sagte sie und fächelte auffordernd mit den Fingern.

«Ausruhen?», platzte Sisi hervor. «Ich habe mich genug ausgeruht!» Wütend starrte sie ihre Schwiegermutter an und versuchte, das Zittern zu verbergen, das ihre Hand erfasst hatte. Sophie jedoch hatte es längst bemerkt.

«Offensichtlich nicht.» Sie machte einen weiteren Schritt auf Sisi zu und streckte überlegen die Arme aus, um nach dem Kind zu greifen.

«*Ich* bin die Mutter!» Entschieden drückte Sisi ihre Tochter an ihre Brust. Ihre Stimme war schriller geraten als beabsichtigt, und sie bebte vor Erregung. Doch obwohl ihre Tochter die Lautstärke ihres Gebrülls unter der Zuspitzung der Auseinandersetzung noch einmal steigerte – Sisi dachte gar nicht daran, nachzugeben.

«Du bist selbst noch fast ein Kind!», erwiderte ihre Tante ungewohnt ungehalten. Die hektischen Flecken auf ihren Wangen ließen Sisi erahnen, um wie viel mehr es auch ihr in diesem Streit ging. War nicht fast vierundzwanzig Jahre lang *sie* die einzige Frau an Franz' Seite gewesen? Seine Vertraute? Vorkämpferin? Seine erste politische Beraterin und größte Kritikerin? Zweifellos. Bis sie Sisi in Bad Ischl das Kleid gegeben und ihrem Sohn die Entscheidung überlassen hatte, wen er heiraten würde, rief Sisi sich in Erinnerung.

Erhobenen Hauptes trat sie einen Schritt auf ihre Schwiegermutter zu.

«Ich bin schon lange kein Kind mehr», sagte sie ruhig und das Selbstbewusstsein, das ihre eigene Mutterschaft in ihr geboren hatte, ließ sie den eisigen Blick ihrer Tante erwidern, ohne mit der Wimper zu zucken. Ja, sie war um einiges jünger als sie. Aber das hieß nicht, dass sie ihr weiter nach der Pfeife tanzen würde.

Als habe ihre Tochter die Kraft gespürt, derer Sisi sich

besonnen hatte, kam sie mit einem Mal zur Ruhe. Aus glänzenden Augen sah sie zu ihrer Großmutter hinüber.

«Wie du meinst», sagte die Erzherzogin schließlich kühl. Sie ließ die Arme sinken und strafte Sisi mit einem weiteren abschätzigen Blick. «Es liegt an dir, in Wien die Stellung zu halten, solange Franz unsere Grenzen verteidigt. Ich hoffe, du wirst deiner Verantwortung gerecht.»

Sisi beobachtete, wie sie mit beiden Händen in ihren Rock griff, bereit, sich so leise zu entfernen, wie sie gekommen war, nur um andernorts ungefragt wieder aufzutauchen. Und obwohl ihre Schwiegermutter sich für dieses Mal geschlagen gab, ihr herausfordernd gehobenes Kinn verriet, dass sie es Sisi auch in Zukunft in keiner Hinsicht leicht machen würde.

Laxenburg, wenige Wochen später

IM LAZARETT

Mit zusammengepressten Lippen nestelte Sisi die Enden des Leintuchs von der dünnen Matratze und zog es mit einem Ruck herunter. Verkrustetes Blut, Eiter und getrockneter Urin hatten unansehnliche Flecken auf dem weißen Laken hinterlassen. Die körperliche Anstrengung, gepaart mit dem Wissen darum, dass hier erneut ein Soldat seinen Verletzungen erlegen war, jagte eine Welle der Übelkeit durch ihren Körper. Trotzdem erlaubte sie es sich nur einen kurzen Augenblick, innezuhalten und einen tiefen Atemzug zu nehmen.

Wenige Tage nachdem Franz abgereist war, hatte sie an den Zeichen ihres Körpers ablesen können, dass sie wieder schwanger war, und sich entschieden, den Umstand für sich zu behalten. Jetzt, da der kleine Bauchansatz sich noch gut unter den Kleidern verstecken ließ, wollte sie ihrer Schwiegermutter keinen Anlass geben, ihre Trümpfe gegen sie auszuspielen. An den entscheidenden Tagen hatte sie ihre Wäsche vorsorglich mit etwas Blut getränkt, damit die Oberhofmeisterin weiter ihre Striche in ihrem Notizbüchlein zog. Meistens funktionierte die Täuschung, ihr

Zustand bereitete ihr keine merklichen Beschwerden. Doch die verbrauchte, vom Geruch von Fäulnis und Krankheit durchsetzte Luft hier im Lazarett machte ihr sehr viel mehr zu schaffen, als sie vor sich selbst zugeben wollte.

Flüchtig rang Sisi nach Atem und ließ ihren Blick über den Speisesaal des Blauen Hofes gleiten. Wo sie vor gut einem Jahr mit Franz ihre Flitterwochen verbracht und Krebse mit den Fingern gegessen hatte, reihte sich nun Krankenliege an Krankenliege, vereinzelt durchsetzt von einer gepolsterten Chaiselongue. Und auch die anderen Zimmer des Schlosses waren voll belegt. Die Flut der Versehrten hatte die Kapazität der Spitäler längst gesprengt, und so hatten Kirchen, Klöster und Schlösser begonnen, die verletzten Soldaten aufzunehmen. Ihr ununterbrochenes Stöhnen und Ächzen, das selbst in der Nacht nicht verebbte, trieb Sisi in Momenten wie diesem den Schweiß auf die Stirn. Resolut stopfte sie das Leintuch in einen Korb und strich mit dem Handrücken eine Strähne aus ihrem Gesicht, die sich aus der weißen Haube gelöst hatte. Seit Franz an die Front gereist war, kamen täglich Hunderte von Männern aus der Lombardei, und stets fürchtete Sisi, dass auch er unter ihnen war. Allein der Gedanke daran, sein markantes Gesicht in einem der Transporte zu entdecken, seine stahlblauen Augen zugeschwollen und blutunterlaufen, schnürte ihr die Kehle zu.

Unter den prunkvollen Kronleuchtern, die von der mit hellblauem Himmel und Engeln bemalten Decke hingen, schwitzten und zitterten teils so unsäglich verstümmelte Körper, dass Sisi sich nicht nur einmal gefragt hatte, ob es Geschenk oder Qual für sie war, das blutige Schlachtfeld lebendig verlassen zu haben. Nicht einmal beim bunten Empfang der Deputationen der Kronländer anlässlich ihrer Hochzeit war Sisi so begreiflich geworden wie hier, was der Vielvölkerstaat Österreich in der Praxis bedeutete. Für die österreichische Krone fieberten und starben an diesem Ort Männer aus Dalmatien, Kroatien und Slawonien neben Soldaten aus Ungarn, Kärnten und der Steiermark. Für ein Gebiet, meilenweit von ihrer Heimat entfernt.

Das Jammern ihres Kindes ließ Sisi herumfahren. Ihre Schwiegermutter trat in einem dunklen Seidenkleid in die geöffnete Flügeltür und schunkelte ihre schreiende Enkelin auf dem Arm, deren rote Wangen unter ihren hitzigen Bemühungen glänzten, die Welt um sie herum zu erkunden. Auf der Schwelle zum Speisesaal blieb die Erzherzogin stehen, offensichtlich sehr darauf bedacht, keinen Fuß in das Lazarett zu setzen, das Sisi in ihrem Sommerschloss hatte einrichten lassen. Dass Franz seiner Frau auch noch erlaubt hatte, sich entgegen ihres Standes selbst dort zu engagieren, hatte ihre Schwiegermutter nur widerwillig toleriert. Dennoch war sie seiner Bitte nachgekommen, sie in dieser Zeit mit dem Baby zu unterstützen, und Sisi bedauerte, dass Franz ihren Streitigkeiten damit erneut Tür und Tor geöffnet hatte. Mit schmalen Lippen ließ die Erzherzogin ihren Blick über das improvisierte Krankenlager gleiten und drückte das Kind fester an ihre Brust.

Behutsam stellte Sisi den Korb auf dem leeren Krankenbett ab und ging den beiden entgegen. Die blauen Augen ihrer Tochter leuchteten vor Freude auf, als sie sich zu ihr hinabbeugte, und kaum berührten Sisis Finger ihr feines Rüschenkleidchen, begann sie in freudiger Erwartung zu glucksen. «Sälzchen Schmälzchen», stimmte Sisi mit gedämpfter Stimme ihren Singsang an und die Kleine kreischte vor Begeisterung, «Butterchen Brötchen, Krabbelkrabbelkrötchen!»

Lächelnd setzte Sisi erneut an, ihre Tochter mit dem Fingerspiel aufzuheitern, das sie selbst noch aus ihrer Kindheit kannte. «Sälzchen Schmälzchen ...» Wie viele Male hatte sie sie schon mit diesem Kinderreim zum Lachen gebracht? Erzherzogin Sophie jedoch bedachte Sisi nur mit einem kühlen Blick. Der hochgeschlossene Kragen ihres Kleides, ebenso wie ihre schmalen, blutleeren Lippen, unterstrichen noch ihre Abneigung gegen die Zweckentfremdung ihrer Sommerresidenz, die ihre Schwiegertochter veranlasst hatte.

«Das ist kein Ort für ein Kind», fauchte sie, und Sisi spürte, wie sich ein Sturm in ihr zusammenbraute.

Demonstrativ wandte sie sich ab, um ein frisch gebügeltes Leintuch von einem Wagen zu nehmen. Seitdem Franz weg war, war kein Tag vergangen, an dem sie beide keinen Machtkampf miteinander ausgefochten hatten. Mit explosiver Wucht entluden sich die Spannungen an den banalsten Dingen des Alltags, und mit jeder Stunde, die der Krieg andauerte, kochten die Energien zwischen Sisi und der Erzherzogin immer schneller gefährlich hoch.

«Ich werde sicher nicht in der Hofburg sitzen und Krabben essen, während mein Volk leidet!», konstatierte Sisi schnippisch und entfaltete das Laken über dem Krankenbett, entschieden, das Streitthema nicht erneut aufzunehmen. Was, wenn Franz hier läge? Sollte sie dann auch untätig zusehen, wie seine Verletzungen ihn langsam dahinrafften? Was würde sie tun, wenn sie ihn, ihren Mann, auf einmal vor sich hätte, um sein Leben kämpfend? Sie mochte es sich gar nicht vorstellen.

«Ich werde mit der kleinen Erzherzogin nach Wien fahren», unterbrach ihre Schwiegermutter ihre Gedanken.

Sisi fuhr herum. «Es ist immer noch *mein* Kind!» Ihre Stimme überschlug sich unter ihrer Empörung.

«Dann entscheide auch wie eine Mutter!», fauchte ihre Schwiegermutter.

Erschrocken von dem scharfen Wortgefecht, verzog die kleine Sophie das Gesicht und begann im nächsten Moment zu schreien. Als bestätigte das Kind mit seinem Weinen ihre Ansichten, senkte die Erzherzogin überlegen das Kinn und wandte sich mit gehobenen Augenbrauen zum Gehen. «Es steht dir natürlich frei, hierzubleiben.»

Sisi schnappte nach Luft. Was bildete sie sich ein?!

«Wir fahren morgen nach Wien, armes Ding», hörte sie Sophie noch zu ihrer Tochter sagen, während sie den Vorraum des Lazaretts Richtung Ausgang durchquerte.

Wütend warf Sisi einen Blick zurück in den abgedunkelten Speisesaal. Ein sanfter Sommerwind hob die Vorhänge vor den offenen Fenstern und Türen. Einige adelige Frauen mit weißen Kitteln und Hauben, die sich ebenfalls freiwillig für diesen Dienst gemeldet hatten, gingen an der Seite von Schwestern in Ordenstracht zwischen den Liegen hin und her und verteilten Becher mit Wasser, Abendsuppe und Brot. Auch Fanny war darunter und sah über ihrer Arbeit aufmerksam zu Sisi hinüber. Ihr violettes Kleid, dessen weiter Rock unter ihrer weißen Schürze hervorblitzte, erinnerte sie einmal mehr an den blühenden Flieder in den

Gärten von Schloss Possenhofen. *Ich bin für dich da*, schien ihr Blick zu sagen, und Sisi wusste, dass sie sich auf sie verlassen konnte. Ohne auch nur einen Augenblick zu zögern, hatte sich ihre Freundin bereit erklärt, sie an diesem Ort tatkräftig zu unterstützen. Genau wie Sisi hatte sie sich kein einziges Mal über die Anstrengung beschwert, die die Arbeit ihnen allen hier abrang. Im Gegenteil! Abends hatte sie sich über das kühle Bier gefreut, das Sisi zur Stärkung an alle Helferinnen ausgeben ließ und das ihrer Freundin mehr zusagte als das edle Gesöff, das in der Hofburg kredenzt wurde.

Aufgebracht pfefferte Sisi das Laken aufs Bett und riss sich die Haube vom Kopf. «Warte!», rief sie ihrer Schwiegermutter nach und eilte ihr hinterher. So sehr sie sich verpflichtet sah, den Verwundeten Hoffnung zu spenden, so wenig würde sie sich ihr Kind wegnehmen lassen.

«So warte doch endlich!» In der Mitte des Vorraumes, zwischen Körben mit dreckigen Laken, Handtüchern und Verbandmaterial, die sich zwischen Waschschüsseln und Wasserkrügen vor den stuckverzierten Wänden türmten, blieb ihre Schwiegermutter stehen.

Fordernd streckte Sisi die Arme nach ihrer Tochter aus. «Ich komme mit, nach Wien.»

Ihre Schwiegermutter musterte eingehend einen dunklen Fleck auf Sisis Schürze, bevor sie ihr vorsichtig die Kleine übergab, sich wortlos umdrehte und mit ausladenden Schritten voranging.

Sisi drückte ihrem Kind einen Kuss auf die Stirn, nahm einen tiefen Atemzug und folgte ihr aufgewühlt in den Flur. Der erhabene Gang ihrer Schwiegermutter, der ihren ausladenden Rock überlegen schwingen ließ, feuerte die Glut in ihrem Inneren an, doch Sisi biss die Zähne zusammen, um sich vor ihrer Tochter nichts anmerken zu lassen.

«Mama liebt dich», flüsterte sie ihr zu. «Über alles.»

Vereinnahmt vom Ringen mit ihren eigenen Emotionen, nahm sie nur am Rande wahr, wie um sie herum hektisches Treiben einsetzte. Die kalkweißen Wände warfen das Echo eiliger Schritte zurück, durchsetzt vom Scheppern und Klirren von Medizinbesteck. Schatten huschten über die großen goldgerahmten Spiegel, und in einiger Entfernung schlugen Türen. Erst die schrille Stimme einer Schwester riss sie aus ihren Gedanken. «Schnell, macht einen Operationstisch frei!» Mit wehendem Gewand eilte sie einer Liege voraus, die einige Soldaten im Eilschritt vom hellen Ausgang her den Flur entlang trugen. Die offenbare Dringlichkeit des Transports ließ keinen Zweifel daran, dass sie einen ranghohen Soldaten manövrierten, und einen Moment glaubte Sisi, ihr Herz bliebe stehen. War das womöglich Franz? Mit stockendem Atem trat sie zur Seite und versuchte, durch die weiß-blauen Uniformen der Männer einen Blick auf den Verwundeten zu erhaschen. In Windeseile schoss die Liege an ihr vorbei, doch der Anblick des Verletzten hatte sich bereits in ihren Geist eingebrannt. Bleich und verschwitzt, mit verklebtem Haar und dunklen, geschlossenen Lidern. Der rechte Arm notdürftig mit blutverkrusteten Leinenstreifen verbunden.

«Graf Grünne», entwich es ihren Lippen.

Geschockt starrte sie dem Freund ihres Mannes nach, verfolgte, wie seine von Soldaten eskortierte Liege zwei

Türen weiter in ein Operationszimmer abbog. Voll Hilflosigkeit drehte sie sich zu ihrer Schwiegermutter um.

Erzherzogin Sophie war ein paar Schritte weiter stehen geblieben und blickte Sisi prüfend an. Auch sie musste Grünne zweifellos erkannt haben, doch war sie eine Meisterin darin, ihre Empfindungen hinter einer ihrer Rolle angemessenen Fassade zu verbergen. Im hellen Gegenlicht warf ihre Erscheinung einen mächtigen Schatten auf die Steinfliesen der Eingangshalle, und ihr ganzer Körper signalisierte, wie gespannt sie Sisis Entscheidung erwartete.

Als wolle ihre Tochter sie an die Wahl erinnern, die sie vor kaum zwei Minuten getroffen hatte, tastete sie mit ihren warmen Händen nach dem Kinn ihrer Mutter. Ihr feuchter Atem an Sisis Hals. Ihr stolzes Gewicht auf ihrem Arm.

Mit trockenem Mund ging sie auf ihre Schwiegermutter zu, küsste Sophie zum Abschied die Stirn und übergab sie zitternd an ihre Großmutter. Dann eilte sie dem Krankentransport mit weichen Knien nach. Sie hörte noch, wie ihre Tochter hinter ihr zu weinen begann, doch sie blickte nicht mehr zurück.

VERSEHRT

Mit angehaltenem Atem beobachtete Sisi, wie die Soldaten den Grafen auf einen mit fleckigem Leinen bedeckten Tisch wuchteten und sich eilig mit der Trage zurückzogen. Am liebsten wäre sie direkt zu ihm geeilt, um seine Hand zu halten, ihn nach den Geschehnissen auszufragen, die ihn so schwer verwundet hatten, nach Franz, doch sie hielt sich zurück. Grünnes glänzende Stirn und die zitternden Füße verrieten, dass ein heftiges Wundfieber seinen Körper befallen hatte und seine Glieder schüttelte.

Innerhalb weniger Augenblicke fand sich eine Traube von Schwestern um ihn ein, angeführt von einem jungen Arzt, dessen schmutzig-weißer Kittel sein Gesicht noch blasser erscheinen ließ, als es ohnehin war. Sein Blick flackerte vor Erschöpfung, dennoch studierte er konzentriert den von Blut und Dreck verkrusteten Verband um Grünnes Arm. Seine Augen lagen in dunklen Höhlen, und obwohl er kein ausgebildeter Chirurg war, wie Sisi wusste, zeugten die blutigen Striemen und Fingerabdrücke auf seiner Schürze von den zahlreichen Operationen, die er allein seit dem frühen Morgengrauen hatte vornehmen müssen.

Ohne den weißen Lederriemen zu lösen, der wohl schon auf dem Schlachtfeld angebracht worden war, um die Blutung zu stoppen, riss der Arzt den steifen Stoff des Verbandes herunter. Vor Schmerzen verzog Grünne das Gesicht und riss verzweifelt die Augen auf. Tränen liefen ihm über die Wangen, doch kein Schrei, kein Laut des Jammerns drang aus seiner Kehle, und er schloss die Augen wieder.

Eine der Krankenschwestern wich zurück und übergab sich in einen Porzellankrug auf einem Sekretär aus lackiertem Kirschbaumholz. Sisi nutzte den Moment und trat mutig an den Operationstisch heran.

«Ich übernehme das ...»

Sie glaubte zu sehen, dass sich Grünnes fahles Gesicht erhellte, als er ihre Stimme hörte. Suchend blinzelte er um sich, bis Sisi seine gesunde Hand nahm und sein Blick ihr

Gesicht fand. Zur anderen Seite seines Bettes untersuchte der Arzt zitternd die faulige Wunde. Schwarzes Fleisch umgab Grünnes verstümmelten Unterarm, und der Gestank der Entzündung ließ Sisi den Atem stocken. Trotzdem zwang sie sich zu einem aufmunternden Lächeln.

«Ihr habt nicht aufgehört zu üben», presste Graf Grünne angespannt zwischen den Zähnen hervor und versuchte, ihr Lächeln zu erwidern.

Beeindruckt schüttelte Sisi den Kopf. Als sei es gestern gewesen, sah sie ihn vor sich, nur wenige Räume weiter. Auf dem gemusterten Teppich im Salon nach den richtigen Worten suchend. In seinem lockeren Leinenhemd, das zwar die Bandage hervorblitzen ließ, die seine Verletzungen vom Spießrutenlauf verbarg, ansonsten jedoch einen starken, gesunden Körper umhüllte. *«Ich wollte nur, dass Ihr wisst, wie sehr Franz Euch liebt …»* Die Erinnerung an seine aufmunternden Worte, als Franz sie voller Groll zurückgelassen hatte, rührte sie im Herzen an. Und nun lag er vor ihr, zitternd vor Qual, der rechte Arm nur noch faulendes Fleisch, das ohne Zweifel entfernt werden musste.

«Ihr? Im Lazarett?», fragte Grünne leise, und Sisi nickte, als sei es das Normalste der Welt.

Aus den Augenwinkeln sah sie, wie der Arzt mit einer Zange das abgestorbene Gewebe von der Wunde trennte und nervös die Schultern straffte, als er den zertrümmerten Knochen freilegte. Ob er wusste, wen er vor sich hatte? Sisi hoffte, dass Grünne seinen Seitenblick auf die Knochensäge nicht gesehen hatte, die unter den Pinzetten, Klemmen und Skalpellen prominent auf einem der Tische lag. Doch dem Grafen war die Überlegung des Arztes nicht entgangen.

«Tut, was Ihr tun müsst», presste er zwischen den zusammengebissenen Zähnen hervor. «Ich kann auch mit einem Arm noch viel anstellen.»

Beklommen beobachtete Sisi, wie Grünne sich an einem Grinsen versuchte. Im nächsten Atemzug verzog sich sein Mund jedoch wieder vor Schmerzen. Schnaufend kniff er die Augen zusammen.

Der Arzt sah Sisi besorgt an. Sie wusste, dass er zweifelte, ob sein Patient der Operation gewachsen war, doch Sisi nickte entschieden. Selbst ihr als Laiin war längst klar, dass der Eingriff keinen Aufschub duldete. Wenn Grünne Glück hatte, würde die Entzündung nach der Amputation nicht erneut aufflammen und er würde überleben.

Behutsam legte sie Grünnes Hand neben seinem Körper auf dem Operationstisch ab und ging auf den Sekretär aus Kirschbaumholz zu. Sie öffnete eine der Schubladen, kramte ein Stöckchen hervor und umwickelte es zitternd mit einem Streifen Tuch. Würde auch Franz bald hier unter den Verwundeten liegen? Einen Moment schloss sie die Augen, um sich zu sammeln, ihrer Sorge keinen Raum zu geben, bevor sie an Grünnes Seite zurückkehrte.

«Beißt da drauf», sagte sie leise. Doch Grünne schüttelte den Kopf und griff stattdessen ihre Hand.

Kalt und feucht spürte sie seine Haut auf ihrer. Obwohl er sich offensichtlich bemühte, seine Angst nicht die Oberhand gewinnen zu lassen, krallten sich seine Finger fest in ihr Fleisch.

«Seht mich an …», sagte sie, als er sich seiner Verletzung zuwenden wollte.

Sanft legte sie die Hand an seine Wange und schob ihm

dann mit Nachdruck das Stöckchen zwischen die Zähne. Als der Arzt die Säge ansetzte, versuchte Sisi, nicht auf das Geräusch zu achten. Verzweifelt umklammerte sie Grünnes Hand, hielt den Blick seiner fiebrig-grünen Augen, fest entschlossen, dem besten Freund ihres Mannes dieselbe Liebe zuteilwerden zu lassen wie Franz.

Ächzend starrte der Graf ihr entgegen, während das Holz unter seinem Biss beinahe zerbarst, und es kam ihr vor, als läge der Schmerz eines Abschieds in seinen Augen. Schweiß perlte von seinem schmerzverzerrten Gesicht. Dann flackerten seine Lider, und alle Anspannung wich aus seinem Körper.

WIEGENLIED

Durch das weiß lackierte Holz hörte Sisi gedämpft den hellen Klang der Walzenspieluhr, die sie selbst für ihre Tochter ausgesucht hatte. Entschieden drückte sie die geschwungene Klinke herunter, doch wie erwartet, war die Tür zu Erzherzogin Sophies Gemächern verschlossen.

Die Operation hatte bis in den frühen Abend gedauert und Sisi mehr zugesetzt, als sie sich eingestehen wollte. Seit dem Morgen hatte sie außerdem keinen Bissen heruntergebracht, und der Durst machte ihre Lippen spröde. Trotzdem gönnte sie sich auch jetzt keine Verschnaufpause. Nachdem sie Grünne mithilfe von Gräfin Esterhazy und den Soldaten in ein Krankenbett gebracht und an seiner Seite gewartet hatte, bis er endlich wieder zu sich gekommen und schließlich eingeschlafen war, war sie leise aufgestanden, die

Treppe hinaufgehetzt und hierhergekommen, um bei ihrer Tochter zu sein.

Entschieden nestelte Sisi das Band der blutigen Schürze in ihrem Rücken auf, zog sie über ihren Kopf und warf sie in eine Ecke des Ganges. Eilig schüttelte sie den Rock ihres Kleides auf, strich sich die zerzausten Haare aus dem Gesicht und klopfte an die Tür. Sie hielt den Atem an, doch außer der sich endlos wiederholenden Melodie von Schuberts Wiegenlied war nichts zu hören. Gerade als sie sich entschied, noch einmal etwas fester anzuklopfen, machte sie im Inneren leise Schritte aus.

Nervös blickte Sisi zurück zu Gräfin Esterhazy, die ihr in respektvollem Abstand mit einem Kerzenleuchter gefolgt war. Die letzten Wochen hatten die ohnehin drahtige Gestalt ihrer Oberhofmeisterin noch weiter ausgezehrt. Ihre Wangenknochen stachen ungesund hervor und die Handgelenke schienen weit knochiger als sonst.

Sisi sah, wie jemand im Inneren des Zimmers die Klinke herunterdrücke, und als sich die Tür einen Spalt öffnete, erschien das Gesicht ihrer Schwiegermutter darin. Sisi versuchte, an ihr vorbei einen Blick auf die Wiege ihres Kindes zu erhaschen, doch das schlichte Interieur des Zimmers verschmolz bereits mit der anbrechenden Dunkelheit.

«Deine Tochter schläft», flüsterte die Erzherzogin, ohne die Tür nur einen Zoll weiter zu öffnen.

«Dann lass mich bei ihr sitzen», sagte Sisi leise und trat einen Schritt näher, um die Tür aufzudrücken.

Augenblicklich verhärteten sich die Züge der Erzherzogin, und sie hielt von innen dagegen. «Vorhin hätte sie dich gebraucht, aber du hast dich anders entschieden.»

«Jetzt bin ich da!» Sisi spürte Ärger in sich aufsteigen.

«Und was wirst du morgen tun?», fragte Sophie schroff. «Es werden bald noch mehr Verwundete kommen, viel mehr.»

Perplex öffnete Sisi den Mund, doch sie kam nicht dazu, etwas zu sagen. Mit einem Ruck drückte Sophie die Tür ins Schloss und drehte zweimal den Schlüssel herum.

Empört schnappte Sisi nach Luft. Was für eine verbitterte Zwiderwurzn diese Frau doch war! Machte ihr das Leid der Menschen denn gar nichts aus, die an der Grenze ihres Reiches für ihre Sache starben? Verzweifelt rüttelte Sisi an der Klinke, klopfte gegen das dicke Holz.

Erst als im Inneren des Zimmers Sophies Weinen anschwoll, unter das sich das tröstende Gemurmel der Erzherzogin mischte, hielt sie inne. Mit pochendem Herzen starrte sie auf die schwere Tür. Obwohl sie versuchte, den Gedanken keinen Raum zu geben, begannen die Zweifel an ihrem eigenen Verhalten ihre Wut über die Bevormundung zu überschatten. Schenkte sie ihrer Tochter unter all den drängenden Aufgaben nicht genügend Aufmerksamkeit? War dieser Ort wirklich ein geeigneter für ihr kleines Kind?

Beklommen strich Sisi über ihren Bauch, ließ von der Tür ab und wandte sich zu Gräfin Esterhazy um, die beinahe beschämt die Augen senkte. Der Kerzenschein flackerte auf ihrem grauen Kleid und ihrem ebenso fahlen Gesicht.

«Bald werden noch mehr Verwundete kommen, viel mehr …», wiederholte Sisi leise die Worte ihrer Schwiegermutter und stockte unter der Kaltherzigkeit dieser Prophezeiung. «Was hat sie damit gemeint?»

Gräfin Esterhazy hob zögernd den Blick, doch ihre Lippen blieben fest verschlossen.

«Sagt es mir.» Sisi spürte, wie ihre Finger zu kribbeln begannen, als eine ungerichtete Furcht von ihr Besitz ergriff.

«Euer Gemahl droht in der Lombardei zu verlieren ...», sagte Gräfin Esterhazy mit gedämpfter Stimme. «Und auch in Ungarn deuten sich neue Unruhen an. Gestern haben ungarische Rebellen einen Güterwagen überfallen und keinen unserer Männer am Leben gelassen.»

Die Nachricht schnürte Sisi die Kehle zu.

«Ihr solltet Eurem Gemahl von Eurem Treffen mit Graf Andrassy berichten ...» Durchdringend sah die Gräfin sie an.

Graf Andrassy. Das bärtige Gesicht des ungarischen Grafen tauchte vor ihrem inneren Auge auf. Die hellen, wachen Augen, die ihr im Halbdunkeln des verlassenen Stalls entgegengefunkelt hatten. Gefährlich und faszinierend zugleich – und ohne Zweifel so wild wie der Charakter seines temperamentvollen Pferdes. Konnte sie ihm trauen? Nach der turbulenten Rückkehr in jener Nacht hatte weder Sisi selbst noch Gräfin Esterhazy mehr ein Wort über das Treffen mit dem ungarischen Magnaten verloren. Doch der Brief, den er ihr gegeben hatte, lag gefaltet in ihrem Tagebuch, verschlossen in einer Schublade ihres Sekretäres.

Bedrückt lauschte Sisi dem Weinen ihrer Tochter, die sich unter der Stimme ihrer Schwiegermutter allmählich beruhigte. *Bald werden noch mehr Verwundete kommen, viel mehr.* Die geschundenen Körper auf den Liegen im Lazarett blitzten in ihrem Geist auf. Graf Grünnes verstümmelter Arm. Wenn diese Männer sich glücklich schätzen sollten, die Schlachten überlebt zu haben, welchen entsetzlichen Tod waren dann die anderen gestorben?

Entschieden raffte Sisi ihren Rock. Wenn sie auch nur das Fünkchen einer Möglichkeit hatte, weiteres Grauen zu verhindern, durfte sie nicht länger zögern.

«Packt meine Sachen für die Reise», befahl sie der Oberhofmeisterin und eilte an ihr vorbei. «Ich werde mit Franz sprechen.»

KEIN SCHÖNER LAND

Beklommen trat Sisi aus dem Eingang des Blauen Hofes und tastete nach Andrassys Brief, den sie in ihrem Korsett versteckt hatte. Nachdem sie in der zurückliegenden Nacht kaum Ruhe gefunden und sich wegen der Gefahren der bevorstehenden Reise von einer Seite auf die andere gewälzt hatte, war ihr das erste Zwitschern der Amseln fast wie eine Erlösung vorgekommen. Selbst wenn tausend Gründe gegen diese Reise sprachen, würde sie damit leben können, sie nicht zu unternehmen?

Besorgt ließ Sisi ihren Blick über die Schlossanlage gleiten. Über der dunklen Wasseroberfläche des Teichs schwebte noch ein zarter Nebelschleier, und wo bald Krankentransporte und Dienstboten ein und aus eilen würden, flankierte eine berittene Eskorte kaiserlicher Soldaten einen schwarzbraunen Vierspänner, der auf ihre Abreise wartete. Gräfin Esterhazy, in dunklem Reisekleid, gab dem Kutscher letzte Anweisungen, der bereits auf dem Sattelpferd Platz genommen hatte. Ein leiser Wind bewegte die weiße Feder in ihrem schwarzen Hut, raschelte in den Hecken der Zufahrt und in den satten Baumkronen des angrenzenden Waldes.

«Ich möchte, dass du einen Blick auf meine Tochter hast», flüsterte Sisi an Fanny gewandt, die ihr nach draußen gefolgt war. Noch am Vorabend hatten sie sich bei einem reinigenden Bad gegenseitig Blut und Schweiß von ihren entkräfteten Körpern gewaschen. Die Erinnerung an Fannys zärtliche Berührungen im dampfenden Zuber, an ihre Hände, die sie mit warmem Wasser übergossen, ihr fast bodenlanges Haar ausgewrungen und ihre Haut mit weichem Tuch getrocknet hatten, spendete ihr selbst heute noch Trost. «Und natürlich auf meine Schwiegermutter», setzte sie matt hinzu, zu aufgewühlt, sich abermals von ihrer Wut überrollen zu lassen.

Doch Fanny biss sich nur verschmitzt auf die Lippen. «Keine Sorge», sagte sie. Ihre Stimme war noch von der Nacht belegt und ihre Haare nur notdürftig zurückgesteckt. «Es wird nicht schwer sein, die Erzherzogin zu belauern. Du weißt ja, was für einen Narren sie auch an mir gefressen hat.»

Ihre Worte trieben Sisi trotz der Anspannung ein Grinsen aufs Gesicht. «Danke», sagte sie, nahm einen tiefen Atemzug und schritt die flachen Steinstufen hinunter, auf die Kutsche zu, vor der Gräfin Esterhazy sie erwartete. Die angenehm kühle, unverbrauchte Luft des anbrechenden Hochsommertages vermochte es, ihre Sinne zu beleben, und mit jedem Schritt, den sie der Kutsche näher kam, wich die Müdigkeit spürbar aus ihren Gliedern.

«Es wird Zeit», sagte Gräfin Esterhazy vorsichtig, als

Sisi den Wagen erreichte und sich noch einmal zögernd umsah. Mit ausgestreckter Hand forderte die Gräfin sie auf, über das Trittbrett ins Innere der Kutsche zu steigen. Die Magazine der geschlossenen Karosse waren bis unters Dach mit Koffern bepackt, und der Lack glänzte sauber poliert im frühen Morgenlicht. Ob sie das Richtige tat?

Sisi griff nach der Hand ihrer Oberhofmeisterin und warf einen letzten Blick zurück, um in den Augen ihrer Freundin Sicherheit zu finden. Da stockte ihr vor Überraschung der Atem. Fanny hatte ihre Position am Eingangstor verlassen und half Graf Grünne die Stufen hinab! Der Kompagnon ihres Mannes war noch immer blass wie eine Wand, und seine Beine schienen ihn kaum zu tragen. Doch er hatte eine frische Uniform angelegt und seine Haare zu einem ordentlichen Scheitel gekämmt.

Als er sich am Fußende der Treppe vom Arm ihrer Freundin löste und wackelig auf sie zu humpelte, entfuhr Sisi ein überraschter Laut.

«Moment ... Einen Moment noch», stammelte sie, ließ die Hand der Oberhofmeisterin los und eilte ihm entgegen.

Als nur noch wenige Schritte zwischen ihnen lagen, hielt Grünne schwer atmend an, und auch Sisi kam zum Stehen. Der Ärmel seines fehlenden Armes hing schlaff von der Schulterpartie seines Waffenrockes hinab, und in seinen grünen Augen glänzte neben dem Fieber, das noch immer in ihm brannte, eine tiefe Entschlossenheit.

«Ich werde Euch begleiten», sagte Grünne knapp, und Sisi hob überrascht die Brauen.

«Ihr wollt zurück an die Front?»

Grünne hielt vielsagend ihren Blick, und sie vermochte

nicht zu sagen, wem die tiefe, ehrliche Zuneigung galt, die ihr aus seinen Augen entgegensprang, ihr selbst oder Franz. Bestürzt schüttelte sie den Kopf. «Aber Ihr seid noch viel zu schwach!»

«Ich lasse Euch nicht alleine in ein Kriegsgebiet reisen», sagte Grünne bestimmt, und Sisi sah, wie er die Zähne zusammenbiss, um sich gegen ihre Widerrede zu wappnen. Hilflos starrte sie ihn an. Es war sicher nicht vernünftig, in seinem Zustand eine so weite Reise zu unternehmen, schon gar nicht in ein umkämpftes Kriegsgebiet. Doch was hatte sie ihm schon zu sagen? Am Ende war er ein erwachsener Mann. Ein General, der seine eigenen Entscheidungen traf. Einem Impuls folgend, trat sie an Grünne heran und legte ihr Gesicht an seine Brust. Beschämt von ihrem eigenen Verhalten, hörte sie ihr eigenes Herz in ihren Schläfen pochen. Doch gerade, als sie sich zurückziehen wollte, spürte sie, wie Grünne zärtlich, aber bestimmt seinen linken Arm um sie legte. Und obwohl die Gräfin sie beobachtete und es entgegen jeder Sitte war, hielten sie sich einige Atemzüge fest, wie um sich gegenseitig Mut zu machen.

«Seid Ihr sicher, dass Ihr das sehen wollt?», hörte sie Grünnes Flüstern an ihrem Ohr und nickte.

Der Geruch von Staub und Schweiß, der das Innere der Kutsche erfüllte, verstärkte noch die innere Unruhe, die von Sisi Besitz ergriffen hatte. Seit Stunden ruckelte das Gespann über die nicht enden wollenden Unebenheiten eines abschüssigen Weges und weder das Sitzfleisch, das ihr nach den Anstrengungen der vergangenen Wochen noch verblieben war, noch die bescheidene Polsterung der Kutschbank vermochten die Stöße abzufedern, die ihren Körper schmerzhaft schüttelten. Erschöpft legte Sisi eine Hand auf ihren Bauch. Sie versuchte, dagegen anzukämpfen, doch die Zweifel, die sie schon die ganze Reise über begleitet hatten, schwollen in ihrem Inneren zu einer erdrückenden Schwere an. Wie ehrbar der Anlass ihres Unterfangens auch war, war es rechtens, sich und ihr Kind dafür in Gefahr zu bringen?

«Braucht Ihr eine Pause?» Besorgt sah Grünne zu ihr herüber. Im Gegensatz zu Gräfin Esterhazy, die nachdenklich aus dem Fenster in die sonnige Landschaft blickte, schien der Graf ihre Geste bemerkt zu haben.

Schnell nahm Sisi die Hand von ihrem Bauch. «Nein. Danke», sagte sie leise und schüttelte den Kopf, als könne dies sie in ihrer Entscheidung bestärken. Kurz blieb ihr Blick an dem schlaffen Ärmel seines blauen Waffenrockes hängen. Obwohl Grünne starke Schmerzen haben musste, hatte sie ihn während der gesamten Reise nicht einmal stöhnen oder über sein Schicksal klagen gehört.

Voller Bewunderung wandte Sisi sich ab. Was brachte es, mit den Gegebenheiten zu hadern? Auch wenn sie es sich noch so sehr wünschte, sie würde niemals nur eine einfache Mutter sein. Als sie Ja gesagt hatte, in dieser gottverdammten Kirche, zu diesem Mann, den sie über alles liebte, da hatte sie sich entschieden, die Verantwortung zu tragen, die mit dem Amt der Kaiserin einherging.

Bedrückt ließ Sisi ihren Blick über die sanfte Hügellandschaft gleiten. Die intensiven Farben leuchteten ihrer Kutsche in der Nachmittagssonne so grell entgegen, als würden sie um die Gunst der Reisenden buhlen. Seit sie die

Alpen hinter sich gelassen hatten, säumten dunkelgrüne Zypressen den Straßenrand. Ihre länglichen, spitz zulaufenden Kronen schmiegten sich wie elegante Pinselstriche in die Landschaft. Italien. Noch nie war sie so weit von Zuhause weg gewesen. Und ja, sie konnte verstehen, dass Franz um diesen Landstrich kämpfte. Doch wie würde er reagieren, wenn sie ihm gleich unangekündigt unter die Augen trat? Ihm im Hauptquartier seines Militärstabes den Brief eines Mannes überreichte, der während der Revolution 1848 zu seinen unerbittlichsten Gegnern gehört hatte?

Als die Kutsche eine mächtige Pinie passierte, stockte Sisi der Atem. Obwohl der starre, schwarz verkohlte Körper, der an einem Strick von einem der Äste hing, kaum eine Sekunde in ihrem Blickfeld war, brannte sein Bild in ihrer Wahrnehmung weiter. Geschockt starrte sie aus dem Fenster. Das Knirschen der Räder auf dem steinigen Weg, das Ruckeln und Rumpeln der Kutsche, alles lief plötzlich so unerträglich schnell ab, so gänzlich unpassend zu dem Bild des Todes, dass ihr unter dem engen Reisekleid der Schweiß ausbrach. Als hätte sie ein Stück von einem vergifteten Kuchen genommen, hatte die idyllische Landschaft abrupt ihren Zauber verloren.

Sisi schluckte. Was hatte sie erwartet? Sie fuhren in den Krieg. An einen Ort des Grauens, dessen Vorgeschmack sie in Laxenburg gekostet hatte. *«Bald werden noch mehr Verwundete kommen»*, hörte sie im Geiste erneut die Stimme ihrer Schwiegermutter, und mit einem Mal stieg eine düstere Entschlossenheit in ihr auf. Was auch immer sie in Verona erwartete, es musste ihr gelingen, Franz zu überzeugen.

DER BRIEF

Der Anblick des verkohlten Leichnams lag Sisi noch schwer im Magen, als die Kutsche das Stadttor von Verona erreichte. Beklommen lugte sie durch die vertrauten Spitzenvorhänge nach draußen in die fremde Stadt, während eine Gruppe österreichischer Soldaten die Papiere und das Gepäck ihres Gespanns überprüfte. Die Sonne war bereits hinter den roten Ziegeldächern der mehrstöckigen Wohnhäuser verschwunden, in deren Schatten sich vollbewaffnete Soldaten mit kniehohen Stiefeln tummelten, und hatte den Himmel in einem Gemisch aus leuchtendem Gelb und Orange zurückgelassen. Unter anderen Umständen hätte Sisi sich über eine Reise in den südlichsten Landstrich Österreichs gefreut, doch das Wissen um die blutigen Schlachten, die nicht weit von hier mit unermesslicher Unnachgiebigkeit tobten, drückten sie schwer auf die gepolsterte Sitzbank. Was durfte sie sich vom bevorstehenden Treffen mit ihrem Mann erhoffen?

Ein schrilles Pfeifen ließ sie zusammenzucken. Einen Atemzug später fuhr die Kutsche ruckelnd wieder an, und während der Wagen rasch an Geschwindigkeit gewann, um tief ins Herz von Verona vorzustoßen, hielt Sisi gebannt die Luft an. Dicht an dicht glitten schmale, mehrstöckige Wohngebäude an ihrem Fenster vorbei, mit Pilastern und Gesims wuchtig überladene Palazzi und gotische Backsteinbasiliken. Der Abendhimmel tauchte einige der erdigen Fassaden noch in ein glühendes Licht, während anderswo bereits die Dunkelheit die rustikalen Gemäuer eroberte.

Auch hier patrouillierten Soldaten in österreichischem Tuch auf römischen Ruinen, bewachten verfallene Torbögen und die Eingänge romanischer Kirchen. Trotz des jungen Abends schwebte eine beinahe gespenstische Stille über den schmalen Gassen. Düstere Gesichter beäugten die Einfahrt der eskortierten Kutsche, und nicht nur einmal meinte Sisi unter dem Hufgetrappel ihrer Leibgarde auszumachen, wie sich hinter ihr schwungvoll ein Fensterladen schloss.

Die Zahl der österreichischen Soldaten nahm noch deutlich zu, als ihr Gespann auf einen pittoresken Platz einfuhr und vor einem herrschaftlichen Palazzo stehen blieb. Mit klopfendem Herzen sah Sisi durch die in feiner österreichischer Spitze gearbeiteten Blumenmuster des Vorhangs an der hohen Fassade des besetzten Hauses hinauf. Die anbrechende Dunkelheit verlieh dem massiven Quadermauerwerk und den dunklen Fenstern mit den dreieckigen Steingiebeln etwas Bedrohliches. Nur vereinzelt schimmerte das Licht einer Kerze hinter einer Scheibe auf, und Sisi fragte sich, hinter welcher sie Franz wohl antreffen würde.

«Wir sind da, Hoheit», flüsterte Grünne mit vom Fieber geschwächter Stimme. Die Aufregung drohte sich in ihr zu überschlagen, als er von innen die Tür öffnete. «Ich helfe Euch hinaus.»

Tapfer wand sich der Graf aus der Kutsche und nickte gefasst einigen Soldaten zu, die beklommen auf den schlaffen Ärmel starrten, den sein Waffenrock nicht zu kaschieren vermochte. Die Wunde hatte durch den Verband genässt und einen dunklen Fleck auf dem Stoff über seiner Schulter hinterlassen.

Ohne weiter auf die gaffenden Männer zu achten, wandte Grünne sich Sisi zu und reichte ihr seine gesunde linke Hand. Beherzt griff sie danach, als könne sie damit vor seinen Untergebenen ein Zeichen setzen, und kletterte mit seiner Hilfe über das Trittbrett aus der Kutsche. Die würzige Luft eines lauen Sommerabends schlug ihr entgegen, und Sisi schloss kurz die Augen, um sich mit dem fremden Geschmack dieses Landes vertraut zu machen. Der Geruch von trockener Erde und warmem Stein, gemischt mit dem geheimnisvollen Duft von Ambra. Darüber das Rascheln der blauen Uniformhosen und das vereinzelte Klirren eines Säbels, als die Soldaten etwas ungelenk in eine Verneigung sanken, offenbar überrumpelt von ihrer Anwesenheit. Während Grünne auch der Oberhofmeisterin aus der Kutsche half, schüttelte Sisi den Rock ihres dunkelgrauen Kleides auf und tastete über ihrem hämmernden Herzen nervös nach Andrassys Brief, den sie für die letzte Reiseetappe unter dem Oberteil ihres Kleides platziert hatte, um ihn bei ihrer Ankunft ohne Umstände hervorziehen zu können.

«Hoheit?», hörte sie Gräfin Esterhazys leise Stimme. «Seid Ihr so weit?»

Entschlossen sah Sisi auf den bewachten Eingang des Palazzos und nickte ihrer Oberhofmeisterin zu, der einzigen Person, die den Grund für ihre Reise kannte. Die wusste, warum sie Franz heute aufsuchte, an diesem seltsamen Ort, der alleine Männern vorbehalten war, um alles auf eine Karte zu setzen.

Franz kauerte zusammengesunken an einem schmucklosen Schreibtisch. Er hatte der Tür den Rücken zugewandt und stierte auf eine halbleere Flasche, in deren Rundungen sich die vom letzten Tageslicht erhellten Fensterbögen des geräumigen Zimmers spiegelten. Erst als Sisi leise die Tür hinter sich ins Schloss drückte, hob er benommen den Kopf.

«Ja?» Seine raue Stimme ließ Sisi zusammenzucken.

«Franz», antwortete sie leise. «Ich bin es.»

Sofort sprang Franz auf und fuhr so polternd herum, dass er mit der Hand auf der Tischplatte Halt suchen musste.

Er starrte sie fassungslos an, während zähe Sekunden vergingen.

«Du bist so schön», hauchte er dann, und obwohl er mehrere Schritte von ihr entfernt stand, schlug ihr der faulige Dunst seines vom Alkohol durchsetzten Atems entgegen.

Mit mulmigem Gefühl beobachtete sie, wie Franz schwankend auf sie zuhielt. Das Hemd hing schlaff aus seiner Hose, und seine Augen glänzten wässrig. Gefasst ging Sisi ihm entgegen und griff nach seiner Hand. Der desolate Zustand ihres Mannes stieß sie ab, dennoch ließ sie zu, dass er unsanft seinen Mund auf ihren presste. Sein Kuss war so grob, so verzweifelt und verdorben, dass sie spürte, wie sich die Haare auf ihren Unterarmen aufstellten.

«Du solltest hier nicht sein», lallte Franz beinahe entschuldigend. «Es ist ein schauriger Ort.»

Sisi nickte beklommen und sah ihn an, musterte sein bleiches Gesicht. Was hatte er gesehen, das er mit Wein und Schnaps zu ertränken versuchte? Was hatte er getan, das seine Seele nicht verkraftete?

«Alle Soldaten, die aus Laxenburg zurückkehren, reden von dir.» Franz lächelte schief, wohl bemüht, ihre Begegnung auf lichtere Ebenen zu zwingen, und strich ihr zärtlich über die Brauen. «Sie lieben dich!»

Sisi hielt die Luft an, um seinem feuchten Atem zu entkommen, und verfolgte befremdet, wie er sich abrupt abwandte, einen kräftigen Schluck direkt aus der Flasche nahm und sich mit dem Ärmel über den Mund wischte. «Möchtest du auch?»

Stumm schüttelte Sisi den Kopf.

«Verzeih, meine Sitten sind etwas verroht hier ...» Verlegen strich Franz sich über das Kinn. Dann nahm er einen neuen Schluck und sah Sisi so bewegt an, dass ihr ein sanftes Lächeln gelang. Gerne hätte sie eine bessere Gelegenheit genutzt, um ihm ihr Anliegen zu unterbreiten. Doch die Angelegenheit drängte so sehr, dass sie keine Nacht länger warten durfte. Fraglich auch, ob Franz beizeiten überhaupt wieder nüchtern werden würde. Mutig ließ sie daher ihre Hand unter den Seidentaft ihres Oberteils gleiten und zog den gefalteten Brief des Grafen hervor. Augenblicklich verdüsterte sich Franz' Miene.

«Was ist das?», fragte er knapp.

Sisi entfaltete den zerknitterten Umschlag, glättete ihn mit zitternden Händen an ihrem Rock und hielt ihn Franz hin. «Der Grund für meine Reise.»

Einige Sekunden lang ruhte sein Blick misstrauisch auf dem Brief, bevor er schließlich nach ihm griff. Ohne auf die Prägung zu achten, brach er das Siegel, warf Sisi einen flüchtigen Seitenblick zu und nestelte ein Schreiben aus dem Umschlag hervor.

Voller Spannung verfolgte Sisi, wie seine geröteten Augen über das Papier huschten. Als sie am unteren Ende der Seite angekommen waren, blieben sie eine gefühlte Ewigkeit an der Unterschrift hängen. Am Spiel seiner Kiefermuskulatur konnte Sisi ablesen, dass Franz wütend die Zähne zusammenbiss.

«Wo hast du diesen Brief her?» Obwohl er um Beherrschung rang, war seine Stimme schneidend scharf.

«Ich habe Graf Andrassy getroffen», hielt Sisi ihm das Widerspiel. An den eisigen Funken, die seine Augen zu versprühen schienen, konnte sie den gefährlichen Zorn flackern sehen, der sich jeden Augenblick zu entladen drohte.

«Sprich mit ihm, bitte!», setzte sie nach und ballte eine Hand zur Faust, um sich selbst Mut zu machen. Die ganze Reise über hatte sie sich diesen Schritt wohl überlegt. Jeden Zweifel bis zum Ende gedacht, alle Argumente gegeneinander abgewogen. Und immer war sie zu demselben Schluss gekommen: dass es das Richtige war.

«Warum sollte ich das tun?» Das Beben in Franz' Stimme zeugte davon, wie sehr ihr Mann sich zügeln musste. Wie damals, als sie ihn mit ihrem Auftritt auf der Parade verärgert hatte, schien eine finstere Aura sich seiner zu bemächtigen, bereit, das ganze Licht seines Wesens zu verschlingen. Der Schmerz an ihrem Handgelenk blitzte in ihrer Erinnerung auf, der ihr beinahe die Sinne geraubt hatte. Doch sie schob ihre Angst beiseite, versuchte stark zu sein, wie damals, als sie seiner Wut Paroli geboten hatte, und hob herausfordernd das Kinn.

«Weil vielleicht bald auch Ungarn in Flammen steht», sagte sie so bestimmt es ihr möglich war, und beobachtete gebannt, wie Franz sich verächtlich schnaubend abwandte.

«Bitte, Franz ...», sagte sie leise, und diesmal zitterte ihre Stimme vor Aufregung. «Was verlierst du, wenn du mit ihm redest? Es ist schon so viel Blut geflossen.»

Vorsichtig machte sie einen Schritt auf ihn zu und näherte behutsam ihre Hand der seinen. «Andrassy hat mir versprochen, dich als Kaiser zu akzeptieren.»

Unendlich zärtlich, im Wissen darum, unter welcher Hochspannung sein ganzer Körper stand, streifte sie einen seiner Finger. Da fuhr Franz herum und packte sie so fest am Unterarm, dass sie aufschrie. «Dir?!» Seine Augen funkelten vor Verachtung und Raserei. Die Adern an seinen Schläfen waren bedrohlich hervorgetreten und pulsierten unter seinem Zorn.

«Ja, mir!», fauchte Sisi. «Der Kaiserin von Österreich. Deiner Frau!»

Mit einer kräftigen Bewegung riss sie sich los und wich einen Schritt zurück. «Franz! Du bist nicht mehr allein!», rief sie aufgewühlt, und ihre Stimme überschlug sich unter ihren Emotionen.

Doch Franz schien ihre Worte kaum zu hören. Wütend riss er den Brief des ungarischen Grafen in Stücke und ließ die Überreste achtlos zu Boden segeln.

«Sollte dieser Mann es noch einmal wagen, sich dir zu nähern», drohte er, und eine Welle der Übelkeit schoss in Sisi hoch, «dann werde ich ihn töten!»

VERDACHT

Obwohl Franz bereits mehr getrunken hatte, als er vertrug, stürzte er die letzten Schlucke des Branntweins einfach herunter. Das scharfe Gesöff lief feurig seine Kehle hinab, und als es seinen Magen erreichte, stieg eine drängende Übelkeit in ihm auf. Benommen biss er die Zähne zusammen. Die Fresken an den Wänden begannen sich sanft um ihn zu drehen, trotzdem setzte er sich schwankend in Bewegung. Dass Sisi so überstürzt das Zimmer verlassen hatte, hatte seinen Zorn noch weiter angeheizt. Die Ignoranz, mit der sie hinter seinem Rücken ihre eigene Politik betrieb, seine Abwesenheit aus Wien kaltblütig ausnützte, in einer Zeit, da er mit jedem Winkel seines Seins darum kämpfte, die Grenzen ihres Reiches zu verteidigen. Hatte sie denn gar keinen Respekt vor dem, was er tat? Gab es nichts und niemanden, der ihr heilig war?

Rasend stieß Franz die Tür zum Vorraum auf und musste sich sogleich am Rahmen abstützen, um nicht das Gleichgewicht zu verlieren. Der billige Fusel rauschte in seinen Ohren und ließ seinen ganzen Körper unter einer aufpeitschenden Hitze pulsieren. Blinzelnd starrte er in das von Kerzen erhellte Zimmer. Sisi kauerte würgend über einem hölzernen Spucknapf neben der Tür, während Gräfin Esterhazy ihre Haare hielt. Am Fenster jedoch stand in aufrechter Haltung eine Gestalt, die seine Aufmerksamkeit fesselte, kaum dass sie sie auf sich gezogen hatte: Graf Grünne. Sein Freund. Lebendig und atmend, sah er geradewegs zu ihm hinüber. Allein sein rechter Ärmel hing schlaff und zerknittert an seinem ausgezehrten Körper herab, und auf seiner blassen Stirn glänzte ein gefährliches Fieber. Und während Franz in der Tür stand, volltrunken und vom Donner gerührt, sah er sich selbst noch einmal vom Rücken seines Pferdes stürzen. Als sei es gestern gewesen, da der Krieg sie entzweit hatte, glaubte er erneut auf dem Schlachtfeld zu straucheln, seinen Säbel blind in lebendige Körper zu bohren, während Erde und Kiesel auf ihn herabrieselten, aufgewirbelt von den gegnerischen Geschossen. Hustend sah er sich Grünnes verletzten Körper erreichen und an den Schultern des bebenden Freundes rütteln. Hörte sich noch einmal schreien, als es ihm mit seiner ganzen Kraft endlich gelang, Grünne umzudrehen. Nie würde er vergessen, wie sein Freund ihm entgegengestarrt hatte, sein Gesicht von Dreck und Blut verschmiert, sein linker Unterarm zerrissen. In erschreckender Lebendigkeit glaubte Franz abermals den weißen Lederriemen vom Waffenrock des Soldaten zu lösen, der röchelnd zu seinen Knien lag, um ihn knapp über der Wunde um Grünnes Arm zu schlingen und mit aller Kraft den Gurt zuzuziehen. Das Blut zu stoppen, das in Bächen aus den verbliebenen Fetzen seines Fleisches quoll. *«Hilfe!»*, hörte er sich brüllen, *«Wir brauchen Hilfe!»* Und während er sich in seiner Erinnerung panisch umblickte, mit den Armen ruderte, um im Getümmel der Kämpfenden auf sich aufmerksam zu machen, seinen verletzten Freund zu bergen, verschmolz sein damaliges Erleben mehr und mehr mit ihrem heutigen Wiedersehen, dem er von Angesicht zu Angesicht beiwohnte, darum ringend, nicht zu schreien. Vor Wut und Ohnmacht. Über Napoleon, sein eigenes undankbares Volk und sein verdammtes Los als Kaiser.

Unfähig, auf ihre Begegnung einzugehen und seinem Innersten Ausdruck zu verleihen, riss Franz sich los und ging zitternd einen Schritt auf Sisi zu, die noch immer würgend über dem Spucknapf hing.

«Was hast du?», fragte er nüchtern und ballte eine Faust, um sich zur Besinnung zu rufen.

Doch Sisi röchelte nur, offenbar nicht in der Lage zu antworten. Tränen rannen über ihr bleiches Gesicht. Und so wandte Franz sich stattdessen steif Gräfin Esterhazy zu, die in gewohntem Respekt in eine Verbeugung fiel.

«Ist sie wieder ...?»

Esterhazy zuckte entschuldigend mit den Schultern und Franz spürte, wie ein Rauschen und Tosen von ihm Besitz ergriff. Im nächsten Moment hatte er Sisi am Arm gepackt und zu sich herumgerissen.

«Ist es von ihm?», hörte er sich selbst brüllen, während er gegen das Dröhnen seines Schädels ankämpfte. Der Vorraum begann sich unter seinem Schwindel so schnell zu drehen, dass er sich Halt suchend an seine Frau klammerte. Sie begegnete seinem Blick mit nie dagewesener Kälte.

«Wie kannst du so eine Frage stellen?!»

Er sah noch, wie Sisis Blick für einen Moment an ihm auf und ab glitt, voll Enttäuschung und Hass, dann hatte sie sich losgerissen und rauschte aus der Tür. Mit wehendem Rock eilte sie die Stiegen im Treppenhaus hinunter. Franz starrte ihr nach, zu betrunken, um einen klaren Gedanken zu fassen. Selbst Grünne wagte es nicht, die zum Zerreißen gespannte Stille mit einem rügenden Wort zu durchbrechen, und der aufdringlich-scharfe Geruch von Galle strafte Franz mit der dumpfen Ahnung, dass dieser Augenblick ihm noch lange nachhängen würde.

Wien, sieben Monate später

HEIMKEHRER

Drohend und düster zeichneten sich vor dem grauen Märzhimmel die dürren Zweige der noch blätterlosen Linden und Rosskastanien ab, die den Paradeplatz säumten. Eine schneidende Bö peitschte den Staub des Kieses auf und schlug Sisi eisig ins Gesicht. Am liebsten wäre sie auf der Stelle umgekehrt und hätte sich wieder in die schützenden Gemäuer der Hofburg zurückgezogen, um der klirrenden Kälte zu entfliehen und mehr noch dem Wiedersehen mit ihrem Mann. Doch am Rand des Weges hatte sich eine beachtliche Menge von Frauen und Kindern eingefunden und blickte dem Einzug der Armee mit gespanntem Schweigen entgegen. Da waren trauernde Witwen in schwarzem Gewand, Mütter mit jungen Knaben und Mädchen, die sich eng an ihre Röcke pressten. Von Wut und Schmerz verzerrte Gesichter, durchsetzt von der stillen Hoffnung auf ein Wiedersehen mit ihren Männern, Brüdern und Vätern.

Sisi straffte die Schultern, um die Beklemmung abzuschütteln, die sie bei ihrem Anblick erfasste, und drückte entschlossen ihre neugeborene Tochter an die Brust.

Bemüht, nicht auf ihre Schwiegermutter zu achten, die in einem voluminösen Pelzmantel an ihrer Seite schritt wie eine dunkle Wächterin, blieb sie in erster Reihe der Diener, Beamten und Hofdamen stehen, die sich vor der Hofburg versammelt hatten, um den Kaiser in der Heimat zu empfangen.

Am frühen Nachmittag hatte Sisi aus den Fenstern ihres Schlafgemachs den langen Zug der heimkehrenden Armee erspäht, der sich über das Glacis auf das Burgtor zu schlängelte. Nun konnte sie an der Spitze der Militärkolonne eindeutig die Umrisse ihres Mannes ausmachen. Wie bei seiner Abreise trug er die Galauniform eines Feldmarschalls, deren Hose sich leuchtend rot vom Fell des weißen Lipizzaners abhob, an dessen unsicherem Tritt Sisi die Anstrengungen der Heimreise ablesen konnte. Doch sie war nicht für Franz hier. Einzig für die Menschen, die zerrissen zwischen Ehrfurcht und Verzweiflung vom Wegesrand zu ihm aufsahen, hatte sie sich dazu durchgerungen, die Wärme ihrer Gemächer zu verlassen. Trotz der anhaltenden Vorbehalte gegen ihren Mann hatte sie sich von Fanny ankleiden lassen und ihre Tochter in wärmende Wolldecken gehüllt. Und jetzt stand Sisi erhobenen Hauptes da, sein Kind in den Armen, und erwartete ihn.

Als sie die Nachricht erreicht hatte, dass Franz den Krieg in der Lombardei verloren hatte – in einer vernichtenden Schlacht, die fünfzehn Stunden gedauert und deren Grauen kaum vorstellbare Ausmaße angenommen hatte –, hätte sie innerlich gerne ein Kreuz geschlagen dafür, dass die Gewalt und das sinnlose Morden nun endlich ein Ende hätten. Doch darauf wagte sie kaum zu hoffen. Nach ihrem Besuch in Verona zweifelte sie endgültig daran, dass ihr Mann noch einen Funken Licht in sich trug, geschweige denn ihre Ansichten darüber teilte, welchen Weg es zum Wohle aller einzuschlagen galt. Nach der brüchigen Vereinbarung eines Waffenstillstands standen bindende Friedensverhandlungen mit Napoleon noch aus, und nach allem, was Gräfin Esterhazy ihr in den letzten Wochen über die Stimmung in Ungarn gemeldet hatte, schien sich dort genau jenes Unwetter zusammenzubrauen, das Sisi mit ihrer Aufwartung an der Front versucht hatte zu verhindern. Musste Franz es jetzt nicht als groben Fehler einstufen, Andrassys Bitte ignoriert zu haben?

Sisi nahm einen tiefen Atemzug, um gegen einen Anflug von Übelkeit anzukämpfen, die sie mit dem langen Stehen zu befallen pflegte. Ungeduldig verlagerte sie ihr Gewicht von einem Fuß auf den anderen. Ihr Körper hatte schließlich nicht nur sie, sondern auch ihre Tochter mit Würde zu halten. Die Kolonne bewegte sich schleppend auf die Hofburg zu. Einzig das Brüllen eines Säuglings in der Menge der Wartenden, der sich unter seinem Hunger heißgeschrien hatte, mischte sich unter das gespenstische Heulen des Windes, das Klackern der Hufe, das Rumpeln und Rattern der Fuhrwerke. Je näher ihr Mann kam, desto klarer glaubte sie über seiner Uniform seine verbrauchten Gesichtszüge auszumachen. Ein struppiger Bart hatte Kinn und Wangen erobert, und ein rötlicher Schatten schien seine Augen zu umgeben.

Der Krieg hat den Kaiser von Österreich blind werden lassen, hatte sie auf der Heimreise aus Verona zu ihrer Oberhofmeisterin gesagt. Gerne wäre sie bereit gewesen, den Streit mit einer Aussprache zu vergessen, doch Franz hatte seither nichts dafür getan, ihren Eindruck zu revidieren. So hatten Sisi vor wenigen Wochen nur die mahnenden Zeilen ihrer Mutter zurückgehalten, nicht alles stehen und liegen zu lassen und in die Heimat zurückzukehren. Nach Bayern. In eine Welt ohne Franz und ihre Schwiegermutter, fernab des Wiener Hofzeremoniells, das ihre ganze Lebendigkeit mit seiner Strenge erstickte. Ludovika hatte ihr in einem Schreiben in aller Deutlichkeit klargemacht, dass sie Sisi nicht bei sich aufnehmen würde.

Als du die Entscheidung trafst, an Stelle deiner Schwester ins österreichische Kaiserhaus einzuheiraten, liebes Kind, hast du die Brücke hinter dir eingerissen, die nach Hause führte.

Im Schritttempo trieb Franz sein Pferd die Bellaria herauf. Die nassfeuchte Kälte ließ den Atem vor seinem Mund gefrieren, und Sisi glaubte zu sehen, dass ihn die zurückliegende Niederlage schwer in den Sattel drückte. Jetzt, da seine Ankunft in greifbare Nähe rückte, schnürte ihr das bevorstehende Wiedersehen die Kehle zu. Ob ihr Mann von den Redensarten gehört hatte, es wäre ein Kampf von Löwen gewesen, die von Eseln befehligt wurden? Welch unerträgliche Schmach musste diese Niederlage für ihn bedeuten?

Während der Wind an ihrem zurückgebundenen Haar zerrte und scharf in das schwarze Fell ihres Kragens griff, zog sich Sisis ganzer Körper so fest zusammen, dass keine Regung mehr möglich schien. Sie vermochte nicht zu sagen, ob es die Kälte war, die sie lähmte, oder ihre Bemühung, das Mitgefühl mit ihrem Mann nicht die Oberhand gewinnen zu lassen über die Wut. Über die Empörung gegen sein Verhalten. Gegen die Worte, die er gesagt, und all jene, die er seitdem ausgespart hatte. Selbst aus der Entfernung musste Franz sehen, wie Unrecht er mit alldem gehabt hatte, was er ihr an jenem Abend im Rausch an den Kopf geworfen hatte. Auch seine zweite Tochter war ihm wie aus dem Gesicht geschnitten. Über den von der Kälte geröteten Bäckchen glänzten die gleichen stahlblauen Augen und unter ihrer Haube lugten die gleichen blonden Löckchen hervor. Ein verdorbener Geschmack breitete sich auf Sisis Zunge aus, als der Kaiser sich in einiger Entfernung vom Pferd schwang, einem Livreediener die Zügel übergab und auf sie und das Empfangskomitee zuhielt.

Während ihr ganzer Körper gegen die bevorstehende Begegnung aufzubegehren schien, verfolgte sie, wie er vor seiner Mutter stehen blieb, erst ihr die Hand küsste, dann seiner älteren Tochter, die sie auf dem Arm hielt. Sein blondes Haar hatte in Staub und Hitze seinen Glanz verloren. Unter den Strapazen des Krieges und der Reise war die Haut seiner Wangen und Lippen gesprungen und seine Mundwinkel eingerissen. Schüchtern beäugte die einjährige Sophie ihren Vater wie einen Fremden und vergrub im nächsten Augenblick ihr rosiges Gesicht im dunklen Mantel ihrer Großmutter.

Ohne sich eine Blöße zu geben, wandte Franz sich Sisi zu. Durchdringend sah er sie an, ohne mit der Wimper zu zucken, und es war ihr, als schlage ihr ein tiefer Schmerz entgegen. Und obwohl sie um ihre verlorene Nähe trauerte, darum, ihn nicht in die Arme schließen zu können, so schien ihr ganzer Körper ihm zu drohen: *«Bleib mir vom Leib.»*

Sisi vermochte nicht zu sagen, wie lange sie so stumm voreinander standen, verbunden und getrennt zugleich, bis Franz seinen Blick endlich von ihr abwandte und zitternd den Zeigefinger nach dem winzigen Händchen seiner Tochter ausstreckte.

DAS ANGEBOT

Beinahe geräuschlos trat Franz über die Schwelle, und augenblicklich verstummte das leise Summen seiner Frau, das eben noch das geräumige Schlafgemach erfüllt hatte. Die Melodie von Schuberts Wiegenlied, das Sisi so liebte, hatte ihn schon im Gang seinen Schritt verlangsamen lassen. Jetzt ließ er seinen Blick durch den Raum gleiten. Nach seiner monatelangen Absenz an der Front mutete dieser Ort wie ein friedliches Kleinod an. Der goldene Stuck an den weißen Türen, die hohen Fenster mit den schweren Vorhängen und das Knistern der Scheite im beinahe deckenhohen Keramikofen. Anders als vor seiner Abreise stand neben dem großen Ehebett die Wiege mit dem weißen Seidenhimmel und daneben ein kleines Kinderbett, in dem seine Erstgeborene bereits eingeschlafen war. Einen Moment blieb Franz' Blick an den ordentlich glattgezogenen Decken des Ehebettes hängen, das er in der Vergangenheit mit seiner Frau geteilt hatte. Obwohl er die feinen Stickereien aus der Distanz nicht erkennen konnte, wusste er, dass ein jedes Laken ihre kaiserlichen Initialen trug. Würde es ihnen gelingen, diese Nacht miteinander zu verbringen? Seite an Seite, als sei nichts geschehen?

Obwohl Sisi seine Präsenz in ihrem Rücken spüren musste, wandte sie sich nicht zu ihm um. Trotz des majestätischen Keramikofens in der Ecke des Schlafzimmers, der eine spürbare Wärme ausstrahlte, jagte ihm ihre abweisende Aura ein Frösteln über die Haut. Mit dem Baby auf dem Arm beugte sie sich behutsam zum Bett der kleinen Sophie hinunter und zog zwei Wolldecken über ihre schlafende Tochter, deren schmale Brust sich unter ihrem friedlichen Atem hob und senkte. Durch die hohen Fenster fiel der sanfte Schein des Mondes auf ihr goldenes Haar und ihre wie Elfenbein schimmernde Haut.

Bereits von Weitem hatte Franz ihr weißes Mäntelchen gesehen, als er am Nachmittag auf den Vorplatz der Hofburg geritten war. Ein heller, unschuldiger Fleck inmitten dunkler Roben, pelzbesetzter Umhänge, schwarzer Fellmützen, Hüte und Muffs. Der gesamte Hofstaat schien sich mit der Kaiserin vor dem Leopoldinischen Trakt versammelt zu haben, um seiner schmachvollen Rückkehr beizuwohnen. Monatelang hatte er den Augenblick ihres Wiedersehens gefürchtet. Nach allem, was er in Verona zu ihr gesagt, was er seither gesehen und erlebt hatte. Nach Wochen des Schweigens, Monaten – eine Spanne, die eine ganze Schwangerschaft umfasste. Eine kalte Distanz, noch erschwert durch die Schande einer blutigen Niederlage.

«Wie ich sehe, hast *du* deinen Krieg gewonnen», durchbrach er mit gedämpfter Stimme das schier unerträgliche Schweigen. «Zumindest den gegen meine Mutter.»

«Es wird unseren Kindern nicht schaden, in meiner Nähe zu schlafen», erwiderte Sisi knapp und drückte Gisella an ihr Herz. Bestimmt hatte seine Frau nicht umsonst die italienische Variante des Namens gewählt, die seine Mutter peinlich vermied. Die Spannungen, die sich in seiner Abwesenheit zwischen den beiden aufgebaut hatten, waren noch für die unbedarfteste Wäscherin zu spüren.

«Ich habe gehört, du hast dir auch einen Turnraum einrichten lassen?», fragte Franz bemüht, und ihm stockte der Atem, als Sisi sich vorwurfsvoll zu ihm umdrehte. «Zwei Geburten gehen nicht spurlos vorüber – am Körper einer Frau.»

«Auch das hat meine Mutter bestimmt nicht gutgeheißen ...», sagte Franz vorsichtig. Es war deutlich, dass die letzten Monate Sisis Verbitterung über den Streit in Verona noch geschürt hatten und sie ihm nicht den Gefallen tun würde, so zu tun, als sei nichts geschehen.

«Deine Mutter hat in vielen Dingen andere Ansichten als ich.» Kalt musterte sie sein Gesicht wie das eines Fremden. Gisella hingegen gluckste ihn mit den Ärmchen rudernd an und ihr Lächeln rührte ihn. Einen Moment lang stand er einfach nur da. Er öffnete mehrmals den Mund und wollte etwas sagen, nur um ihn wieder zu schließen. Tagelang hatte er auf dem Rückmarsch in Gedanken die Entschuldigungen und Beteuerungen gewälzt, doch jetzt brachte er keinen Ton hervor. *«Fest entschlossen, den Glanz der Krone ungetrübt und die Gesamtmonarchie ungeschmälert zu erhalten»*, pochten die Worte seiner Antrittsrede in seinen Schläfen, *«rechnen Wir darauf, daß es mit Gottes Beistand und im Einverständnisse mit den Völkern gelingen werde, alle*

Lande und Stämme der Monarchie zu einem großen Staatskörper zu vereinigen.» Reglos starrte Franz seine Tochter an. Dieses Zeugnis der Liebe, des Lebens. Der Güte. *Mit Gottes Beistand.* Wo war dieser Gott gewesen, zu dem er gebetet hatte, als er ihn so dringend brauchte? Im von den Geschützen aufsteigenden Pulverdampf? Im Trommelwirbel der Tambouren oder im Schmettern der Trompeten?

In einem verzweifelten Versuch, sich den letzten Rest Würde zu wahren, war Franz bei seinem Einzug in Wien den bohrenden Blicken der Menschen ausgewichen, die sich am Wegesrand für ihn und die heimkehrenden Soldaten eingefunden hatten. Er hatte ihre Söhne, Männer, Brüder und Väter fallen sehen. Hatte unter dem Wiehern der vom Kampf aufgepeitschten Pferde und dem Dröhnen einschlagender Kanonen ihr Wutgeschrei gehört, ihre Flüche, Schmerzens- und Verzweiflungsrufe, während die Gegner sich durch stachelige Maulbeerbüsche kämpften, Mauern und Gräben durchtrabten, um Zoll für Zoll ihren blutigen Sieg zu erkämpfen. Er hatte gesehen, wie die Väter dieser Kinder auf Bergen blutiger Leichname mit Kolbenschlägen mordeten, mit Bajonetten und Säbeln fremde Körper aufschlitzten, bis die Kartätschen sie zerfleischten, die Pferdehufe ihre Brustkörbe zertraten und sie auf der vergeblichen Suche nach Wasser im Matsch von Kot und Blut unter dem lombardischen Sternenhimmel verendeten.

Franz erlaubte sich nicht, sich von der Wucht der Erinnerung weiter davonreißen zu lassen, und wandte sich Sisi mutig zu.

«Was in der Lombardei passiert ist …», brachte er heiser hervor und suchte ihren Blick, «das tut mir leid.»

«Was genau meinst du?» Das Zittern in ihrer Stimme verriet ihre Erregung. «Die sechstausend Toten von Solferino? Oder tut es dir leid, dass du mich eine Hure geschimpft hast?» Herausfordernd reckte sie das Kinn und presste Gisella gegen das tabakbraune Oberteil ihres Kleides. Während sie ihn anstarrte, offenbar fest entschlossen, mit aller Macht ihre Position gegen ihn zu verteidigen, musste er sich eingestehen, dass er nicht die Kraft hatte, darauf zu antworten. Schweigend beobachtete er, wie Sisi sich abwandte, zum Bett marschierte und sich auf der Matratze niederließ, ihm demonstrativ den Rücken zuwendend. Zu seiner Erleichterung schien sie sich in den letzten Wochen bereits gut von der Entbindung erholt zu haben. Doch er glaubte ihr anzumerken, dass der Schmerz über die bitteren Umstände ihrer Geburt sowie die Enttäuschung aller darüber, dass sie abermals keinen Thronerben geboren hatte, schwer auf ihrem Herzen lastete.

«Ich wollte dich fragen, ob du mich begleiten würdest – nach Ungarn.»

Gespannt hielt Franz den Atem an. Einen Moment herrschte vollständige Stille.

«Nach Ungarn?», fragte sie schließlich, ohne sich umzudrehen.

«Ich werde dem ungarischen Adel in Ofen meine Aufwartung machen. Mit einem großen Empfang und einem Hofball.» Franz trat einige Schritte um das Bett herum und ging vor ihren Füßen auf die Knie. Zerrissen zwischen Reue und Dankbarkeit blickte er zu ihr auf. Ihr glänzendes, gewelltes Haar umrahmte ihre wunderschönen Züge wie der Schleier das Gesicht einer Madonnenfigur, und ihre

Miene kam ihm genauso erhaben vor, genauso unnahbar wie die jener heiligen Statuetten, die in den Nischen der Kirchenschiffe über seine Gebete wachten. Wie dumm er gewesen war, vor Monaten aus Eifersucht ihr Ansuchen in den Wind zu schlagen! Andrassys Angebot, den ungarischen Adel zu einem offiziellen Friedensvertrag zu bewegen, war genau das gewesen, was er gebraucht hatte, und es kostete ihn seinen ganzen Stolz, diesen Irrtum vor ihr einzugestehen.

«Und zuvor werde ich Graf Andrassy treffen.» Franz schluckte, ohne den Blick von Sisi abzuwenden, die vor Überraschung die Brauen hob. «Danke, dass du ...» Kaum mehr als ein Hauch, bevor seine Stimme abbrach. Wenn sich Ungarn jetzt gegen seine Herrschaft auflehnte, würde alles, wofür er gekämpft hatte, alles, wofür seine Männer gestorben waren, umsonst gewesen sein. Die finanziellen Mittel der Krone waren genauso erschöpft wie die Soldaten in den ausgedünnten Reihen seiner Armee. Ein weiterer Krieg, und Franz würde als der Kaiser in die Annalen eingehen, unter dessen Regentschaft die Dynastie der Habsburger ihr schmachvolles Ende nahm. Bedrückt strich er seiner Tochter über die Wange und wünschte sich nichts sehnlicher, als dass seine Frau ihm verzeihen möge.

«Sie ist genauso schön wie du», flüsterte er. Und zum ersten Mal seit seinem Aufbruch an die Front schien ein Hauch von Zuneigung ihre Mauer der Abweisung zu durchbrechen. Ein Gefühl, noch zu verhalten, sich aus der Deckung zu wagen, nachdem sie es nach Verona fast vergessen haben musste.

REIGEN

«Ein Kleid in den Farben der ungarischen Flagge?» Der messerscharfe Ton der Erzherzogin ließ die Zofe mit dem Kleid mitten in der Bewegung erstarren. Als bereute sie, sich jemals für diese Anstellung beworben zu haben, blieb sie zwischen den offenen Koffern im Zentrum des Salons stehen, während um sie herum auch der restliche Reigen von Zofen holpernd anhielt, der Sisi unter Gräfin Esterhazys Dirigentschaft eine Auswahl ihrer Garderobe präsentiert hatte. Sie hatte ihre Schwiegermutter absichtlich nicht über diesen Termin unterrichtet, aber offenbar war die Nachricht zu ihr durchgedrungen. Jetzt hörte Sisi, wie Sophie mit forschem Schritt in den Salon rauschte. «Du gedenkst doch nicht etwa, mit nach Ofen zu reisen?»

Sisi musste an sich halten, nicht offen die Augen zu verdrehen. Ohne sich nach ihrer Schwiegermutter umzudrehen, streckte sie in dem gepolsterten Fauteuil demonstrativ ihren Rücken durch und beobachtete, wie die Damen zwischen Kleidern, Wäsche, Schuhen und Accessoires nach einer unglücklich langen Generalpause in einen tiefen Knicks sanken. An der Größe ihrer Gesten konnte Sisi ablesen, dass auch der Kaiser in der Tür erschienen war. Sie nahm einen tiefen Atemzug, erhob sich und wandte sich mit gerecktem Kinn ihren Besuchern zu.

«Doch, das tue ich», sagte sie und schickte Franz einen strafenden Blick, der es offensichtlich versäumt hatte, seine Mutter in seine Pläne einzuweihen. «Und ich gedenke, dieses Kleid zum Empfang in *Buda* zu tragen.» Absichtlich hatte sie die Stadt in der ungarischen Landessprache benannt und machte nun eine gewichtige Pause, um den Stich zu unterstreichen, den sie ihrer Schwiegermutter damit versetzen wollte. «Aus Respekt vor dem ungarischen Volk.» Mit einem Nicken deutete sie der Zofe, die Robe für die Reise in einem der Koffer zu verstauen. Das Kleid in ihren Händen war aus perlweißem Tarlatan gearbeitet, hatte einen zweifach gestuften Rock, rote Seidenbänder am unteren Saum und ein grünes Gürtelband aus Seidenatlas.

«In Ungarn droht ein Bürgerkrieg!», wandte die Erzherzogin sich schrill an ihren Sohn, offenbar nicht gewillt, sich weiter mit ihrer Schwiegertochter auseinanderzusetzen. Allein Sophies Stimme vermochte es, blanke Wut in Sisi zu entfachen. Während ihre Zofe mit schnellen Schritten zu einem der Koffer an der Längsseite des Salons eilte, das Kleid mit geschickten Handgriffen für die Reise verpackte und hektisch rückwärts tippelnd den Rückzug antrat, kniete Sisi sich mit vor Hitze pulsierenden Wangen zu ihrer erstgeborenen Tochter hinunter, die zu ihren Füßen den Inhalt eines offenen Puppenkoffers untersuchte, und richtete ihr hingebungsvoll den Spitzenkragen, um nicht zu explodieren. Ob die Erzherzogin wusste, dass es Sisi gewesen war, die einen Schulterschluss mit Ungarn wieder in den Bereich des Möglichen gerückt hatte? Ob gerade das ihr ein neuer Dorn im Auge war? Aus den Augenwinkeln sah sie, wie Erzherzogin Sophie sich mit ihrem ausufernden Rock an Franz vorbeidrängte und streng auf einen offenen Kinderkoffer deutete. «Was soll der Koffer mit den Kleidern für die Kinder?»

«Wir reisen zu viert», platzte Sisi geladen hervor, schoss

aus der Hocke hoch und sah die Erzherzogin herausfordernd an. Sie war sich wohl bewusst darüber, dass sie ihre Schwiegermutter damit noch mehr reizte, doch die Ahnung, ihre anhaltenden Spannungen könnten sich hier und jetzt in einem fulminanten Streit entladen, begann sie soghaft anzuziehen.

«Allein die Reise selbst ist schon höchst fragwürdig, aber mit den Kindern?!» Die Erzherzogin stand inzwischen mitten im Raum und wandte sich fordernd an ihren Sohn. Ihr elegantes Kleid aus broschiertem Seidentaft raschelte aufdringlich unter ihren Bewegungen. «Das ist absolut unverantwortlich!»

«Bei mir sind meine Kinder am besten aufgehoben!», erwiderte Sisi schärfer als beabsichtigt, ohne auf eine Reaktion ihres Mannes zu warten.

«Dann bleib hier und lass Franz allein reisen», fauchte ihre Schwiegermutter ihr entgegen.

Nun war es Sisi, die sich fordernd zu Franz umdrehte. Sah er nicht, dass es an der Zeit war, seiner herrschsüchtigen Mutter Einhalt zu gebieten? Ihr Mann jedoch blickte nur hilflos zwischen ihr und Sophie hin und her. Nervös schloss er die Finger zu einer Faust und öffnete sie wieder, offenbar verzweifelt überlegend, wie er sich aus der Affäre ziehen konnte. Empört biss Sisi die Zähne zusammen, während sie verfolgte, wie es ihren Mann, den Kaiser von Österreich, seinen ganzen Mut kostete, gegen den Willen seiner Mutter aufzubegehren.

Flüchtig fuhr Franz sich durch den Bart, bevor er sich an seine Mutter wandte. «Ich brauche Sisi in Ungarn an meiner Seite», sagte er ruhig, und Sisi glaubte zu spüren, wie der ganze Salon erleichtert aufatmete. Nur die Erzherzogin hob aggressiv das Kinn, offenbar keineswegs bereit, die Auseinandersetzung kampflos zu beenden.

«Ach, tatsächlich», sagte sie herausfordernd und verschränkte siegessicher die Hände vor der Brust.

Doch Franz straffte standhaft den Rücken. «Ja, so ist es, Mutter!», bekräftigte er seinen Entschluss und sah seine Mutter entschieden an. «Ich brauche die Kaiserin an meiner Seite.»

Kalt erwiderte die Erzherzogin seinen Blick. Ihre Nasenflügel bebten vor Erregung und Sisi gelobte, nie diesen Anblick zu vergessen, wie ihre Schwiegermutter mit zuckenden Lidern versuchte, ihren Schock über die Entscheidung ihres Sohnes herunterzuschlucken. Eine gefühlte Ewigkeit standen Mutter und Sohn sich schweigend gegenüber, und auch der letzten Zofe war klar, dass das Wort des Kaisers nicht ohne schwerwiegende Folgen bleiben würde.

«Dann wünsche ich eine gute Reise», sagte die Erzherzogin schließlich, drehte sich auf dem Absatz um und schritt mit raschelndem Rock davon.

HOFFNUNG

Sisi nahm mit Gisella gegenüber von Fanny Platz, die ihre Erstgeborene auf ihren Schoß genommen hatte und mit leisen Worten versuchte, ihre Aufregung und Neugier zu bändigen. Sie schlug mehrere Wolldecken und Felle über ihre Knie. Trotz des baldigen Frühlingsanbruchs tanzten dicke Schneeflocken vom bedeckten Himmel. Ein schneidender Wind trieb sie auf die Fellmützen der Leibgardisten und in die dunklen Mähnen ihrer Pferde.

Vor dem Leopoldinischen Trakt hatte sich der halbe Hofstaat eingefunden, um sie zu verabschieden. Nur ihre Schwiegermutter war nirgends zu sehen. Schon am Morgengottesdienst hatte sie nicht teilgenommen und damit offen kundgetan, wie sehr ihr die Unternehmung des Kaiserpaares missfiel. Sisi sah aus der offenen Tür der Kutsche, wie Gräfin Esterhazy sich in vorderster Reihe des Hofstaates postierte. Der üppige Fellkragen ihres Mantels unterstrich ihr stolz erhobenes Haupt, und ihre Augen blitzten Sisi erwartungsvoll entgegen. *«Der Krieg mag den Kaiser blind gemacht haben, aber IHR seid nicht blind.»* Als sei es gestern gewesen, erinnerte sich Sisi an ihre gut gemeinten Worte. Und daran, wie wenig Glauben sie ihnen geschenkt hatte, als ihre Kutsche von Verona aus auf die dunklen Gebirgszüge der Alpen zugerumpelt war. Nachdem Franz Andrassys Angebot zerrissen und sie obendrein eine Ehebrecherin geschimpft hatte. Das Licht der Kutschlampen hatte kaum die Kraft gehabt, den Wegrand zu erhellen, und zwischen den felsigen Gipfeln hatten schwarze Gewitterwolken auf sie gewartet. Wer von ihnen hätte damals gedacht, dass Franz wenige Monate später bereit sein würde, mit Andrassy über Zugeständnisse zu verhandeln?

Sisi rückte mit ihrem Baby etwas zur Seite, als Franz als Letzter in den eisigen Verschlag kletterte. Seit seiner Rückkehr hatte der Schmerz in seinen Augen noch nicht an Intensität verloren. Seine ganze Seele schien die Dunkelheit des Schlachtfelds noch immer in all ihrer Lebendigkeit zu atmen. Das Blut, die genommenen Leben, die Verantwortung für den Tod Tausender.

Entschieden zog er die Tür hinter sich zu, und Sisi wischte mit der Hand über die beschlagene Scheibe, um nach draußen sehen zu können. Als sich die Kutsche rumpelnd in Bewegung setzte, hielt sie noch eine ganze Weile Gräfin Esterhazys Blick, doch bald war von der Elster nicht viel mehr zu sehen als ein schwarzer Fleck inmitten einer Landschaft von Weiß und Grau.

Mit klopfendem Herzen wandte Sisi sich in Fahrtrichtung. In zügigem Tempo hielten sie auf den mächtigen Mittelbogen des Burgtors zu, und ihre Erstgeborene drückte auf Fannys Schoß stehend staunend ihre kleine Stirn an die Fensterscheibe. Das Kleid für den großen Empfang in Buda lag ordentlich gefaltet in einem der Koffer ihres Gepäcks. Mehrere Tagesreisen würde ihre Eskorte unter Grünnes Leitung bis in die ungarische Hauptstadt zurücklegen, und es blieb abzuwarten, ob sich die Strapazen lohnten. Niemand konnte garantieren, dass Andrassy nach der langen Zeit noch bereit war, den ungarischen Adel als Fürsprecher für den Verbleib an Österreichs Seite zu einem Friedensvertrag zu gewinnen. Und am Ende war unklar, ob er in seiner Heimat den Einfluss hatte, den er proklamierte. Insgeheim jedoch konnte Sisi es kaum erwarten, ihm wieder zu begegnen und in Begleitung ihrer Familie zum ersten Mal das Land zu sehen, dessen unbezwingbarer Freiheitsdrang sich heimlich in ihr Herz geschlichen hatte. *Ungarn.*

Als sie das Burgtor passierten, nahm Franz ihre Hand zwischen seine, ganz so, als suchte er ihre Bestätigung dafür, dass sie dabei waren, gemeinsam das Richtige zu tun. Mit gemischten Gefühlen wandte Sisi den Kopf. Unter den Wolldecken und Fellen konnte sie die Wärme seines Körpers spüren. Ob er an das Gelingen ihrer Reise glaubte? Oder einen neuen Krieg auf sich zurollen sah? Sisi konnte nur erahnen, wie dunkel und abgründig die Spuren waren, die die Niederlage in ihm hinterlassen hatte, doch sie wusste, dass es ihr viel Licht entgegenzusetzen galt. Bestärkend legte sie ihre Finger zwischen seine und drückte fest seine Hand. Als sie nach einigen Atemzügen von den ineinander verschlungenen Händen in ihrem Schoß aufsah, traf sie Fannys wissenden Blick. Ein sanftes Lächeln glänzte in den Augen ihrer Freundin, und Sisi spürte eine tiefe Dankbarkeit dafür, einen Menschen an ihrer Seite zu wissen, der sie im Innersten verstand.

GLUT

Ein sanftes Röcheln und Schnaufen erfüllte die Dunkelheit. Die letzte Etappe von Bratislava nach Buda hatten sie mit einem Dampfer auf der Donau zurückgelegt, und die Mädchen hatten sich auf der nasskalten Fahrt einen Schnupfen eingefangen. Besorgt tastete Sisi erst nach Gisellas, dann nach Sophies Stirn. Ihre Haut fühlte sich trocken an, warm, aber nicht heiß, und so ließ sie sich erschöpft in die Kissen zurücksinken und zog sich die Decken bis ans Kinn.

Erst nach Anbruch der Nacht hatten sie den Burgberg von Buda erreicht und ihre Gemächer im Palast bezogen. Die letzten Stunden der Reise hatten sich unter dem ungeduldigen Jammern der Kinder deutlich hingezogen, doch jetzt, da sie endlich eingeschlafen waren, konnte Sisi den Moment der Ruhe kaum genießen. Zitternd schmiegte sie sich an ihre warmen Körper. Es musste schon nach Mitternacht sein, und noch immer war Franz nicht von dem Treffen mit Andrassy zurückgekehrt. Was, wenn er zu lange mit der Unterredung gewartet hatte? Wenn sie an ihren unterschiedlichen Positionen scheiterten?

Die bei ihrer Ankunft entzündeten Kerzen auf dem Fensterbrett waren bereits bis in den kelchartigen Tropfschutz der Leuchter heruntergebrannt, und Fanny war auf einer Chaiselongue vor dem Fenster weggedämmert. Nach dem kurzen Abendessen, das man zu ihrer Ankunft zubereitet hatte, hatte Franz Sisi mit gesenkter Stimme offenbart, dass er sich noch heute mit Andrassy treffen wolle. Während sie also mit Fannys Hilfe die Kinder gewaschen und zu Bett gebracht hatte, war er in Grünnes Begleitung aufgebrochen. Um ein Gespräch zu führen, dessen Ergebnis nichts weniger als die Zukunft Österreichs bestimmen würde.

Das zuckende Spiel aus Licht und Schatten, das die verlöschenden Kerzen an die fremden Wände warfen, vermochte Sisis dunkelste Vorahnungen über die Folgen der Unterredung hervorzulocken. Die Mauern der Budaer Burg, von Fackeln und Schreien erhellt. Unter Steinen zerberstende Scheiben. Rauch, der dicht durch die Flure waberte. Darunter, hustend, Sisi mit ihren beiden Töchtern auf der Flucht, von bewaffneten Rebellen verfolgt. Von Neuem flackerte die ganze Brutalität des Krieges vor ihrem geistigen Auge auf, die die verstümmelten und fiebernden Soldaten, denen sie in Laxenburg Brot und Suppe eingeflößt hatte, erstmals in ihr hatten auferstehen lassen. Die

Erschöpfung und Müdigkeit nach der langen Reise sowie der Wind, der in den Ritzen der Fenster heulte, befeuerten zusätzlich ihre düstere Fantasie.

Sisi wusste nicht, wie lange sie so dagelegen und sich die schillerndsten Konsequenzen des Gespräches ausgemalt hatte, da schwang mit einem Scheppern die dunkle Holztür auf. Alarmiert setzte sie sich auf und verfolgte, wie Franz mit geballten Fäusten ins Zimmer schritt. Sein ganzer Körper zitterte vor unterdrückter Wut, sodass sie keine Sekunde am Misserfolg der Verhandlungen zweifelte.

«Wir reisen ab!», durchschnitt seine Stimme so scharf die Dunkelheit, dass auch Fanny erschrocken von der Chaiselongue hochschoss.

«Was, jetzt? Mitten in der Nacht?», fragte Sisi perplex. Im selben Moment begann Gisella zu weinen, und einen Augenblick später stimmte Sophie ein. Mit einem Nicken bedeutete Sisi Fanny, sich um ihre Töchter zu kümmern, und rappelte sich auf. Ihr Mann hatte begonnen, mit ruppigen Bewegungen die Kleidchen und Chemisen seiner Töchter vom Teppich aufzuklauben. Selbst im schummrigen Licht konnte Sisi sehen, dass er vor Wut mit den Zähnen mahlte. Ein heftiger Atem hob und senkte seine Brust, und sogar seine Nasenflügel flatterten unter seinem Zorn, während er die Kleidungsstücke in die Koffer schleuderte.

«Was ist passiert?» Besorgt stand sie auf und machte vorsichtig einen Schritt auf Franz zu, wie auf ein Fass Schießpulver, das jederzeit zu explodieren drohte. Geladen wich er vor ihr zurück, als müsste er sie vor sich selbst schützen, und schlug stattdessen hasserfüllt mit der blanken Faust gegen die Wand.

«Seine Forderungen sind ...», stieß er schnaubend aus, und als er die Hand zurückzog, blieb eine deutliche Kerbe in der Tapete zurück. «Er will für die Ungarn Privilegien, die ich nicht einmal den Österreichern zugestehe!»

Sisi warf Grünne einen hilflosen Blick zu, der hinter ihrem Mann in die Tür getreten war. Herrisch deutete Franz auf ihre Kleider, die sie für die Nacht auf einem Stuhl abgelegt hatte. «Zieh dich an! Wir haben keine Zeit zu verlieren», fauchte er. «Wenn sie es unbedingt wollen, so sollen sie die Stiche meiner Säbel zu spüren bekommen. Ich habe ihrer Revolution schon einmal den Kopf abgetrennt und bin jederzeit bereit, es wieder zu tun!»

Geschockt starrte Sisi ihren Mann an. Hatte er vollends den Verstand verloren? Doch Franz ignorierte ihr offensichtliches Entsetzen. Um ihn nicht weiter zu reizen, nahm Sisi ihrer Freundin behutsam die schreienden Kinder ab, die sich unter der aufgeladenen Stimmung kaum beruhigen ließen. Während Fanny sich eilig zu ihren Füßen niederkniete und ihr mit zitternden Händen in das Beinkleid half, sprach Sisi ihren Töchtern beruhigende Worte zu. Ihr Herz überschlug sich vor Aufregung, während sie in Gedanken ihre Handlungsmöglichkeiten durchging. Auch wenn Franz bestimmt seine Gründe hatte, sich zu echauffieren, den Empfang vor dem ungarischen Adel abzusagen, grenzte an eine offene Kriegserklärung. Was konnte sie tun?

Über die heißen Köpfe ihrer Kinder hinweg starrte sie wie gebannt aus dem Fenster, als könnte sie am Fuß des Berges, hinter den schneebedeckten Gartenanlagen oder im dunklen Strom der Donau die Antwort auf die Fragen finden, die hinter ihrer Stirn hämmerten. Sie spürte, wie ihre Kinder sich langsam beruhigten.

«Lass mich mit Andrassy sprechen», sagte Sisi schließlich laut. Doch Franz stieß nur ein verächtliches Schnauben aus und wandte sich ab.

«Franz», nahm Sisi ihren ganzen Mut zusammen und schob Fanny sanft beiseite. «*Du* hast gesagt, dass ein Bürgerkrieg in Ungarn unser Untergang wäre.» Vor Aufregung stockte ihr der Atem. «Es ist kein Geheimnis, dass unsere Armee nach Solferino in einem desolaten Zustand ist. Auch der russische Zar wird uns diesmal nicht helfen, wenn sich die Ungarn gegen die Krone erheben. Andrassy weiß das – und doch ist er hier, um mit uns über einen gemeinsamen Weg zu verhandeln.»

«*Mit uns*?» Franz glühte sie an wie ein Raubtier, bereit, seine Beute zu reißen. In seinen Augen glänzte der ganze Schmerz eines gebrochenen Mannes.

Aufgewühlt suchte Sisi nach den richtigen Worten und nach dem Mut, sie auszusprechen. «Es ist der falsche Zeitpunkt, sich vom Stolz leiten zu lassen, Franz.»

Und während ihr Mann sie nur fassungslos anstarrte, wandte sie sich mit pochendem Herzen Grünne zu. «Kündigt mich dem Grafen an!», befahl sie und deutete Fanny mit einer entschlossenen Handbewegung, ihr die schluchzenden Kinder abzunehmen, damit sie sich selbst ankleiden konnte.

Das Herz klopfte Sisi noch immer bis zum Hals, als sie hinter Grünne die dunklen Gemächer und Flure der Budaer Burg entlangschritt. Der größte Teil des Dekors verschmolz im blassen Mondlicht mit der Dunkelheit. Der Graf hatte darauf verzichtet, eine Kerze zu entzünden, um ihnen keine Aufmerksamkeit zuteilwerden zu lassen. Sisi schluckte. Ob sie wohl am nächsten Tag noch die Gelegenheit haben würde, die Räumlichkeiten zu erkunden? Oder befänden sie sich in wenigen Stunden bereits erneut in einem Krieg?

Vor Aufregung rauschte Sisi das Blut in den Ohren, nur unterbrochen vom leisen Knarzen des Tafelparketts, das unter ihren Schritten federte.

Wenige Augenblicke später näherten sie sich einer Tür, durch deren unteren Spalt ein flackernder Streifen Licht fiel. Grünne blieb davor stehen und nickte Sisi zu.

«Viel Glück, Hoheit.» Seine heisere Stimme verriet, wie nervös auch ihn die Umstände stimmten.

Sisi starrte an ihm vorbei auf die kantigen Schnitzereien im Holz des geschlossenen Portals. Sie hatte keine Ahnung, wie sie es anstellen sollte, dass sie diesen Ort nicht im Streit mit Andrassy verlassen würden. Doch Grünne ließ ihr keine Zeit, ihren Befürchtungen Nahrung zu geben, denn schon öffnete er schwungvoll die Tür.

«Ihre Majestät, die Kaiserin ...», verkündete er mit gedämpfter Stimme und machte einen Schritt zur Seite.

Eine einladende, beinahe aggressive Wärme schlug Sisi entgegen, als sie eintrat, vermischt mit dem würzigen Duft von Zigarren. Wenn es auch nicht die Sorte war, die ihr Vater zu rauchen pflegte, rief der Geruch doch die Erinnerung an die vielen Abende in ihr wach, da sie mit ihm in seinem Arbeitszimmer gesessen hatte, weil sie beide keinen Schlaf gefunden hatten.

Graf Andrassy stand in traditioneller Magnatenuniform

an einem offenen Kamin, dessen Schein das wuchtige Mobiliar aus schwarzem Mahagoni und die Gemälde ungarischer Landschaften in ein glühendes Licht tauchte. In seinem intensiven Blick spiegelten sich die Flammen des kräftigen Feuers, das hinter einem filigranen Funkenschutzgitter loderte. Nachdem die Dunkelheit des verlassenen Stalls bei ihrer ersten Begegnung seine Gesichtszüge verhüllt hatte, schlug ihr die Imposanz seines Anblicks nun mit voller Wucht entgegen. Die wilden, kastanienbraunen Locken hatte er in einem strengen Seitenscheitel geteilt, und ein ausladender Umhang aus Tigerfell wallte von seiner linken Schulter, nur gebändigt von einer goldenen Zierkette, die den Mantel mit dem roten Dolman verband.

Nicht wissend, wie sie ihm begegnen sollte, blieb Sisi stehen und wartete reglos, während die Aufregung in Wellen ihren Körper flutete. Sie hörte, wie hinter ihr die Tür ins Schloss glitt, bis nur das Knistern und Knallen des Feuers noch die Stille durchbrach. Ohne mit der Wimper zu zucken oder gar den Blick zu senken, starrte Graf Andrassy sie an. Obwohl er schmächtiger war als Franz, versprühte seine Aura eine eigenwillige Wildheit, und in seinen hellen Augen funkelte ein gefährlicher Kampfgeist. Lange Sekunden vergingen.

«Verzeiht», brach Andrassy plötzlich den Bann und fiel in eine Verneigung.

«Nicht doch, bitte, erhebt Euch wieder ...» Sisi räusperte sich. Nach der Kälte in ihren eigenen Räumlichkeiten brach ihr vor dem Kamin der Schweiß aus. Sie spürte ihre feuchte Haut unter ihrem mit goldenen Ornamenten bestickten Felljäckchen, das sie über ihrer cremefarbenen

Bluse trug. «Danke, dass Ihr mich empfangt. Ich bin sicher, es geht gerade viel in Euch vor.»

Graf Andrassys feindseliger Blick schnürte ihr die Kehle zu. Sisi hatte schon Angst, er würde sie hochkant wieder rauswerfen, ohne überhaupt auf ihr Anliegen einzugehen, da öffnete er den Mund.

«Euer Gemahl verkennt die Zeichen der Zeit», presste er so schnell auf Ungarisch hervor, dass Sisi seine Worte kaum verstand. Dass er sich nicht die Mühe machte, ihre Sprache zu sprechen, zeugte von seinem tiefen Widerwillen gegen dieses Gespräch, und Sisi glaubte, in seinen Augen denselben verletzten Stolz brennen zu sehen, den sie auch bei Franz erkannt hatte.

«Franz ist bereit, Euch die Todesstrafe zu erlassen», begann Sisi stockend auf Ungarisch und sah, dass Andrassys Augen wütend aufblitzten. «Und Ihr bekämt Eure Güter zurück», setzte sie schnell hinzu, doch Andrassy stieß so scharf die Luft aus, dass sie zusammenzuckte.

«Majestät.» Das Beben in seiner Stimme verriet seine Erregung, doch er sprach so beherrscht, als belehre er ein Kind. «Mir geht es nicht um meine Güter. Mir geht es um das Schicksal meines Volkes.» Er wurde laut vor Überzeugung. «Ungarn braucht ein Parlament und eine eigene Verfassung!»

Sisi versuchte einen fliehenden Moment lang, seinem stechenden Blick standzuhalten, bevor sie ihm auswich und verlegen die Lippen zusammenpresste. Auf keinen Fall würde sie sich anmerken lassen, wie sehr sie die revolutionäre Glut seiner Rede wider Willen faszinierte. Mit pochendem Herzen starrte sie in die Flammen. Die Scheite knisterten und brannten lichterloh. *Freiheit und Selbstbestimmung* – wenn der Graf wüsste, wie viel ihr selbst diese Werte bedeuteten!

Aus den Augenwinkeln nahm sie wahr, dass Andrassy sie prüfend musterte. «Wenn ich meine Landsleute dazu aufrufe, die Waffen ruhen zu lassen», hörte sie ihn auf Österreichisch sagen und glaubte, einen sanfteren Unterton in seiner Stimme zu hören, «dann brauche ich mehr als leere Versprechungen.»

Sisi wandte sich zu ihm um. Die Nachsicht, mit der er ihr begegnete, begann sie zu empören.

«Ich habe Euch in jener Nacht getroffen, als ich hochschwanger mit meiner ersten Tochter war», schmetterte sie ihm aufgewühlt entgegen und schluckte, um sich nicht von ihren Emotionen überwältigen zu lassen, «und ich habe Euren Brief persönlich in die Lombardei gebracht, an die Front, obwohl ich erneut guter Hoffnung war!» Sie machte eine Pause, um ihre Worte wirken zu lassen, aber auch um ihre eigenen Gefühle wieder unter Kontrolle zu bringen. «Und heute stehe ich hier, vor Euch, um zu beteuern, dass ich an Euch und an Eure Vision von einem friedvollen Zusammenleben unserer Völker glaube, Graf Andrassy.»

Der Graf hörte Sisi aufmerksam zu, doch verriet sein steinernes Gesicht nicht, was in seinem Inneren vorging. Gerne hätte sie ihm offenbart, wie sehr sie sich mit seinem Wunsch nach Freiheit und Selbstbestimmung verbunden fühlte. Wie sehr auch sie darum rang, nicht an der Dunkelheit ihres Mannes zu ersticken. Doch sie sah Andrassy nur fest in die Augen, ohne ihren Mann und ihre Liebe zu verraten.

«Ich weiß, ich bin nicht der Kaiser, sondern nur seine Frau. Und ja, heute kann ich Euch nicht mehr geben als Versprechungen.» Nun, da sie die Gelegenheit hatte, ihre Gedanken zu formulieren und gehört zu werden, strotzte jede Faser ihres Körpers vor Überzeugung. «Aber ich weiß eines: Wir brauchen einander, um in Europa zu bestehen. Und ich versichere Euch, ich werde alles dafür tun, Euch und Eurem Volk zu helfen.»

Wenngleich für einige Augenblicke nur das Knistern und Knacken des Feuers die angespannte Stille durchbrach, glaubte Sisi einen Funken Anerkennung in den Augen des Grafen glänzen zu sehen. Das tiefe Wissen darum, alles in ihrer Macht Stehende getan, jedes Wort, das sie ausgesprochen hatte, mit all ihrem Vermögen gemeint zu haben, ließ sie keinen Zweifel daran verspüren, für diesen Augenblick ihres Lebens über sich selbst hinausgewachsen zu sein.

Doch ihre eigene Entschlossenheit fand in der des Grafen einen ebenbürtigen Konterpart. Ihre mutige, selbstbewusste Rede schien ihn zwar beeindruckt zu haben, dennoch sah Andrassy misstrauisch auf sie herab. An den zarten Falten, die zwischen seinen Brauen entstanden waren, konnte Sisi ablesen, wie er ihre Worte im Geist gegen die seinen abwägte, unentschlossen, ob er seine Überzeugung oder seine Hoffnung die Oberhand gewinnen lassen sollte. Doch da war noch etwas anderes. Obgleich Sisi nicht sagen konnte, woran sie es festmachte, sie glaubte, unter der Fassade seiner Professionalität etwas zutiefst Persönliches zu spüren. Einen Schmerz, den sie nicht wagte, anzusprechen. Forschend sah sie Andrassy in die Augen. Was hatte dieser Mann durch österreichische Hand verloren, wofür er Franz und der Krone die Schuld gab? Oder wen?

Als habe Andrassy ihre Gedanken erahnt, erweichte sich für einen kurzen Moment sein Blick. Sisi spürte, wie er das hauchzarte Band zuließ, das sie zu knüpfen versuchte, und es war eine Begegnung von einer Authentizität, die keiner Worte bedurfte. Für den zeitlosen Bruchteil einer Sekunde schienen einfach zwei Menschen voreinander zu stehen. Jenseits von Rolle, Geschlecht, Stand und Nationalität. Getrieben von denselben Wünschen und Sehnsüchten. Vom selben Schmerz. Da wandte sich Andrassy abrupt ab, fast so, als habe er Sisi an einen Ort seiner Seele vordringen lassen, der allein ihm selbst vorbehalten war.

«Bisweilen vermag ein gutes Herz viel zu bewirken», sagte er knapp und eine Welle der Erleichterung jagte durch Sisis Körper, als er sich respektvoll vor ihr verbeugte.

«Mehr als tausend Krieger», setzte Sisi hinzu und ballte die Fäuste, um dem Grafen vor Stolz und Erleichterung nicht um den Hals zu fallen.

DER EMPFANG

Nervös verschränkte Sisi die Hände vor ihrer Brust und sah an der mächtigen Flügeltür empor, hinter der lautes Stimmengewirr zu hören war. Vereinzelt schnappte sie ein paar bekannte ungarische Worte auf, doch sie war zu aufgeregt, um sich ihre Bedeutung zu erschließen. Sie hörte, wie das kleine Gefolge, das sie und Franz mit den Töchtern begleitete, hinter ihr nervös von einem Fuß auf den anderen trat. Weil der Stoff ihrer weißen Handschuhe unangenehm zwischen ihren Fingern rieb, löste sie die Verschränkung ihrer Hände und strich sorgfältig eine Falte ihres weißen Rockes glatt. Ausgerechnet das Kleid in den Farben der ungarischen Flagge hatte unter den Strapazen der Anreise merklich gelitten. Selbst unter größten Bemühungen war es Fanny und einigen Zofen der Burg nicht gelungen, den zerknitterten Baumwoll-Tarlatan vollständig zu glätten. Dennoch hatte Sisi darauf bestanden, es an diesem Abend zu tragen, wie sie es sich vorgenommen hatte. Aus Respekt gegenüber dem ungarischen Volk.

«Meine Damen und Herren, der Kaiser und die Kaiserin!», hörte sie drinnen den Zeremonienmeister ausrufen, bevor die Türen vor ihr und Franz donnernd aufschlugen.

Sogleich wurde der Blick freigegeben auf ein Meer von Gästen in kostbar geschneiderten Gewändern, die ihre regen Unterhaltungen unbeirrt fortsetzten und sich demonstrativ von ihnen abwandten. Die aufwendigen Frisuren der Damen und die nach landestypischer Art mit Federbusch verzierten Mützen der Männer zeichneten sich vor den hohen Fenstern ab, hinter denen sachte Schneeflocken vom Himmel segelten. Die teuren Stoffe ihrer Kleider glänzten im Kerzenlicht der Kronleuchter, die großzügig den herrschaftlichen Saal erleuchteten, und hier und da blitzte ein Edelstein hervor.

Verunsichert bemühte Sisi sich um eine aufrechte Haltung. Gerne hätte sie bei Franz Beistand gesucht, um die offene Ablehnung auszuhalten, mit der man ihnen begegnete, doch nach den Ereignissen am Vorabend hatte ihre Beziehung an Wärme eingebüßt. Dass es ihr nach seinem

Scheitern durch ihren persönlichen Auftritt bei Graf Andrassy gelungen war, das Blatt zu wenden, hatte ihr Mann mit einem knappen Nicken registriert. Die Nacht hatte er anschließend außerhalb der Gemächer verbracht, die man für sie beide vorbereitet hatte, und Sisi hatte es vermieden, darüber nachzudenken, wo und mit wem. Sie wusste, dass ihr Mann nach der bitteren Niederlage in Italien mit Dämonen kämpfte, die er nur aus eigener Kraft besiegen konnte.

Auch wenn er versuchte, sie nicht nach außen zu tragen, es war offensichtlich, dass gewaltige Selbstzweifel an ihm nagten. Doch die eiskalte Art, mit der er sich von ihr abgrenzte, sie von seinem Innenleben ausschloss und ihr jede Teilhabe verwehrte, machte ihr schwer zu schaffen.

Nicht einmal die drei energischen Stockschläge des Zeremonienmeisters auf das glänzende Mosaikparkett vermochten es, das Stimmengewirr der versammelten Gäste zu durchbrechen. Einen Augenblick blieb Sisis Blick an den kaiserlichen Insignien des vergoldeten Zeremonienstabes hängen, und ihr Magen krampfte sich zusammen. Zepter, Reichsapfel und Kaiserkreuz. Die Ungarn hatten in der Revolution von 1848 am unerbittlichsten für ihre Freiheit gekämpft und sich seitdem am vehementesten ihren Auflagen und Pflichten gegenüber der Krone widersetzt. Ob diese Menschen Andrassy wirklich folgen würden, wie er es prophezeit hatte? Sisi holte tief Luft. Im Gegensatz zu den ehrfürchtig-devoten Gesichtern des Wiener Hofstaates war der Widerwille und Groll der Anwesenden deutlich spürbar. Selbst die Damen in ihren hochgeschlossenen, mit rustikaler Spitze und Perlenschnüren besetzten Kleidern streiften sie mit so aufmüpfigen Blicken, dass Sisi den Eindruck hatte, einem Pack hungriger Hyänen gegenüberzustehen.

Ohne darauf zu warten, dass sich das lautstarke Getuschel legte oder ihr ein Zeichen zu geben, setzte Franz sich in Bewegung. Eilig folgte Sisi ihm in den Saal. Die märchenhaft verschneiten Ufer der Donau, das weiche Licht des Schnees und die glitzernden Eisblumen an den Fenstern standen in hartem Kontrast zu der feindseligen Ablehnung, die den ganzen Raum erfüllte. Selten war es Sisi so unangenehm gewesen, nicht im Fokus der Aufmerksamkeit zu stehen. Zum ersten Mal sehnte sie sich danach, unter den wachen Blicken der Umstehenden das Rascheln ihres eigenen Kleides zu hören. Doch das Stimmengewirr verschluckte sogar das Klackern ihrer harten Sohlen auf dem Parkett. Während sie ungeachtet der Respektlosigkeit, die man ihnen entgegenbrachte, auf die lange, für das offizielle Diner aufwändig gedeckte Tafel zuschritten, sah sie aus den Augenwinkeln, dass in den hinteren Reihen einige Damen neugierig ihre Hälse nach ihrem Kleid reckten, während sich andere darüber irritierte Blicke zuwarfen. *Ein Kleid in den ungarischen Farben der Flagge?*, hörte Sisi Erzherzogin Sophies schrille Stimme aus der Vergangenheit, und sie straffte stolz die Schultern. Wenn ihr Schachzug auch nicht die entscheidende Wende brachte – dass er offenbar doch in bescheidenem Maße fruchtete, erfüllte sie mit dem tiefen Gefühl des Triumphs. Da hörte sie überraschend die leise Stimme ihrer Tochter neben sich.

«Mama», piepste Sophie so verschüchtert, dass Sisi abrupt stehen blieb und zu ihr hinunterblickte. Augenblicklich hielt auch Franz an ihrer Seite an, und Sisi spürte, dass ihm ob des Bruchs mit der Etikette der Puls anstieg. Sophie hatte sich wohl unbemerkt aus dem kleinen Gefolge gelöst, das den Einzug des Kaiserpaares begleitete, und drückte sich eingeschüchtert an Sisis weiten Rock. Mit großen Augen starrte sie zu ihrer Mutter hinauf, und es war, als springe Sisi aus dem Blick des Kindes ihre eigene Anspannung entgegen. Niemandem sollte mit solcher Abneigung begegnet werden, wie es hier geschah, aber gerade die kleine Sophie sah sich unsicher um, überfordert mit der Verachtung, die auch sie spüren musste. Ohne weiter auf die misstrauischen, ja feindseligen Gestalten zu achten, die zu beiden Seiten ihren Weg säumten, ging Sisi in die Knie und nahm ihr Kind in die Arme. Es gab in diesem Moment nichts Wichtigeres auf der Welt, als ihm Sicherheit und Geborgenheit zu spenden. Was war schon ein hochstilisiertes, gekünsteltes Zeremoniell, dessen Symbole und Zeichen zu beherrschen eine jahrelange Ausbildung erforderte, gegen die ehrliche, unmittelbare Angst ihrer Tochter?

«Na komm her, mein Schatz», sagte sie und strich ihr liebevoll über die Haare. «Alles ist gut.»

Entschuldigend lächelte Sisi Franz zu, dem seit jüngster Kindheit nichts vehementer eingetrichtert worden war als die Ehrfurcht vor dem höfischen Zeremoniell, und nahm ihre Tochter hoch. Im selben Augenblick ging ein Raunen durch die Reihen, und Sisi spürte die Augen aller auf sich ruhen. Mit pochenden Wangen wandte sie sich erneut der Tafel zu, um ihren Weg fortzusetzen. Nichts hatte der Hofstaat ihr in den letzten Jahren ungnädiger beizubringen versucht, als dass ein falscher Schritt, eine falsche Geste, ein falsch gesetztes Zögern am Hof die Macht hatte, über ganze Schicksale zu entscheiden.

Doch zu ihrer Überraschung nahm sie wahr, dass ihr Regelverstoß keinesfalls mit Empörung bestraft wurde. Einige Gesichter hatten sich merklich aufgehellt, und unter den nach wie vor skeptischen Blicken meinte sie vereinzelt ein anerkennendes Nicken zu sehen. Erst jetzt nahm Sisi wahr, dass sich eine gespannte Regungslosigkeit über den Saal gelegt hatte. Unzählige Augenpaare ruhten auf ihr, und sie glaubte wahrzunehmen, dass ein zartes Staunen über den Köpfen der Anwesenden schwebte. Bis Franz und sie ihre Plätze in der Mitte der Tafel eingenommen hatten, genossen sie die ungeteilte Aufmerksamkeit ihres Publikums. Als sie sich setzten, schickte Sisi ihrem Mann einen erstaunten Blick. Ob man ihrem Naturell in Ungarn mehr abgewinnen konnte als in Wien?

UNGARISCHER WEIN

Das Sorbet duftete nach Äpfeln, Zimt und Nelken und begann bereits zu schmelzen. Trotz ihres bohrenden Hungers zögerte Sisi, es anzurühren. Derbes Gelächter und die aufgeweckte Volksmusik eines Streichquartetts schwebten über dem Diner. Die lange Tafel bog sich unter dem üppigen Porzellangedeck mit dem habsburgischen Doppeladler, den kunstvoll gefalteten Servietten und üppigen Winterbouquets aus Kiefernzweigen und Schneerosen. Obwohl es ihr mit ihrem ungarischen Kleid gelungen war, die offenkundige Abneigung der Adeligen zu schmälern, spürte sie hier und da noch immer feindselige, ja lauernde Blicke auf sich. An ihrer Seite hatte sich Franz in ein förmliches Gespräch mit Graf Istvan Drakoszys Gattin vertieft und auch sein Sorbet schmolz in der kristallenen Eisschale dahin, ohne dass er einen Löffel genommen hatte.

Nicht zufällig hatte Franz die Gräfin an seiner Seite platzieren lassen. «Man sollte immer ein Auge auf seine gefährlichsten Feinde haben», hatte er gesagt und die Sitzordnung am Vormittag eigenhändig umgeschrieben. Nachdem er Drakoszys Bitte beim Empfang der Deputationen der Kronländer nicht nachgekommen war und keineswegs alle Revolutionäre und Exilanten begnadigt hatte, wie versprochen, ging er davon aus, dass die Drakoszys zu den unerbittlichsten Wortführern gegen die Krone gehörten. Mit ungebrochenem Fokus lauschte er dem belanglosen Tratsch der ergrauten Dame, nickte, wo es passend schien, und fragte nach, wenn es der Anstand gebot. Unterdessen glänzten die goldenen Stickereien am roten Stehkragen seiner Festtagsuniform im Licht der Hunderten von Kerzen, die in den Girandolen die Tafel erleuchteten. Noch immer war die Narbe darunter noch nicht verblasst, genau wie die Erinnerung an das Attentat.

Mit mulmigem Gefühl sah Sisi zu Fanny hinüber, die zwischen den ungarischen Adeligen mit ihrem Tischnachbarn zu flirten schien. Ihre Wangen hatten sich unter der Wärme des lodernden Kaminfeuers und dem Spaß an der Gesellschaft des ungarischen Adelsmanns gerötet. Sie schien sich wohlzufühlen in der rauen, ja beinahe ländlichen Atmosphäre, und als sie fast anzüglich einen

Bissen Sorbet von ihrem Silberlöffel leckte und dem Mann dabei tief in die Augen sah, beschleunigte sich Sisis Herzschlag. Es war einer jener Momente, in denen Fannys Rolle für einen Moment bröckelte, wie die Ölschicht eines alten Gemäldes, und darunter die einfache Dirne aus dem bayerischen Landbordell aufblitzte.

«Wein, Eure Majestät?»

Erschrocken fuhr Sisi herum. Sie hatte den Diener mit der Karaffe nicht bemerkt und schüttelte höflich den Kopf.

«Aber ich nehme gern!» Franz unterbrach für einen Moment das Gespräch mit der Gräfin und bedachte Sisi mit einem durchdringenden Blick. Das goldene Licht verlieh seinen Augen einen schmerzvollen Glanz und erfüllte Sisi mit einer tiefen Traurigkeit. Würde das Geschehene ihn je wieder freigeben?

«Jawohl, Eure Majestät.»

Sisi war so in Franz' Augen versunken, dass sie kaum wahrnahm, wie der Diener sich nach dem Weinglas streckte und es der Karaffe entgegenhob, um in respektvollem Abstand den dunkelroten Wein hineinschwallen zu lassen. Erst als er das volle Glas wieder auf dem weißen Tischtuch platzierte, unterbrach er durch eine ungeschickte Bewegung ihren intensiven Blickwechsel.

Franz fand schnell in seine Rolle zurück und nickte dem Diener dankend zu, doch Sisi starrte noch eine Weile auf das blutrote Getränk. Obwohl sie es nicht wollte, stiegen Bilder aus der Vergangenheit in ihr auf. Das verlorene Blut, das sie bei der Geburt ihrer ersten Tochter beinahe das Leben gekostet hatte. Die rote Lache auf dem Marmorboden, die sich um Franz' aufgeschlitzten Hals ausbreitete. Wieder spürte sie den kräftigen Griff der Wahrsagerin vom Kohlmarkt auf ihrer Haut und ließ schnell ihre Hand unter den Tisch gleiten. Im Blickschutz der Tischdecke schüttelte sie ihre Finger aus, als könnte sie die düsteren Gedanken damit vertreiben. Doch erst als Franz abrupt seinen Stuhl zurückschob, kehrte sie ins Hier und Jetzt zurück. Ihr Mann richtete sich an ihrer Seite auf und hob seinen Gästen das Weinglas entgegen. Sein weißer Waffenrock, genau wie die rote Hose mit den goldenen Lampassen, zeigte vom Sitzen kleine Falten. Ob es Franz gelingen würde, die aufgeheizten Gemüter der Ungarn zu besänftigen?

Obwohl die Anwesenden das Zeichen des Kaisers bemerkt hatten, schien die Gesellschaft von seinem Vorhaben keine Notiz nehmen zu wollen. Weder hörten die Musiker des Quintetts auf zu spielen, noch unterbrachen die Gäste ihr Gelächter und Geplauder, nein, einige wandten sich sogar demonstrativ ab.

Besorgt sah Sisi zu Graf Grünne hinüber, der ihr schräg gegenüber saß und schon zu einem Löffel griff, um sein Glas anzuschlagen, da gebot Franz ihm mit einer sachten Handbewegung Einhalt.

Angespannt schaute Sisi zu ihrem Mann auf. Mit erstaunlicher Souveränität ließ Franz seinen Blick über die Köpfe der Anwesenden schweifen. Sein ordentlich gekämmtes Haar, die fast geraden blonden Brauen und der makellos gestutzte Offiziersschnauzbart unterstrichen seine kantigen Gesichtszüge. Als hätte sie nie ein trüber Schleier verhangen, strahlten seine stahlblauen Augen in einer Klarheit, die Sisi lange nicht mehr an ihm bemerkt hatte. Mit einem Mal verströmte Franz eine so gewaltige

Autorität, dass Sisi die Augen nicht von ihm abwenden konnte. Fasziniert beobachtete sie ihn.

In Bad Ischl hatte sie zum ersten Mal diese Aura gespürt. Diese schneidende Präsenz, umweht von einer geheimnisvollen Dunkelheit. Damals hatte sie beinahe alles um sich herum vergessen, und auch jetzt wurde sie sich nur langsam wieder ihrer Umgebung gewahr. Auch die übrigen Anwesenden schienen die Veränderung des Kaisers wahrgenommen zu haben, denn tatsächlich verstummten nach und nach die Gespräche, und das Quintett unterbrach sein Spiel. Einige Augenblicke später kehrte völlige Ruhe ein. Alle Augen richteten sich auf den Kaiser, der sich nun seiner Frau zuwandte. Perplex hielt Sisi die Luft an, als er ihr fest in die Augen sah und vielsagend nickte. Was hatte er vor?

«Da mich meine wundervolle Frau nicht nur an Großherzigkeit übertrifft», sagte Franz und griff liebevoll nach ihrer Hand, «sondern auch, was die Kenntnisse der ungarischen Sprache angeht, möchte ich sie bitten, für mich zu übersetzen.»

Sisi schlug das Herz bis zum Hals. Wie bitte? Das war nicht ausgemacht. Völlig überrumpelt starrte sie Franz an, doch ihr Mann half ihr sanft, aber bestimmt vom Stuhl hoch und zog sie nah an sich heran.

«Ich bitte dich», flüsterte er ihr kaum hörbar ins Ohr und sein Atem jagte einen Schauer über ihre Haut. Sie öffnete den Mund, um zu widersprechen, doch sie suchte vergeblich nach den passenden Worten, während schon ein leises Murmeln im Saal aufbrandete. Franz brachte die Geräusche mit einem einzigen Blick zum Verstummen. Verwirrt von der offenen Anerkennung, die er ihr vor aller Augen entgegenbrachte, ließ Sisi zu, dass er ihr die Hand küsste. Ihr ganzer Körper kribbelte und pulsierte vor Anspannung. Die Tatsache, dass Franz ihr diesen bedeutenden politischen Part anvertraute, und die Ungewissheit, ob sie ihm gewachsen war, berauschte ihre Sinne.

«Ich bin zu einer Zeit Kaiser geworden», wandte Franz sich nun wieder der Gesellschaft zu, «als viele von Euch gegen ebendieses Amt aufbegehrten.»

Er machte eine Pause und nickte Sisi zu. Einen Moment lang herrschte absolute Stille. Nur das nervöse Scharren einiger Füße war zu hören, während Sisi in der Erinnerung nach den ungarischen Vokabeln suchte. Ihre Stimme zitterte, als sie stockend zu sprechen begann. Knöchern und starr schwebten ihre Worte durch den Raum. Als sie geendet hatte, sah sie Franz unsicher an, der seine Rede fortsetzte, als sei nichts gewesen.

«Doch so sehr sich unsere Positionen auch unterscheiden mögen, eint uns doch eine tiefe Liebe zu unserem Land und unserem Volk. Zu unserer Heimat.»

Sisi nahm einen tiefen Atemzug und begann erneut mit ihrer Übersetzung. Während die mit prunkvollem Stuck und Spiegeln ausgekleideten Wände des Saals ihre Worte zurückwarfen, spürte sie, wie sie mehr Sicherheit gewann. Sie spürte, dass das, was sie sagte, Wirkung zeigte. Gebannt sahen die Adeligen sie an. Ihre Mienen hatten an Schärfe verloren, und wenn sie auch kein reines Wohlwollen in ihren Augen zu erkennen vermochte, so doch wenigstens einen Hauch Achtung.

«Ich habe beschlossen, heute Abend vor das ungarische

Volk zu treten und ihm meinen Respekt zu zollen», fuhr Franz fort, und seine tiefe Stimme schien in ihrem eigenen Körper zu räsonieren. «Und diesen Schritt werde ich nicht allein gehen, sondern zusammen mit einem Freund.»

Kaum hatte Sisi den letzten Teil seiner Rede übersetzt, nickte Franz einem Diener zu. Sofort öffnete dieser die Flügeltür, und ein überraschtes Raunen ging durch die Reihen der Gesellschaft. Graf Andrassys rote Magnatentracht übertraf alle anderen Gewänder im Saal in Prunk und Kostbarkeit. Sofort gerieten die Anwesenden in hellen Aufruhr. Im Gegensatz zum Vorabend hatte der Graf eine mit weißem Pelz verbrämte Mütze auf seinen Scheitel gesetzt, an der mit einer Goldbrosche ein weißer Federbusch angebracht war. Unter seiner Mente ragte ein goldener Säbel hervor.

«Als Zeichen meines guten Willens habe ich beschlossen, die letzten Männer des Aufstandes vom 15. März zu begnadigen», rief Franz über das Getose. Sisi folgte ihm mit ihrer Übersetzung nach, doch kaum einer schien ihren Worten mehr Aufmerksamkeit zu schenken. Während Andrassy auf die Tafel zuschritt, nahmen die Männer ihre Fellmützen ab, Frauen senkten das Kinn, ohne aber ihre Augen von ihm abzuwenden. Einige streckten sogar die Arme nach seinem Umhang aus, als würde ein Heiliger durch ihre Mitte schreiten.

Bei der Tafel angekommen, blieb Andrassy stehen und deutete dem Kaiserpaar gegenüber eine respektvolle Verbeugung an. Als er sich dann den Gästen zuwandte, erstarben augenblicklich sämtliche Geräusche im Raum.

«Seine Majestät, Kaiser Franz Joseph von Österreich, und Ihre Majestät, Kaiserin Elisabeth von Österreich, haben mir zugesichert», begann Graf Andrassy auf Österreichisch seine Rede, und die Worte vibrierten unter seinem ungarischen Akzent, «dass Ungarn einen würdigen Platz im Kaiserreich erhalten wird. Seit Jahrhunderten haben wir Ungarn miterlebt, wie wechselnde Herrscher sich unseres Landes bemächtigten, unser Volk zu ihrem eigenen Vorteil knechteten und ausbluteten. An vorderster Front habe ich gegen dieses Unrecht gekämpft, meinen Säbel in warme Leiber gebohrt, mein Gewehr auf unschuldige Männer gerichtet, die wie ich bereit waren, ihr Land und ihre Freiheit zu verteidigen.»

Sisi hielt gespannt den Atem an.

«Doch ich bin zu dem Schluss gelangt, dass die Zukunft dieses Landes nicht in Gewalt und Aufbegehren liegt», setzte der Graf seine eindringliche Rede fort. «Wenn wir nicht im Bürgerkrieg untergehen oder uns bald unter dieser, bald unter jener Herrschaft wiederfinden wollen, dann müssen wir geschlossen den Weg des Friedens beschreiten, den Weg der Verantwortung und Nächstenliebe.»

Ihr Puls beschleunigte sich, als Andrassy sich geradewegs zu ihr umwandte, auf sie deutete und sie offensiv ansah.

«Kraft meiner Sinne glaube ich, in dieser Frau, unserer Kaiserin», sprach er laut, an sein Publikum gerichtet weiter, während die Luft unter ihrem Blickwechsel zu pulsieren schien, «ein Herz erkannt zu haben, das kräftig und ungebrochen für diese Tugenden schlägt, die ich erst über dunkle Umwege habe lieben lernen müssen. Ich stehe heute hier vor Euch, um Euch zu bitten, die Waffen zu begraben und mit mir einen Friedensvertrag zu unterzeichnen, der unsere gemeinsame Zukunft besiegeln soll.»

Der ganze Saal schien den Atem anzuhalten, als Andrassys Stimme über der Tafel verhallte. Obwohl Franz unter dem Tisch unruhig mit den Füßen scharrte, begegnete Sisi Andrassys erneutem Blick mit Entschlossenheit. Ja, sie würde ihr Wort halten, egal, was es sie kostete. Sie wandte sich dem Saal zu, sah all die Menschen, die Andrassys Rede atemlos gelauscht hatten, bereit, ihm nachzufolgen. Da sprang ihr aus den Gesichtern der geladenen Gäste das Antlitz eines Mannes entgegen, das ihr Herz einen Schlag aussetzen ließ. Die wilden Locken, das markant geschnittene Gesicht. War das nicht derselbe Mann, den sie schon einmal gesehen hatte? Im Wald, unter den Männern, die sie überfallen hatten? Und später auf der Zeichnung, die Grünne hatte aushängen lassen, um jenen Angreifer verhaften zu lassen, der Franz hatte töten wollen? Während Andrassy weitersprach, verfolgte Sisi erstarrt, wie der Mann einen Blick mit jenem Diener wechselte, der Franz den Wein eingeschenkt hatte, und dann flüchtig zu dem Tisch blickte, an dem auch Fanny saß. Sisis Herz hämmerte wie wild gegen ihre Brust, während sie sich im flackernden Schein der Kerzen seiner Züge zu vergewissern versuchte. War das wirklich er? Oder nur jemand mit einer verblüffenden Ähnlichkeit?

«Auf eine Zukunft voller Liebe und Respekt!», unterbrach Graf Andrassy ihre Gedanken. Blinzelnd beobachtete Sisi, wie er sich einen Kelch vom Tisch griff und Franz zuprostete.

Während auch Franz nach seinem Kelch griff, ließ Sisi ihren Blick suchend über die Anwesenden schweifen, doch sie konnte den Mann nirgends mehr entdecken. Ob ihr ihre

Wahrnehmung einen Streich gespielt hatte? Sie hatte Geschichten gehört von Leuten, die Dinge sahen, die nicht da waren. Dinge hörten, die niemand außer ihnen zu hören vermochte. Die mit Menschen redeten, die nicht im Raum waren, und am Ende in einer jener Anstalten landeten, in denen man ihre Geistesschwäche kurierte. Doch was, wenn dieser Mensch wirklich da gewesen war? Wenn er hier war, greifbar und – atemlos sah sie zu, wie ihr Gatte das Glas zu einem Trinkspruch anhob.

«Auf eine Zukunft voller Liebe und Respekt», wiederholte Franz den Toast und prostete Andrassy aufmerksam zu. Gerade, als er das Glas zum Mund führen wollte, legte Sisi die Hand auf seinen Arm.

Irritiert hielt Franz inne, und Sisi beugte sich nah an sein Ohr heran. «Dieser Wein könnte vergiftet sein», flüsterte sie mit zitternder Stimme, stockte, suchte panisch nach den richtigen Worten. Doch die zum Bersten gespannte Stille machte es ihr unmöglich, weiterzusprechen, ohne dass jeder im Saal sie gehört hätte. Die Gäste begannen unruhig auf ihren Stühlen hin und her zu rutschen, und leises Gemurmel brandete auf. Verzweifelt hielt Sisi den misstrauischen Blicken stand, als Franz sich glühend Andrassy zuwandte.

«Auf den Frieden!», rief er und hob noch einmal das Glas. Ohne zu trinken, setzte er den Kelch auf dem Tischtuch ab. Sofort steigerte sich das Murmeln zu einem empörten Getuschel. Entrüstung und Wut schlugen Sisi aus der Menge entgegen.

«Mundet Euch unser Wein nicht, Majestät?», fragte Graf Andrassy herausfordernd, und aus den Augenwinkeln sah

Sisi, wie an allen Türen des Saales die Wachen zu ihren Säbeln und Revolvern griffen. Mit einem Mal schien aller Triumph verflogen, alle Errungenschaften zunichtegemacht. Auch Grünne, der dem Kaiser am nächsten war, ließ seine Hand alarmiert unter den Waffenrock gleiten.

Gebannt wanderte Sisis Blick zwischen Andrassy und dem Kaiser hin und her. Auch der Rest des Saales verfolgte atemlos das stumme Duell zwischen den beiden Männern. Und gerade, als die Anspannung nicht mehr zu steigern war, öffnete Andrassy den Mund. «Majestät, wir wollten doch einen Friedensvertrag unterzeichnen.»

Franz sah den Grafen prüfend an. Andrassy hingegen schritt entschlossen auf ihn zu, griff nach seinem Kelch und trank ihn in einem Zug leer.

Sisi spürte, wie ihr das Blut in die Füße sackte. Mit aufgerissenen Augen starrte sie den Grafen an, der sich mit dem Ärmel über den Mund wischte und das Glas hart abstellte.

«Jetzt her mit dem Vertrag», sagte er forsch. «Ich möchte der Erste sein, der ihn unterzeichnet.»

Sisi verfolgte aufgewühlt, wie Franz einem Diener zunickte, der eilig im Nebenraum verschwand und einen Moment später mit Mappe, Tintenfass und Feder zurückkehrte. Energisch schob Andrassy ein Tafelgedeck zur Seite. Der Diener platzierte alles vor ihm auf dem Tisch. Seine Finger zitterten vor Nervosität, als er die Mappe aufschlug. Ein Vertragspapier kam zum Vorschein. Ohne zu zögern, griff Graf Andrassy nach der Feder, tauchte sie ins Tintenfass und führte sie schwungvoll über das Papier. Es war so still, dass Sisi das Kratzen deutlich hörte. Angespannt verfolgte sie jede seiner Bewegungen. Doch mitten in der Unterschrift stockte Andrassys Feder. Der Graf hustete, griff sich an den Hals.

Sisi schlug geschockt die Hand vor den Mund. Mit aufgerissenen Augen verfolgte sie, wie Andrassy sich auf die Tischplatte stützte, abrutschte und einen Teil des Tischtuchs herunterriss. Klirrend schlug ein Gedeck zu Boden und zersprang. Die Scherben schlitterten übers Parkett, während er hilflos röchelte und würgte und sich unter Schmerzen krümmte. Die Tischnachbarn schossen von ihren Stühlen auf, um den Grafen zu stützen, packten ihn unsanft an Armen und Schultern, um ihn wieder aufzurichten. Da prustete Andrassy los. Lachend richtete er sich auf. Er klopfte den samtenen Stoff seiner Hose ab, rückte seinen Umhang zurecht und wischte sich eine Träne aus den Augen. Immer noch amüsiert vervollständigte er seine Unterschrift.

«Auf den Frieden», rief er laut über die Tafel, «und auf den guten Wein!»

Sisi war unfähig, sich zu regen. Wie betäubt verfolgte sie, dass die Gesellschaft schallend in Andrassys Lachen einstimmte. Es schien, als habe das Schauspiel die gesamte aufgestaute Energie gleich einer Katharsis entladen. Nur Franz stand reglos an ihrer Seite und verzog keine Miene. Sisi wäre am liebsten im Boden versunken. Doch bevor sie sich Gedanken dazu machen konnte, wie er wohl zu alldem dachte, ihrem Misstrauen, ihrem falschen Verdacht, mit dem sie beinahe den Erfolg des Abends zunichtegemacht hatte, griff Franz nach Andrassys Kelch und hob ihn ihm feierlich entgegen. Mit dem blonden, fast goldenen Haar, seiner muskulösen, hochgewachsenen Statur, die der kantige Schnitt seines weißen Waffenrockes noch unterstrich, hob er sich deutlich von dem zierlichen Grafen ab, dessen dunkler Bart und wilde Lockenpracht sein Gesicht beinahe verschluckten. Doch die wachen, feurigen Augen und der Stolz, mit dem Andrassy dem Kaiser seine ungarische Magnatentracht entgegensetzte, ließen keinen Zweifel daran, dass sich hier zwei ebenbürtige Männer gegenüberstanden.

«Auf den guten Wein!», rief Franz laut über die Köpfe der Anwesenden hinweg und setzte den Kelch an seine Lippen. Applaus brandete auf, während er den Kelch in einem Zug leer trank, ganz so, wie es der Graf zuvor getan hatte.

«Lasst uns noch heute gemeinsam vor das ungarische Volk treten, um diesen Schritt zu besiegeln!», prostete Andrassy erneut über das Getose. «Ich möchte, dass auch der letzte Bauer und der letzte Bettelknabe weiß, dass ab dem heutigen Tage bessere Zeiten anbrechen!»

Ein zufriedener Ausdruck spielte um Franz' Lippen, als er den Kelch auf der Tafel absetzte und dem Dirigenten des Streichquintetts mit einem Wink deutete, wieder einzusetzen. Er schickte Sisi einen warmen Blick, bevor auch er den Vertrag unterschrieb.

QUADRILLE

Umgeben von ihrer Leibgarde und einigen ihrer Gefolgsleute hatte Sisi mit Franz auf einem überdachten Podest am Ende des Saales Platz genommen, wie es sich für das Kaiserpaar schickte, und beobachtete das lebendige Treiben, das sich zu ihren Füßen abspielte. Zu dieser vorgerückten Stunde rauschte bereits ein feurig-wilder Ball im Festsaal des Palastes, doch Sisi konnte das Bild des Ungarn – des möglichen Attentäters – noch immer nicht aus ihrem Kopf verbannen. Glühende Gesichter und vom Alkohol gerötete Wangen spiegelten sich in den hohen Fenstern, während sich unter den Kronleuchtern Hunderte von tanzenden Paaren drehten. Schwitzige Strähnen hatten sich aus den Frisuren der Damen gelöst, und die Röcke flogen unter den schwungvollen Takten eines Streichorchesters auf. Selbst die Bogenstriche der Musiker klangen temperamentvoller und energischer als die ihrer Kollegen in Wien, und das Tempo war deutlich zügiger gewählt. Fanny hatte sich mitten unter die Feiernden gemischt, und am Rand der Tanzfläche hing ihr eine Traube Adeliger an den Lippen. Sisi verstand nur zu gut, dass sie die Männer mit ihrem natürlichen Charme verzauberte. Fanny passte hierher, und die ausgelassene Stimmung, die den Saal bis unter die hohen Decken erfüllte, versprach eine frohe Zukunft. Doch was, wenn Sisi sich nicht geirrt hatte? Wenn der Mann aus dem Wald wirklich hier war? Schwebten sie alle in größter Gefahr?

«Die Ungarn werden mir immer ein Rätsel bleiben», sagte Franz und lächelte ihr bemüht zu. Sisi nickte nur, unfähig, auf sein Angebot einzugehen und ihre unbegründeten Sorgen ziehen zu lassen. Als hätte er ihre Gedanken gelesen, beugte Franz sich nah an sie heran. «Bist du dir sicher, dass du diesen Mann gesehen hast?»

Sisi zögerte. Graf Drakoczy hatte vorhin als erster seinen

Stuhl zurückgeschoben und nach Franz und Andrassy seine Unterschrift unter das Papier gesetzt. Innerhalb von wenigen Minuten hatte sich eine lange Schlange vor dem Vertrag gebildet, und es hatte über eine Stunde gedauert, bis alle Anwesenden die Gelegenheit zur Unterzeichnung gehabt hatten. Der Mann mit den Locken war nicht darunter gewesen, und mittlerweile war die Stimmung so gelöst und offen, dass Sisi sich kaum mehr vorstellen konnte, dass jemand wie er unter den Anwesenden sein konnte.

«Wahrscheinlich habe ich mich getäuscht», sagte sie und schüttelte den Kopf. «Verzeih.»

Sie spürte, wie Franz ihre Hand nahm und sie fest drückte. Als sie den Kopf wandte, traf sie seinen ernsten, liebevollen Blick und einen Moment versank Sisi in dem schillernden Spiel aus Blau und Grau, das seine Pupillen umrahmte. Im nächsten Moment unterbrach ein Räuspern ihren innigen Moment und Sisi fuhr überrascht herum.

Vor dem Podest sank Graf Andrassy in eine höfliche Verneigung. «Darf ich um den nächsten Tanz bitten?»

Verblüfft sah Sisi ihn an. Ob er wusste, dass es eine Anmaßung war, die Kaiserin unaufgefordert um einen Tanz zu bitten?

«Ich fürchte, ich kenne die ungarischen Tänze nicht», lehnte sie sein Angebot schnell ab und hoffte, dass Franz über den Fauxpas des Grafen hinwegsehen würde. An einem Abend, an dem trotz des gemeinsamen Schulterschlusses jede Geste, jedes Wort in der Waagschale lag.

«Ich zeige sie Euch!» Unbeirrt lächelte der Graf sie an und offerierte ihr einladend seine Hand, während der letzte Akkord des Orchesters im Saal verhallte.

Unter anderen Umständen hätte Andrassys freier Umgang mit der Etikette Sisi belustigt, doch diesmal hielt sie inne und wandte sich in böser Vorahnung an Franz, der den Grafen mit steinerner Miene musterte. Würde es ihm jetzt gelingen, seine Eifersucht im Zaun zu halten?

Vom anderen Ende des Saales her war zu hören, wie die Musiker an ihren Pulten neue Notenblätter aufschlugen. Dem Rascheln folgte eine so gebannte Stille, dass Sisi glaubte, das Parkett unter der Spannung ächzen zu hören. Mit einem Mal erschien ein Grinsen auf Franz' Gesicht. «Wenn meine Frau Euch die Ehre erweist», sagte er nicht ohne Ironie und nickte Sisi aufmunternd zu, «dann würde ich mich freuen, wenn Ihr sie ein wenig auf andere Gedanken bringt.»

Ein tiefes Gefühl der Liebe stieg in Sisi auf, während sie Franz' warmen Blick erwiderte. Es kostete sie einige Überwindung, sich ausgerechnet jetzt von seiner Seite zu lösen, doch schließlich drückte sie liebevoll seine Hand. «Also gut.»

Ihm noch einmal zulächelnd, erhob sie sich, stieg vom Podest und hakte sich bei Andrassy ein. Sofort bildete sich vor ihnen eine Gasse, und Sisi ließ sich von dem Grafen in die Mitte des Saales auf die Tanzfläche führen.

«Ihr habt einen eisernen Willen», sagte sie leise. «Und wenig Sinn für das Protokoll.»

«Das könnte ich auch von Euch sagen, Hoheit», konterte Andrassy, und seine Augen blitzten neckisch auf.

Er sah sie so eindringlich an, dass ihr beinahe die Luft wegblieb. Jetzt, da sie ihm so nah war, löste sich die Helligkeit seiner Augen in ein graues Grün auf, und der betörende Duft von Zedernholz, der von ihm ausging, vermochte es, ihren Herzschlag sanft zu beschleunigen.

«Also. Was wird getanzt?», rief sie sich zur Besinnung und spürte, wie ihr die Schamesröte in die Wangen stieg. Schnell wich sie seinem Blick mit einem Lächeln aus, und in dem Moment setzte mit einer schwungvollen Eröffnung die Tanzmusik ein.

«Die Quadrille!», rief Andrassy, zog sie übermütig an sich und wirbelte sie in eine erste Drehung.

DER MANN

Franz presste den Rücken an die gepolsterte Lehne seines Sessels und versuchte, sich nicht anmerken zu lassen, wie die Eifersucht ihn schier zerriss. Sisis gerötete Wangen, die Art, mit der sie flüchtig den Blicken des Grafen auswich, sich lachend von ihm über die Tanzfläche wirbeln ließ. Schon lange hatte kein Mann mehr derart das Interesse seiner Frau erregt wie Gyula Andrassy. Es fiel Franz schwer, zu alldem keine Regung zu zeigen, doch er durfte den Erfolg des Abends nicht durch seine persönlichen Gefühle gefährden. Ein Teil von ihm war sogar froh darüber, dass Sisi heute noch auf ihre Kosten kam, nachdem die Sorge in den letzten Stunden wie ein Schatten auf ihren Zügen gelegen hatte. Das Attentat bei der Taufe ihrer ersten Tochter. Die lange Zeit der Trennung. Der verlorene Krieg. Kein Wunder, dass sie an jeder Ecke Schreckgespenster sah! Franz spürte, wie bei diesen Gedanken ein Zittern seine Hand ergriff, und er umschlang die vergoldete Armlehne seines Sessels mit festem Griff. Er hatte ihr viel zugemutet in den wenigen Jahren ihrer Ehe. Zu viel.

Kurz blieb Franz' Blick an Andrassys Hand hängen, die zwischen Sisis nackten Schulterblättern lag, und er war überrascht zu merken, dass der Moment ihm ein verbotenes Vergnügen bereitete. Obwohl Sisi noch vereinzelt Schrittfehler machte, schwebte sie in Andrassys Armen wie eine Feder übers glänzende Parkett. Ihr weißes, rotgesäumtes Kleid flog unter ihren beschwingten Drehungen auf. Im Schein der Kandelaber schien ihr Haar noch verführerischer zu glänzen als sonst, und das grüne Gürtelband betonte ihre schmale Taille. Der Graf wirbelte Sisi mit einer solch fulminanten Präsenz über die Tanzfläche, dass die anderen Paare nacheinander zu tanzen aufhörten und sich als Zuschauer an die von der Hitze ihrer Körper beschlagenen Spiegel und Fenster reihten. Gebannt verfolgte Franz, wie bald nur noch Andrassy und Sisi über die Tanzfläche flogen, angefeuert vom begeisterten Klatschen der Umstehenden. Unter den glänzenden Dekolletés der Damen hob sich ihr beschleunigter Atem, und selbst einige Männer hatten leger die Knöpfe ihrer Waffenröcke geöffnet. Dazu die gelösten Frisuren und geröteten Wangen, der Geruch von Tabak, Schweiß und Parfum – der ganze Saal strahlte eine so rauschhafte Spannung, Lust und Erotik aus, dass Franz das Blut in den Adern pulsierte.

Er hielt erregt den Atem an, während seine Frau sich in die Herzen dieser Leute tanzte. Ihre dunklen Augen glänzten vor Freude, und sie lachte jetzt so herzhaft, dass ihre Lippen ihre makellosen Zähne frei gaben. Völlig im Bann des leuchtenden Paares spürte er plötzlich einen warmen Atem an seinem Ohr.

«Hoheit?»

Überrascht zuckte Franz zusammen und sah, dass Grünne an ihn herangetreten war. Er starrte seinen Kompagnon an, aus dessen Miene ihm ernsthafte Sorge entgegensprang.

«Was gibt es?», fragte Franz schroff und deutete Grünne mit einer knappen Handbewegung zu sprechen.

«Ich fürchte, die Kaiserin hat sich nicht geirrt», flüsterte er und deutete an den Rand des Podests, vor dem die erste Zofe seiner Frau in einen wackeligen Knicks sank. Trotz der Verneigung konnte er sehen, dass ihre Lider nervös zuckten, und Franz glaubte, ein leichtes Zittern ihrer Hand zu erkennen, mit der sie den Rock ihres Kleides hielt. «Auch Fanny hat den Attentäter unter den Gästen entdeckt.»

Besorgt huschten Franz' Augen über die Tanzfläche zu seiner Frau, die Andrassy zum letzten Ton der Quadrille mit einer letzten Drehung sanft zum Stehen brachte.

«Ist sie sich sicher?», fragte Franz leise, ohne den Blick von Sisi abzuwenden, die sich strahlend aus den Armen des Grafen löste, während der Rock ihres Kleides nur langsam zur Ruhe kam. Höflich verneigte der Graf sich vor ihr, und es war ihm deutlich anzusehen, wie sehr auch er sich für die Kaiserin begeisterte.

«Ja», hörte er Grünnes feste Stimme neben sich. «Sie beteuert, sie hat ihn gesehen.»

Franz nickte und bemerkte erst einen Moment zu spät, dass er sich instinktiv an den Kragen seiner Uniform gefasst hatte. Der Gedanke an den Mann, dessen Skizze er seit dem Attentat bei sich trug, wohin er auch ging, vermochte es, seine längst verheilte Narbe unangenehm schmerzen zu lassen.

Auf der Tanzfläche erwiderte Sisi mit einem Lächeln Andrassys schmeichelnde Verneigung, und stürmischer Applaus brandete im Saal auf.

«Wir sollten schnell handeln, Hoheit», insistierte Grünne. «Ich fürchte, Ihr seid hier nicht mehr sicher.»

Doch Franz umfasste nur steif seine Armlehne und betrachtete die bewegte Masse, die klatschenden Hände, die begeisterten Gesichter der Gäste, die leuchtenden Augen seiner Frau.

«Durchkämmt die gesamte Burg, alle Stallungen und Dienstgemächer», wies er Grünne an. «Nehmt nur die Leibgardisten, denen Ihr mit Sicherheit vertrauen könnt, und macht sie mit dem Bild des Attentäters vertraut. Aber sorgt dafür, dass niemand etwas mitbekommt.»

«Jawohl, Majestät.»

Grünne zog sich mit einer eiligen Verneigung zurück, während Franz den Musikern deutete, den nächsten Tanz aufzuspielen, ohne sich seine Beunruhigung anmerken zu lassen. Als Sisi sich endlich dem Podest zuwandte und lächelnd seinen Blick suchte, winkte er sie gefasst heran. Wie in Trance erhob er sich von seinem Sessel, stieg die zwei Stufen hinunter und ging ihr die letzten paar Fuß entgegen.

«Was gibt es?», fragte Sisi erschrocken, als er ihre Hand griff und sie bestimmt durch die Tür aus dem Festsaal zog, durch die auch Grünne verschwunden war, auf die herrschaftliche Treppe zu, die ins obere Stockwerk zu ihren Gemächern führte. Er wusste, dass er Sisi mit seinem groben Verhalten überrumpelte, doch die Angst schnürte ihm selbst die Kehle zu.

«Bitte Franz!» An seiner Seite stolperte Sisi verwirrt durch den nur spärlich erhellten Gang. «Was ist denn passiert?»

«Er ist hier», sagte Franz knapp, ohne seinen Schritt zu verlangsamen.

«Wer ist hier?», fragte Sisi und riss sich mit einem entschiedenen Ruck los. «Franz!»

Er fuhr zu ihr herum. Bemüht, sich seine eigene Panik nicht anmerken zu lassen, machte er einen Schritt auf sie zu. An ihren aufgerissenen Augen konnte er ablesen, dass sie die Antwort auf ihre Frage bereits ahnte.

«Du hast dich nicht geirrt», sagte er mit gesenkter Stimme und sah, dass Sisi erstarrte. «Deine Zofe hat diesen Mann ebenfalls unter den Gästen entdeckt.»

Sisi warf entsetzt einen Blick ans Ende der Stufen, wo in einem der Zimmer unter Aufsicht einer Amme ihre Töchter schliefen. Der glatte Marmor des Treppenhauses warf beinahe gespenstisch die Klänge des beschwingten Walzers zurück, der im Festsaal aufgespielt wurde, begleitet von Gelächter und aufgewecktem Stimmengewirr. Zitternd wandte Sisi sich wieder zu ihm um und starrte ihn sprachlos an.

«Ich habe Grünne losgeschickt», sagte er, um sie zu beruhigen. «Er sucht bereits nach ihm. Aber wir sollten besser verschwinden.»

Er nickte entschieden, um seine Aussage zu unterstreichen, und versuchte, der Angst in ihrem Gesicht mit Zuversicht zu begegnen. *Alles wird gut,* wollte er ihr sagen. *Vertrau mir.* Doch die Erinnerung an die Verletzung, die ihn beinahe das Leben gekostet hatte, ließen ihm die Worte im Halse stecken bleiben.

«Majestät!», durchschnitt Graf Andrassys Stimme den aufgeladenen Moment. «Wollt Ihr das Fest schon verlassen?»

Franz und Sisi drehten sich gleichzeitig nach ihm um. Der Graf stand wie ein mächtiger Schatten in der Tür des festlich erhellten Saales. «Das Feuerwerk beginnt gleich. Ihr wolltet Euch doch dem Volk zeigen.»

Versteinert verfolgte Franz, wie Andrassy freundlich lächelnd auf sie zuging und vor ihnen zum Stehen kam. Der Atem des Grafen war nach dem wilden Tanz noch nicht vollständig zur Ruhe gekommen, und am Ansatz seiner braunen Locken glänzten kleine Schweißperlen.

«Ist Euch nicht wohl?», fragte Andrassy und musterte Sisi besorgt. «Ihr seid ganz blass.»

Ernst sah er zwischen Franz und Sisi hin und her, bis sein Blick auf Franz zum Ruhen kam.

«Was ist vorgefallen?»

Das wenige Licht, das aus dem Festsaal bis hierher ins Treppenhaus fiel, ließ seine hellen Augen lebendig schimmern. Eine Mischung aus Grau und Grün, schienen sie ihr wahres Wesen vor Franz zu verbergen. Konnte er dem Grafen vertrauen?

Beklommen ließ Franz seine Hand unter seinen Waffenrock gleiten und zog die ausgefranste Zeichnung des Attentäters aus seiner Innentasche hervor. Entschlossen schüttelte er das zusammengefaltete Papier vor dem Grafen aus. «Kennt Ihr diese Person?»

Andrassy starrte auf die Kohlezeichnung des Mannes, der Sisi beinahe den Mann, den Kindern ihren Vater, dem

Reich den Kaiser gekostet hatte, und Franz hatte den Eindruck, den Schatten des Wiedererkennens über seine Züge huschen zu sehen.

«Wieso fragt Ihr das?», wollte er düster wissen.

«Dieser Mann hat versucht, Franz zu töten», platzte Sisi an seiner Stelle hervor. Ihre Stimme überschlug sich vor Aufregung. «Und er ist hier. Hier in der Burg!»

Besorgt wandte sich Graf Andrassy Franz zu. «Ja, ich kenne ihn. Vielleicht solltet Ihr Buda verlassen ...», sagte er und presste verbittert die Lippen zusammen. «Doch vorher müssen wir gemeinsam auf den Balkon treten. Denn wenn wir uns jetzt nicht dem Volk zeigen», auffordernd hob er das Kinn in Franz' Richtung, «dann ist all das, was wir hier heute beschlossen haben, nichts wert.»

DER BALKON

Ein kalter Luftzug streifte Sisis vom Tanz immer noch erhitztes Dekolleté, als sie an Franz' Seite über die Schwelle trat. Obwohl Fanny das Korsett nicht enger geschnürt hatte als sonst, schnitt es ihr plötzlich den Atem ab. Während Grünne mit einigen Leibgardisten noch immer erfolglos die Burg durchkämmte, hatte Sisi darauf bestanden, in aller Eile die Kinder zu wecken, und so lugte Gisella in ihren Armen verwirrt aus der Decke hervor, die Sisi gegen die Kälte fest um ihren kleinen Körper geschlungen hatte, und Sophie stapfte in ihren Fellschühchen müde, aber mit eisernem Willen neben ihr her. *«Mit den Kindern?»*, dröhnten die Worte ihrer Schwiegermutter hinter

Sisis Stirn. *«Das ist absolut unverantwortlich!»* Was hätte sie in diesem Augenblick dafür gegeben, auf die Erzherzogin gehört zu haben!

Beklommen querte Sisi mit ihrer Familie und Graf Andrassy den dunklen Raum. Auf der gegenüberliegenden Seite des stickigen Vorzimmers strahlte hell die Tür, durch die sie in Kürze auf den Balkon vor das ungarische Volk treten würden. Obwohl die Dunkelheit schon am späten Nachmittag angebrochen war, milderte der im Mondlicht schimmernde Schnee auf den Dächern und Balustraden die Finsternis der Nacht, und Hunderte von Fackeln erhellten zusätzlich den Vorplatz. Durch die Scheiben drangen die Stimmen der wartenden Menge, das Knirschen Hunderter Füße auf dem eisigen Kies des Hofes und vereinzelt ungeduldige, mitunter aggressive Rufe nach dem Kaiserpaar. Wie zuvor die Adligen, schien ihnen das Volk keineswegs gewogen zu sein. Sisi schluckte schwer. Wie dumm und selbstsüchtig es von ihr gewesen war, ihre Kinder dieser aufgeheizten Stimmung auszusetzen! Die mit dunklem Holz und altmodischen Heiligen-Gemälden vertäfelten Wände und die vom Geruch von Staub und lackiertem Holz geschwängerte Luft steigerten noch ihre Bedrängnis.

«Sophie», rief sie heiser, «nicht so schnell!»

Doch die Füße ihrer Tochter trippelten immer schneller über das Parkett, magisch angezogen von der hellen Fensterfront. «Sophie!»

Obwohl Sisi ihr nacheilen wollte, sie aufhalten, gehorchte ihr kein einziger Muskel ihres Körpers. Die Rufe der Menge, das Knarzen des Parketts und das Pochen ihres

Herzens, alles mischte sich in ihrer Wahrnehmung zu einem beängstigenden Getose. Sie war wie gelähmt.

Da stürzte Fanny mit gerafftem Rock an ihr vorbei, der Kleinen hinterher. Nur einen Meter von der Fenstertür entfernt, bekam sie ihre Hand zu fassen und wirbelte sie neckisch herum. «Na komm her, du kleine Räuberin! Hast du nicht gehört, was deine Mama gesagt hat?»

Ihre Tochter juchzte vor Vergnügen, als Fanny sie im Nacken kitzelte. Erst jetzt bemerkte Sisi, dass sie Gisella unter der Hochspannung so fest an sich gedrückt hatte, dass sie sich leise jammernd zu wehren begann. Sofort lockerte Sisi ihren Griff um ihr Kind und entspannte mit Nachdruck Schultern und Nacken, um sich zur Besinnung zu rufen.

«Majestät?» Überrascht bemerkte sie, dass ein Leibgardist in roter Attila und Fellumhang sich zu ihnen vorgedrängt hatte. Die Locken, die unter seinem Kalpak hervorblitzten, leuchteten im einfallenden Licht rotgolden auf, als er in eine tiefe Verneigung fiel. «Graf Grünne lässt melden, die Gefahr ist gebannt», verkündete er mit ungarischem Akzent. «Er hat den gesuchten Mann gefasst.»

Die Worte nahmen ihr eine so gewaltige Last vom Herzen, dass Sisi erleichtert aufseufzte.

«Und wo ist er jetzt?», fragte Franz forsch und ließ seinen Blick argwöhnisch über den Mann gleiten.

Der Gardist neigte respektvoll das Kinn. «Graf Grünne bringt den Mann in die Arrestzelle, Eure Majestät.»

Franz bedeutete dem Gardisten mit einem knappen Nicken, abzutreten. Seine zusammengepressten Lippen verrieten, dass er weiter seine Zweifel hegte. Ein flaues Gefühl stieg in Sisis Magengegend auf, als der Soldat sich zurückzog. Die Absätze seiner kniehohen Stiefel klackerten eilig über das Parkett davon, und je leiser sie wurden, desto lauter wurden die Rufe, die von draußen ins Zimmer drangen. Warum hatte Grünne ihrem Mann diese wichtige Nachricht nicht selbst überbracht?

Nervös beobachtete Sisi, wie Franz und Andrassy sich einen Blick zuwarfen, bevor Franz sich ihr zuwandte.

«Bleib bitte hier», sagte er und sah sie eindringlich an, «wir gehen allein.»

Mit angehaltenem Atem starrte Sisi ihn an. Das helle Licht der Fackeln warf einen flackernden Schein auf seine Haut. Was mochte ihn dort draußen erwarten? Hilflos wandte sie sich Andrassy zu.

«Es ist besser so, Hoheit», bekräftigte auch der Graf. Sisi wollte aufbegehren, doch die Strenge in Franz' Blick, die Sorgenfalten zwischen seinen Brauen – sie kannte ihn gut genug, um zu wissen, dass er diesmal keine Widerrede dulden würde. Bedrückt ließ sie sich von ihm auf die Stirn küssen. Durch die dünnen Sohlen ihrer Seidenschuhe glaubte sie, den kalten Boden unter ihren Füßen zu spüren, während Franz und Andrassy Seite an Seite auf die Balkontür zuschritten.

Heilfroh, dass Fanny bei ihr war, fasste sie die kleine Sophie an der Hand und beobachtete, wie zwei Hausoffiziere in rotem Galadienstkleid samt Degen die Türen vor den beiden Männern öffneten.

Ein erfrischender Windstoß pfiff durch die offene Balkontür und jagte Sisi einen Schauer über die Haut. Kaum hatten Franz und Andrassy die Schwelle zum Balkon übertreten, hörte sie, wie draußen ein Raunen durch die Menge ging. Die Buhrufe schlugen in vereinzelte Begeisterungsschreie um, und nur Augenblicke später brandete Jubel auf. Mit angehaltenem Atem starrte Sisi auf den Balkon, wo Franz den Arm hob, um sich im Getose der Menge Gehör zu verschaffen. Die holzvertäfelten Wände warfen auch hier drinnen die Pfiffe und den Applaus zurück und Sisi spürte, wie Gisella ängstlich ihr Kinn betastete. Atemlos lauschte sie den nur langsam verebbenden Geräuschen auf dem Vorplatz. Auch Fanny hatte sich vor Anspannung keinen Zoll von ihrem Platz wegbewegt. Reglos stand sie an Sisis Seite. Der dunkelgrüne Seidentaft ihres Kleides glänzte im einfallenden Licht, und ihre blasse Haut schimmerte wie Elfenbein.

Nervös riss Sisi sich von ihrem Anblick los, als Franz' Stimme durch die klare Nacht hallte. Zu aufgeregt, um seiner Rede zu folgen, sog sie die kalte Winterluft in ihre Lungen, die durch die offene Balkontür strömte und den staubigen Geruch im Vorzimmer zusehends vertrieb.

«Papa», murmelte Sophie.

Liebevoll blickte Sisi auf ihre Tochter hinab, die mit großen Augen auf den Balkon starrte. «Ja. Papa ist da draußen», sagte sie. «Er ist sehr tapfer.»

Sophie nickte. Ihre Finger lagen feucht und warm in Sisis Hand.

«Erzsébet császárné!», durchschnitt der Zwischenruf eines Mannes Franz' Rede. «Erzsébet császárné!»

Alarmiert hob Sisi den Kopf. *Kaiserin Elisabeth?* Sie hörte, dass auch Franz kurz stockte, bevor er in seiner Rede fortfuhr.

«Papa!» Sophie zog sanft an ihrem Arm. «Sophie auch!»

Sisi hielt ihre Tochter noch fester und starrte auf den von Fackeln erhellten Balkon. Leuchtend Weiß und Rot zeichneten sich die Silhouetten der beiden Männer vor dem dunklen Himmel ab. Jubel brandete auf, als Franz seine Rede beendete. Doch unter das Pfeifen, Johlen und Klatschen mischten sich immer vehementer die Rufe nach ihr, der Kaiserin. Was diese Menschen wohl über sie dachten? Von ihr erwarteten? Ob sie ahnten, dass *sie* es gewesen war, die sich für sie eingesetzt hatte? Dass *sie* ihre Farben trug?

Unschlüssig suchte sie Fannys Blick, doch ihre Freundin starrte nur entgeistert auf die offene Tür zum Balkon. Was war nur mit ihr los? Das Ganze schien ihr noch mehr zuzusetzen als Sisi.

Mit einem lauten Surren schoss die erste Feuerwerksrakete in die Luft und zerplatzte mit einem lauten Knall am schwarzen Himmel. Sisi hörte, wie Sophie ungläubig der Atem stockte, als die glitzernden Funken herabregneten.

«Sophie auch!» Ungeduldig zog sie an der Hand ihrer Mutter und sah flehend zu ihr hinauf. In ihren Augen spiegelte sich das Licht des Feuerwerks. «Sophie auch!»

Sisi hielt ihre Tochter fest, doch mit einem Mal glitten ihre feuchten kleinen Finger aus ihrer Hand. Erschrocken schrie sie auf, als die Kleine begeistert auf die Balkontür zustolperte. «Sophie!» Panisch drückte Sisi Gisella an ihre Brust und rannte los.

Eine Wand aus eisiger Luft schlug Sisi entgegen, als sie hinter ihrer Tochter auf den Balkon stolperte und sie an der Hand packte.

Es dauerte keine zwei Sekunden, bis die Menschen sie entdeckt hatten und ekstatischer Jubel aufbrandete. «Erzsébet császárné! Erzsébet császárné!»

Entschuldigend sah Sisi zu Franz hinauf. Die lodernden Fackeln, die zur Beleuchtung der Außenmauern angebracht worden waren, erhellten sein strenges Gesicht. Sie sah seinen Ärger über ihren scheinbaren Alleingang, doch es war zu spät, sich noch unbemerkt zurückzuziehen. Benommen richtete Sisi sich neben ihm auf und ließ ihren Blick über die johlenden Menschen schweifen.

Der mit Blumen und Zweigen geschmückte Balkon lag im ersten Stock des Mittelrisalits und öffnete auf den Vorplatz der Burg. Auf dem Kies drängten sich Hunderte von Schaulustigen, die begeistert ihre Arme in die Höhe reckten, und immer noch mehr Leute strömten von den offenen Seiten der Freifläche hinzu. Männer nahmen ihre Söhne auf die Schultern, damit sie besser sehen konnten. Frauen fielen sich strahlend in die Arme und sprangen johlend im Kreis. Im Gegensatz zu den teuren Pelzjacken, den mit Spitze besetzten Kleidern und den goldverschnürten Attilas im Festsaal waren die Kleider der Menschen dort unten deutlich einfacher, ja, beinahe schäbig. Die Männer trugen abgerissene Mäntel und geflickte Umhänge, die Damen schmucklose Kopftücher, Leinenkleider und Schals.

Nach hinten begrenzte ein Arkadengang den steilen Abhang zum Hochufer der Donau, auf dem Feuerwerker die letzten Raketen, Feuertöpfe und Vulkane in Stellung brachten.

Aus den Augenwinkeln nahm Sisi wahr, wie Franz sich zu seiner Tochter hinunter beugte und sie hochnahm, um mit ihr vom Balkon zu winken. Sisi beobachtete, wie ihr Kind zögerlich in die Geste einstieg, bis sie immer sicherer, beinahe übermütig mit ihrer kleinen Hand wedelte.

Überwältigt vom Jubel und der Freude der Menschen hob schließlich auch Sisi die Hand zum Gruß, und die Menge tobte. «Éljen a császárné!», hallten ihre Lobpreisungen über den Vorplatz, *Es lebe die Kaiserin!*, während immer neue Lichter in den Nachthimmel aufstiegen und die Gesichter in ihrem Funkenregen erglühen ließen.

DAS FEUERWERK

Mit trockenem Mund starrte Franz auf den schwarzen Himmel, wo die glitzernden Lichter feine Rauchspuren hinterließen. Ein leichtes Zittern hatte seine Hände erfasst. Mit jedem explodierenden Feuertopf, jedem krachenden Funkenschlag, nahm der faulige Geruch des Schwarzpulvers zu. Das Dröhnen, Zischen und Krachen der Raketen erschütterte ihn im Mark, und jeder Knall, jede Entladung riss Erinnerungen in ihm auf, die er lieber tief in seinem Inneren begraben hätte. Die blutigen Gesichter verstümmelter Soldaten blitzten vor seinen Augen auf, als sei es gestern gewesen, abgerissene Gliedmaßen und von Pferdehufen zertretene Leichname mischten sich unter das Feuerwerk.

Als habe seine Seele seinen Körper verlassen, sah Franz sich darüber selbst vom Balkon winken, zusammen mit einem Mann, dem er nicht traute, mit seiner geliebten Tochter auf dem Arm, an der Seite seiner Frau und seines jüngsten Kindes. Würde er den Tag verdammen, da er sie alle in Gefahr gebracht hatte?

Franz schluckte und versuchte, sich auf den Schweiß zu konzentrieren, der ihm trotz der Kälte in einem feinen Rinnsal die Wirbelsäule hinablief. Doch er vermochte seinen aufgewühlten Geist nicht zu zügeln. Verzweifelt ließ er seinen Blick über den Vorplatz streifen. Wo kurz zuvor Zornesfalten und hitzig-glühende Gesichter das Bild geprägt hatten, zeigten sich jetzt freudige, entflammte Mienen.

Plötzlich machte Graf Andrassy einen Schritt nach vorne und trat direkt vor Franz, so dicht, dass ihm der Atem stockte. Unfähig, sich zu regen, folgte er Andrassys Blick quer über den Vorplatz, auf dem sich die jubelnde Masse drängte. Franz sackte das Blut in die Füße, als er einen Mann auf dem verschneiten Dach des Zeughauses knien sah. Er hatte eine Armbrust angelegt, deren Pfeilspitze direkt auf ihn gerichtet war. *Dein Leben sei der Zerstörung geweiht*, schoss es ihm im Bruchteil einer Sekunde durch den Kopf, *und die, die du liebst, sollen elendig zugrunde gehen.* Kaum hatten sich die Worte des Fluchs in seinem Geiste geformt, stürzte auf dem gegenüberliegenden Dach wie aus dem Nichts ein Schatten vor und riss den Schützen um. Im selben Moment, da Franz in der Gestalt seinen Freund Grünne erkannte, ertönte ein Surren dicht an seinem Ohr, gefolgt von einem dumpfen, knackenden Schlag. Atemlos fuhr Franz herum. Kaum zwei Handbreit von Sisis Kopf entfernt hatte sich die schmiedeeiserne Spitze des Pfeiles in das harte Holz gebohrt.

Fassungslos machte er einen Schritt zur Seite, hinter Andrassy hervor, der zu nichts weniger bereit gewesen war, als Franz' Leben mit seinem eigenen zu schützen. Franz blickte wieder auf das Dach und sah gerade noch, wie der Schütze von dem dreistöckigen Gebäudeflügel in die Tiefe stürzte. Als sein Körper im Rücken der Menge auf den Steinstufen des Zeughauses aufschlug, explodierte die letzte Rakete am Himmel, und Goldregen rieselte auf die Zuschauer nieder. Ein andächtiges Raunen ging durch die Reihen, und einen Augenblick war es Franz, als bliebe die Zeit stehen. Wie betäubt starrte er auf die Stelle, an der der Körper des Mannes aufgeschlagen sein musste, der ihm vor dem kreischenden Pöbel das Leben hatte nehmen wollen, dann auf seine Frau, die, vom Goldregen erhellt, wie eine Madonna neben ihm stand.

GLAUBE

Mit einem kräftigen Ruck riss Sisi Franz' Hemd auf und presste gierig ihre Lippen auf seinen warmen Mund. So saftig und süß wie bei ihrem ersten Kuss, durchströmte Franz' Geschmack ihr ganzes Erleben. Füllte sie von innen aus. Trieb sie an. Wie lange hatte sie davon nicht mehr gekostet? Wie lange nicht seinen Körper berührt?

Entschlossen drückte sie ihn vor sich in die Kissen und stieg über ihn. Durch die vielen Stoffschichten ihrer Röcke spürte sie deutlich seine Härte an ihrem Unterleib. Ohne sich aus dem Kuss zu lösen, zerrte Sisi ihrem Mann das Hemd von den Schultern, strich über seine glatte Haut, zog ihn an sich. Die Erregung beschleunigte ihren Atem, und die Wärme, die sein muskulöser Körper ausstrahlte, steigerte noch ihr Verlangen. Begierig fuhr sie mit ihren Händen seine Arme entlang, griff seine kräftigen Handgelenke und führte sie über seinen Kopf. Da spürte sie, dass Franz sie sacht von sich schob. «Warte ...», flüsterte er und drängte sie immer bestimmter zurück.

Irritiert ließ Sisi ihn los und setzte sich auf. Durch die Vorhänge drang bereits das erste Licht der Dämmerung, und ihre Müdigkeit war einer übersteigerten Wachheit gewichen. Bis in die frühen Morgenstunden hinein hatte der Ball unter ihrer Schirmherrschaft angedauert. Was als feindseliges Tête-à-Tête begonnen hatte, war zu einer rauschhaften, ausgelassenen Feier avanciert. Entflammt vom Feuerwerk, dem süßlichen ungarischen Wein und im Wissen, nur knapp dem Tode entronnen zu sein, hatten Sisi und Franz sich bis zum letzten Ton unter die Tanzenden gemischt, als gäbe es kein Morgen.

«Was ist?», fragte sie und schlang verlegen die Arme um die Brust. Der Kamin war über die Nacht erkaltet, und ohne die warme Nähe ihres Mannes trieb die kühle Luft einen Schauer über ihre Haut.

Franz, der noch immer unter ihr lag, sah ernst zu ihr auf. «Danke.»

Vor Überraschung entfuhr Sisi ein Lachen. *«Danke?»*, fragte sie ungläubig und biss sich schnell auf die Lippen, um ein neues Lachen zu unterdrücken. «Wofür denn? Für Ungarn?»

«Nein.» Franz schüttelte den Kopf, und seine Augen glänzten so andächtig, dass sie ihr keinen Zweifel ließen, für ihren Mann das Kostbarste auf der Welt zu sein. «Dafür, dass du mir den Glauben an das Leben zurückgegeben hast.»

Sisi stockte der Atem, als Franz sie an sich zog, in eine feste Umarmung. Wie eine sanfte Welle benetzte seine Wärme ihren nackten Oberkörper, während sie ihre Nase in seinem Nacken vergrub. Genussvoll füllte sie ihre Lungen mit seinem erdigen Duft. Sie spürte seinen Herzschlag an ihrer Brust, ein zartes Pulsieren, das ihr eigener Körper mit seinem ganzen Sein beantwortete, und schloss gerührt die Augen. Nach allem, was sie in den letzten Monaten voneinander getrennt hatte – in diesem Augenblick war ihr, als durchströme pure Liebe ihrer beider Körper.

«Gemeinsam können wir es schaffen», flüsterte Franz und streichelte liebevoll ihr Haar.

Über den genauen Sinn seiner Worte nachdenkend, genoss Sisi einige Atemzüge lang die zärtlichen Berührungen.

«Was schaffen?», fragte sie dann vorsichtig.

«Alles», sagte Franz leise, und diesmal war er es, der ihre Lippen mit den seinen suchte, ihren Mund mit dem seinen verschlang. Unendlich zärtlich und doch bestimmt schob er sie von sich herunter, nur um sich dann seinerseits auf sie zu wälzen. Lustvoll bäumte Sisi sich unter ihm auf, presste sich ihm entgegen und stöhnte auf, als er sanft in ihre Unterlippe biss, seine Hand unter ihren Rock schob und zwischen ihre Beine glitt.

Da ertönte ein kurzes hektisches Klopfen, bevor die Tür knarzend aufschwang. Erschrocken ließ Franz von ihr ab, und Sisi setzte sich ertappt neben ihm auf.

«Entschuldigt bitte, Eure Majestät.» Fannys Stimme

überschlug sich vor Aufregung. Die Flamme der Kerze, die sie in einem kleinen Leuchter vor sich trug, flackerte unheimlich über ihr von Angst verzerrtes Gesicht. «Eure Tochter ...» Sisi sah die Panik auf dem Gesicht ihrer Freundin, und blankes Entsetzen flutete ihren Körper. «Es geht ihr sehr schlecht.»

TEIL 3

VERDACHT

Im flackernden Licht der Kerze schimmerte das weiße Tuch zwischen den dunklen Zubern, Waschbrettern und Bleueln hell auf. Entschlossen hielt Grünne auf den Arbeitstisch im hinteren Teil der Waschküche zu. Der Schein der Kerze tanzte über die unverputzten Wände. Es roch nach Seife und Soda, und trotz der gefütterten Stiefel kroch ihm die feuchte Kälte im Tiefparterre der Ofener Burg unangenehm die Beine hoch.

Grünne duckte sich an einer leeren Leine vorbei und stellte den Kerzenleuchter auf dem abgewetzten Holz des Tisches ab. Er hielt kurz inne, bevor er das Tuch anhob.

Die leeren Augen eines Toten starrten ihm entgegen. In den wenigen Stunden, die er seit dem Absturz hier lag, hatte die Haut einen fahlen Ton angenommen, und die im Schreck leicht geöffneten Lippen waren blau angelaufen. Nur die Locken wirkten noch immer lebendig.

Grünne hielt den Atem an. *Er* hatte diesen Mann getötet. Er erinnerte sich an seine kräftige Gegenwehr am Abgrund des Daches, an sein panisches Keuchen. An den kalten Schnee, der im Ringkampf in seinen Kragen gedrungen und ihm kalt den Nacken entlang gelaufen war. Die schreckgeweiteten Augen, als der Mann den Halt verlor und in die Tiefe stürzte.

Ungerührt strich Grünne die Lider über die Augäpfel des Toten und zerrte das ganze Tuch beiseite. Der faulige Geschmack des Alkohols, den er auf dem ausufernden Fest in der vergangenen Nacht zu sich genommen hatte, lag ihm schwer auf der Zunge und benebelte noch seine Sinne, doch er riss sich zusammen. Er war hier, um etwas herauszufinden. Über diesen Mann und diejenigen, die ihm bei der Planung seiner Attentate geholfen hatten. Die Armbrust hatte er bereits in seinen Gewahrsam gebracht. Ein nichtssagendes Modell aus Holz mit eisernem Mechanismus, Hanfsehne und schwerer eiserner Schaftkappe. Keine Inschrift, keine Nummer. Mit zusammengepressten Lippen musterte er die einfache Kleidung des Leichnams. Ob er Glück hatte, hier auf einen Hinweis zu stoßen? Mit klammen Fingern tastete er die von Blut und Schnee vereisten Leinenhosen ab. Er zog die durchnässten Lederschuhe mit den abgelaufenen Sohlen von den steifen Füßen, sah hinein, und nestelte auch die Wollsocken herunter. Nichts. Seufzend wandte Grünne sich dem Oberteil zu. Er löste die Verschnürungen des gefütterten Dolmans, schlug die Jacke auf, suchte erfolglos in allen Taschen, öffnete das Leinenhemd. Er stutzte. Auf der haarigen Brust des Mannes lag, an einem einfachen Lederband um den Hals befestigt, ein runder Anhänger.

Mit einem kräftigen Ruck riss Grünne die Kette ab und hielt sie ins Licht der Kerze. Das Metall glänzte golden auf, doch einige Stellen waren so abgegriffen, dass das Silber darunter hervorblitzte. Nachdenklich fuhr er über die eingravierte Rose und die leere Fassung, aus der wohl ein Stein herausgebrochen war. Es war ihm, als habe er dieses Medaillon schon einmal gesehen. Aber wo? An wem? Immer noch grübelnd, ließ er die Kette in die Innentasche seiner Weste gleiten und wandte sich erneut dem Leichnam zu. Auch wenn der zündende Funke gerade noch nicht übersprang, sein Gedächtnis würde ihn nicht im Stich lassen, das wusste er.

FIEBER

Sisi konnte nicht sagen, wie viel Zeit vergangen war, bis sie endlich eilige Schritte im Flur vernahm. Die Wintervögel in den Gärten hatten ihre Gesänge zum Sonnenaufgang bereits eingestellt, und gedämpftes Tageslicht flutete das Schlafgemach der Kinder. Voller Hoffnung drückte sie Sophies schwitzige Hand.

«Alles wird gut, mein geliebtes Töchterlein», flüsterte sie ihr zu und küsste ihre glühende Stirn, bemüht, sie ihre Panik nicht spüren zu lassen. «Mama ist bei dir. Und gleich wird der Arzt dir helfen.»

Ihre erstgeborene Tochter reagierte nicht auf ihre Worte. Dass sie sich in den letzten Stunden mehrmals erbrochen und trotz einer schlimmen Diarrhö kaum etwas getrunken hatte, hatte ihren Körper merklich geschwächt. Ihre Löckchen klebten in nassen Strähnen auf ihrer glänzenden Stirn. Ihr Atem hob schnell und flach ihre Brust, und Sisi spürte, wie ihr kleines Herz unter dem Nachtkleidchen wild hämmerte.

Trotz der durchwachten Nacht hatte Sisi alles in ihrer Macht Stehende arrangiert, kaum dass Fanny sie zu Hilfe gerufen hatte. Sie hatte Gisella von ihrer kranken Schwester getrennt, auf schnellstem Wege nach einem Arzt schicken lassen. Warmes Wasser, Tücher und Essig für kühlende Wickel beordert, unablässig Sophies Hand gehalten, ihr Mut zugesprochen und für ihre rasche Gesundung gebetet. Zu Anfang hatte die Sorge sie mit einer gewaltigen Präsenz erfüllt. Seit geraumer Zeit jedoch schien ihr Kopf unter den Selbstvorwürfen zu zerspringen, die hinter ihren Schläfen pochten. Hatte sie die Erkältung ihrer Kinder unterschätzt? Über all den Aufgaben als Kaiserin ihre Zuständigkeiten als Mutter vergessen? *«Du bist ja selbst noch ein Kind»,* hörte sie die Stimme ihrer Schwiegermutter aus der Vergangenheit, und obwohl sie sich verbat, ihr Gehör zu schenken, es gelang ihr doch nicht, sie zum Schweigen zu bringen.

Liebevoll strich Sisi ihrer Tochter über die heißen Wangen und erhob sich, als hinter ihr ein leises Klopfen erklang.

Im schwachen Licht des bedeckten frühen Morgens war ein Mann in zerknittertem Anzug, weißem Hemd und Fliege im Türrahmen erschienen.

«Eure Majestät», sagte er mit starkem ungarischen Akzent und neigte vor Franz den Kopf, wobei seine schneeweißen Haare eine kreisrunde Glatze preisgaben. An seinem zerdrückten grauen Schnauzbart konnte Sisi ablesen, dass man ihn wohl aus dem Schlaf gerissen hatte.

«Bitte», räusperte sich Franz und erhob sich aus seinem Sessel, in dem er die ganze Zeit über gewartet hatte. «Tut, was Ihr könnt.»

Beklommen beobachtete Sisi, wie der Arzt nickte, seine lederne Arzttasche am Fensterbrett abstellte und mit fahrigen Händen seine Brille hervorholte. Als hätte er alle Zeit der Welt, entfaltete er das Gestell, strich die geschwungenen Bügel über seine großen Ohren und setzte sich schnaufend neben das kranke Kind ans Bett.

Behutsam fühlte er Sophies Puls und ihre Temperatur, drückte mit einem Holzmundspatel ihre Zunge nach unten und studierte im Licht einer Kerze ihren Rachen. Sophie ließ alles matt über sich ergehen. Ein paar Mal warf sie widerwillig den Kopf auf dem Kissen hin und her und weinte auf, doch sie schien zu erschöpft, um sich ernsthaft gegen die Untersuchung zu wehren.

«Das machst du gut, mein Kind», sprach Sisi ihr leise zu und streichelte ihre kleine warme Hand.

Sie versuchte, in der Miene des Arztes zu lesen, aber der Mann war zu erfahren, um sein Urteil vor Abschluss der Untersuchung zu verraten. Hilflos suchte Sisi Franz' Blick. Doch der starrte nur mit steinernem Gesicht auf das fiebernde Kind. Was er wohl dachte? Dasselbe wie sie?

Nach einer Weile setzte der Arzt sich auf, nestelte die Brille von der Nase und rieb sich mit seinen rauen Fingern die verquollenen Augen.

Gebannt sah Sisi ihn an. «Sagt mir, wird es ihr bald besser gehen?»

«Keine Sorge, Hoheit», schnaufte er lächelnd, «wir müssen nur das Fieber senken.»

Erleichtert fasste Sisi sich an den Hals und schluckte trocken. Die Matratze gab leicht nach, als Franz sich neben sie setzte und den Arm um sie legte. Hoffnungsvoll klammerte sie ihre Hände in seine, während der Arzt Sophie eine Medizin auf die Lippen träufelte.

Vorsichtig wickelte Sisi den feuchten Umschlag von Sophies Waden, tauchte ihn erneut ins laue Essigwasser und wrang ihn über dem Krug aus. Das helle Tröpfeln mischte sich unter das beinahe gespenstische Heulen des Windes, und das leichte Brennen auf ihrer rauen Haut rief ihr in Erinnerung, wie viele Male sie diese Handgriffe am zurückliegenden Tag bereits durchgeführt hatte. Hinter den Fenstern herrschte bereits tiefe Dunkelheit. Sogar das Knacksen im hohen Kachelofen in der hinteren Ecke des Zimmers hatte sich mit dem Verglühen der letzten Scheite gelegt.

Ununterbrochen hatte Sisi seit dem Morgengrauen am Bett ihrer kranken Tochter gewacht. Stunde um Stunde hatte sie ihr eigenhändig die Kleider erneuert, wenn sie gelbe, schaumige Galle erbrach, und ihr so lange die Windeln gewechselt, bis ihre Ausscheidungen versiegten.

Matt legte Sisi den neuen Wickel um ihre schlaffen Beinchen und schlang ein trockenes Tuch darum. Entgegen der Einschätzung des Arztes hatte sich der Atem ihrer Tochter unter den Umschlägen erst am späten Abend etwas beruhigt, und das Fieber war zurückgegangen. Obwohl Sisi sich unablässig bemüht hatte, ihr Wasser in den kleinen Mund zu träufeln, hatte der extreme Flüssigkeitsverlust ihre Lippen spröde und rissig gemacht. Nichts von all der Kraft schien in diesem Augenblick mehr in ihr zu stecken, die sie so gut von ihrer Tochter kannte. Wie viele Male hatte sie in der Vergangenheit erfolglos versucht, Sophies Temperament nach den Regeln des Hofes zu zügeln?

Sie dazu zu bewegen versucht, die kristallene Bonboniere wieder herzugeben, die sie von der Anrichte stibitzt hatte? Sie zu beruhigen, wenn sie sich in einem Tobsuchtsanfall vor Gräfin Esterhazy auf den Boden geworfen hatte, um den steifen Seidenschühchen oder dem Waschzuber zu entgehen?

Sisi deckte ihr Kind vorsichtig zu und wischte sich erschöpft mit der Hand über die Stirn.

Franz war in voller Uniform auf der Chaiselongue neben dem Bett eingeschlafen. Einen Moment lauschte sie seinem leisen Schnaufen. Selbst im Schlaf zeichneten sich deutliche Sorgenfalten zwischen seinen Brauen ab. Sie stand auf und breitete eine Decke über ihn. Vor den Fenstern rüttelte ein rauer Wind in den schneebedeckten Büschen und warf die erloschene Laterne an der Wachstube hin und her. Sisi erinnerte sich noch gut daran, wie sehr sie als Kind die Dunkelheit gefürchtet hatte. Die Stunden rund um Mitternacht, da sie alleine wach gelegen und dem Spiel des Windes gelauscht hatte, der in Fugen und Läden pfiff, in den Laternen klapperte und in die Zweige des Kastanienbaumes vor ihrem Fenster griff. Unter ihren Augen hatten sich die Bewegungen der dunklen Blätter in die Hexen und Geister verwandelt, von denen ihr ihr ältester Bruder erzählt hatte, und auch heute befeuerten die Schatten ihre düstere Fantasie.

Gerade wollte Sisi ans Bett ihrer Tochter zurückkehren, als Grünne den Raum betrat, ohne dass ihn jemand angekündigt hätte. Überrascht sah Sisi ihn an. Kurz hielt der Graf ihren Blick, bevor er sich verbeugte.

«Eure Majestät, darf ich?», fragte er leise.

Als sie nickte, kam er näher, streifte den schlafenden Kaiser mit einem Blick und blieb vor Sisi stehen.

«Wie geht es ihr?», fragte er.

«Etwas besser.»

Sisi versuchte ein Lächeln, doch sie konnte an Grünnes angespannten Lippen und seinen leicht hochgezogenen Augenbrauen sehen, dass es ihr nicht überzeugend gelang. Stumm sah sie auf ihre schlafende Tochter hinab. Sie war wohl selbst zu erschöpft, um ihre große Sorge noch zu verbergen.

«Wo ist Eure Zofe?», hörte sie Grünne fragen.

«Ich habe sie ins Bett geschickt», antwortete Sisi leise. «Sie hat fast zwei Tage nicht geschlafen.»

Grünne nickte. «So wie Ihr», sagte er sanft und strich fahrig die Weste über seinem Hemd glatt, ohne Sisi aus den Augen zu lassen. Verlegen stand sie vor ihm. Wie damals im Salon in Laxenburg, fragte sie sich, warum er zu ihr gekommen war. Was wollte er von ihr? Unter seinen langen Wimpern fingen seine Augen den letzten Glanz der beinahe heruntergebrannten Kerzen am Fensterbrett ein, und Sisi wandte sich verlegen ab, um sie zu erneuern. Die Präsenz des Grafen in ihrem Rücken spürend, nahm sie eine neue Kerze aus einer Schachtel, entzündete ihren Docht an der nur noch schwach in der Tropfschale lodernden Flamme und setzte sie obenauf.

«Möchtet Ihr, dass ich bei Euch bleibe, Hoheit?», hörte sie Grünne leise fragen und wandte sich um. Das war es also, weshalb er hergekommen war? Um ihr am Krankenbett ihrer Tochter beizustehen?

Sisi nickte und deutete schweigend auf einen der Sessel

an der Wand. Sie beobachtete, wie der Graf hinüberging und sich bückte, um ihn näher ans Bett heranzutragen. Allein seine Anwesenheit erfüllte sie mit einem ungeahnten Gefühl der Erlösung. Ja, es würde leichter für sie sein, heute nicht alleine wach zu bleiben. Erschöpft streifte sie die Seidenschuhe von ihren schmerzenden Füßen, kletterte auf die Matratze und legte sich vorsichtig zu Sophie unter die Decke.

Tröpfelnd, perlend und tickernd kämpfte sich der Gesang eines Rotkehlchens in Sisis Bewusstsein. Erst gedämpft, dann immer klarer, bis sie verstand, wo sie war. Alarmiert schlug sie die Augen auf. Wie lange hatte sie geschlafen? Über dem breiten Strom der Donau, den schneebedeckten Wiesen und Wäldern brach bereits die Dämmerung an. Auch Grünne war in seinem Sessel eingenickt, und Franz schlief noch auf der Chaiselongue. Schnell wandte sie sich ihrer Tochter zu, die neben ihr unter der Decke lag. Sie hielt den Atem an, um ihr leises Schnaufen zu hören. Ein lähmendes Kribbeln breitete sich in ihrem Körper aus, als sie nichts vernahm.

«Sophie?!», flüsterte sie heiser.

Panisch tastete sie nach ihrer Stirn, riss die Decke beiseite, legte ihre Hand auf den kleinen Bauch – kein Herzschlag, kein Atem bewegte mehr ihre Brust. Sisi wimmerte, rüttelte Sophies kleinen Körper, immer verzweifelter. Tränen drängten in ihre Augen, raubten ihr die Sicht. Entfernt nahm sie wahr, dass Franz und Grünne an ihre Seite eilten, doch Sisi achtete nicht auf sie. In diesem Moment gab es nur sie und ihr Kind. Nichts auf der Welt, kein Mensch, kein Tier, kein Verlangen, kein Streit war mehr von Bedeutung, da ihr Baby reglos vor ihr lag.

«Nein ... Nein ... Nein!» Ihre Stimme, nur ein Hauch, brach ab, als hätte man ein Messer zwischen ihre Rippen gestoßen, kam wieder, entsetzlich kratzend, bis ein Schrei der Erkenntnis aus ihrer Kehle drang, der die Vögel vor den Fenstern aufflattern ließ.

STARR

Schmelzende Schneeränder säumten noch die dunkelroten Satteldächer der Wiener Hofburg, während die dürren Sträucher und Bäume in den Gärten am Rande der Auffahrt schon erste Knospen trieben. Massiv und wuchtig lagen die Mauern der Schlossanlage in der grauen Dämmerung. Die nicht enden wollende steinerne Fassade mit ihrem prunkvollen Gesims, den zahlreichen Vorsprüngen, Giebeln und erleuchteten Fenstern ließ nicht erahnen, wie sehr die letzten Monate das Zentrum des Reiches erschüttert hatten.

Franz beobachtete düster, wie zarte Rauchschwaden sich über den Schornsteinen des Leopoldinischen Traktes kräuselten und im rauen Wind zerstoben. Würde alles, wofür er lebte, sich unter seinen Augen in die Himmelsrichtungen verlieren wie dieses verbrannte Holz?

Das sanfte Holpern der Räder auf dem Kies, gepaart mit der nassen Kälte im Inneren der Kutsche, der modrigen Erde, die sie mit den Absätzen ihrer Schuhe hereingetragen hatten, und dem knoblauchartigen Arsengeruch des einbalsamierten Körpers ließ eine leichte Übelkeit in ihm aufsteigen. Sehnsüchtig erwartete er die Ankunft. Den Moment, da er endlich würde aussteigen können, Sisis Pein, ihrem Leid entfliehen.

Obwohl Franz sich dem Fenster zugewandt hatte, konnte er aus den Augenwinkeln noch immer sehen, wie Sisi den in Silberstoff gehüllten Leichnam hielt. Ihr verzweifeltes Schreien und Klagen am Totenbett ihrer Tochter war erst in leises Weinen und Schluchzen übergegangen, dann, nach der Einbalsamierung in der vollständig mit rotem Seidendamast ausgeschmückten Burgkapelle in Ofen, in stille, wortlose Trauer. Seit ihrer Abreise war sie ihrem Kind nicht von der Seite gewichen. Sie hatte ihr Gesicht mit einem Schleier bedeckt und streichelte mit unendlicher Zärtlichkeit und beinahe apathischer Versenkung Sophies leblos erstarrte Züge, die glänzenden blonden Locken. Ob er den Anblick, der sich ihm vor wenigen Tagen beim plötzlichen Erwachen geboten hatte, jemals würde vergessen können? Wollte, durfte er das überhaupt? Franz schluckte. Wie hatte er Sisi in dieser Nacht alleine lassen können?

Unsere Kleine ist ein Engel im Himmel, hatte er noch am selben Morgen an seine Mutter telegrafiert, *wir sind vernichtet.*

Seit sie mit der Eisenbahn am Nordbahnhof angekommen und für den Weg durch die Stadt in die Kutschen umgestiegen waren, hatte er es vermieden, Sisi anzusehen. Kein Wort hatte er über die Lippen gebracht, so große Angst hatte er vor dem, was das Schicksal ihm aufgezwungen hatte. *Deine Brut möge es dahinraffen und du sollst als einsamer, gebrochener alter Mann verlassen sterben.* In endloser Schleife dröhnte die Stimme der ungarischen Frau in seinem Kopf, als wolle sie den Moment der Schwäche ausnützen, in dem Schmerz und Schuld an seinen Eingeweiden zerrten, seinen Verstand benebelten, seine Seele zerrissen, um ihren dunklen Fluch weiter in sein Dasein zu hämmern. Wann, in Gottes Namen, würde das alles ein Ende haben?

Als die Kutsche die Rampe zur Bellaria passierte, sah er, wie in einiger Entfernung seine Mutter und Sisis Eltern aus dem großen, von der Arcièren-Leibgarde bewachten Eingangstor traten. Ihre schwarzen Röcke, Schleier und Umhänge flatterten im Wind, während sie reglos auf die Ankunft der Kutschen warteten.

Kaum hatte die Eskorte vor dem Schloss gehalten, eilten Livreediener mit einer hölzernen Trage auf ihre Kutsche zu. Franz hörte, wie Grünnes Lederstiefel auf dem Kopfsteinpflaster aufkamen, als er vom Pferd absaß. Kurz darauf öffnete der Graf die Tür.

Entgegen seiner Erwartungen schlug Franz ein warmer Frühlingswind entgegen. Entschlossen, alle düsteren Gedanken, alle Emotionen bis auf Weiteres zu verdrängen, atmete er die frische Luft in seine Lungen und stieg aus. Der Wind griff in seine Haare und spielte in dem Tuch seiner dunklen Uniform, doch die Beklemmung konnte er nicht fortwehen. Er wandte sich um und wollte Sisi die Hand reichen, aber sie machte keine Anstalten, ihm nach draußen zu folgen. Selbst Fanny war schon mit Gisella aus der zweiten Kutsche gestiegen, während Sisi sich im Halbdunkel an ihre tote Tochter klammerte, offenbar nicht bereit, sie aus den Armen zu lassen. Gerne hätte er ihr Mut zugesprochen, Hoffnung gemacht, aber wie sollte er ihr helfen, ohne selbst den Verstand zu verlieren?

«Sisi, du musst jetzt ...» Von den eigenen Emotionen überwältigt, brach Franz den Satz ab und presste die Lippen zusammen. «Gib mir das Kind», fügte er hinzu.

Sisi blickte nicht einmal auf. Fortwährend streichelte sie Sophies bleiche Wangen, fuhr mit den Fingern ihre blonden Brauen nach.

Er zuckte zusammen, als jemand sich knapp neben ihm räusperte. Fanny war mit Gisella an seine Seite getreten und warf ihm einen vielsagenden Blick zu. Sie deutete einen kurzen Knicks an und wandte sich dann der offenen Tür des Verschlages zu.

«Hoheit?», fragte sie mit einer erfrischenden Lebendigkeit.

Obwohl es hochgradig frech von ihr war, ihn so von der Kutsche weg zu dirigieren, trat Franz dankbar einen Schritt zur Seite. Das hochgeschlossene Reisekleid schmiegte sich elegant an ihren schlanken Körper, und die dunkelblonden Locken lugten einwandfrei frisiert unter ihrem schwarzen Hut hervor. Es war wirklich erstaunlich, wie diese einfache Frau sich mit ihrer rüstigen und doch feinen Art in ihre Rolle am Hof eingefunden hatte. Dankbar beobachtete er, wie sie einen Fuß auf das Trittbrett setzte und pragmatisch den Kopf in den Verschlag der Kutsche steckte. Ja, vielleicht war sie jetzt die Einzige, die zu Sisi durchdringen konnte.

DUNKELGRÜN

Wie gelähmt starrte Sisi aus der offenen Tür. Obwohl ihre Tränen vor geraumer Zeit versiegt waren, brannten ihre Augen vom langen Weinen. Erst jetzt, da sie Sophie aus ihren Armen gegeben hatte, da die Livreediener ihren kleinen Körper auf die Trage betteten und mit einem schwarzen Tuch bedeckten, merkte sie, dass ihr die Kälte aus den Polstern der Kutschbank den Rücken hochkroch. Lähmend breitete sich ein eisiger Schauer über ihren ganzen Körper aus. Wie sollte sie das alles überstehen? Jemals wieder froh werden?

Franz stand reglos neben der Kutsche und sah sie auffordernd an. Sein Gesicht war so hart und steinern, dass sein Anblick sie noch einsamer machte, als sie sich ohnehin schon fühlte. Die Herzlosigkeit, mit der er seine Gefühle beherrschte, sich nichts nah kommen ließ, befremdete sie.

Es kostete Sisi all ihre Kraft, sich von der Kutschbank zu erheben. Ihre Glieder waren so schwer, als halte ein tiefer Morast sie gefangen, und der steife Stoff ihres Kleides schränkte ihre Bewegungsfreiheit zusätzlich ein. An Fannys Hand balancierte sie über das wackelige Trittbrett ins Freie. Der laue Wind, der ihren Schleier anhob, schien ihre Trauer zu verhöhnen, und jetzt, da sie ihre Eltern an der Seite ihrer Schwiegermutter am Eingang der Hofburg entdeckte, schämte sie sich ihres dunkelgrünen Kleides. In Ungarn hatte sie kein schwarzes Kleid dabeigehabt, und vor der überstürzten Abfahrt nach Wien hatte sie keine Zeit damit verlieren wollen, noch eines schneidern zu lassen.

Sie hatte sich für das dunkelste Stück ihrer Reisegarderobe entschieden, obwohl sie wusste, dass der Wiener Hof keine Gnade für die Beweggründe Einzelner kannte. Für die Etikette gab es nur Gehorsam oder Regelverstoß. Ob die Farbe ihres Kleides einen Skandal auslösen würde? Was würden die Leute sagen? Dass sie keine gute Mutter war?

Beklommen ließ sie die Hand ihrer Freundin los und wandte sich an Grünne, der mit Gisella neben der Kutsche wartete.

«Bitte gebt mir meine Tochter», sagte sie entschieden. Nach dem langen Schweigen kratzte ihre Stimme in ihrem Hals.

«Wie Ihr wünscht, Hoheit.» Der Graf trat einen Schritt auf sie zu und überreichte ihr vorsichtig ihr Kind.

Der graue Himmel spiegelte sich in Gisellas stahlblauen Augen, die sie von ihrem Vater geerbt hatte. Obwohl sie nur wenige Wochen alt war, schien es ganz so, als spürte sie das Leid ihrer Mutter und wollte ihr Trost spenden. Mit einem fast aufmunternden Lächeln ließ sie sich von Sisi ans Herz drücken, und als Sisi ihre Nase in ihrem warmen Nacken vergrub, gluckste sie wohlig. Ihr vertrauter, milchig süßer Geruch legte sich wie eine eiserne Hand um Sisis Herz.

«Wir sind wieder daheim», flüsterte sie. «Du warst sehr, sehr tapfer, meine Kleine ...»

Aus den Augenwinkeln sah sie, dass Franz den Trägern der Bahre zunickte. Auf sein Zeichen hin setzten sie sich im Gleichschritt in Bewegung. Die Sohlen ihrer kalbsledernen Schuhe knirschten auf dem Kies.

Beklommen lauschte Sisi dem gleichmäßigen Takt ihrer Schritte. Wie eine Uhr zählte er die Sekunden herab, bis der

Wiener Hof wieder seine Fänge um sie legen würde. Bis sie ihrer Schwiegermutter gegenübertreten musste. Der Frau, deren Rat sie vor der Reise in den Wind geschlagen hatte.

Als Franz ihr den Arm anbot, hängte Sisi sich ein und folgte dem leichten Zug, den er mit seinem Körper auf sie ausübte. Jeder Schritt fühlte sich steif und sperrig an, seltsam losgelöst, wie der eines Automaten.

«Du wirst jetzt vieles entscheiden müssen», hörte sie Franz leise sagen, als sie den Fuß der Steintreppe erreichten, die zum Eingang hinaufführte. «Für die Beisetzung.»

Es war das erste Mal seit Stunden, dass er das Wort an sie richtete. Um sie an ihre Pflichten zu erinnern.

Ohne ihn anzusehen, trat sie mit ihrer Stiefelette auf die Stiege, nahm Stufe um Stufe. Schritt um Schritt. Es war so weit. Sie waren zurück. Der strenge Wiener Hof, all die unsichtbaren Fesseln, Erwartungen und Pflichten würden sich wieder wie ein eiserner Ring um sie legen. Plötzlich erfasste sie eine so gewaltige Platzangst, ein so ungeheurer Widerwillen gegen ihr enges grünes Kleid, das Korsett, den Schleier, dass ihr mit einem Schlag der Schweiß ausbrach.

«Hast du gehört, Sisi?»

«Also soll auch das wieder ein politisches Ereignis werden?», fragte sie und erschrak über die Bitterkeit ihrer eigenen Stimme.

Franz' Zögern verriet, dass er ihren Hieb vernommen hatte. «Es ist ein Kind der Krone», sagte er beschwichtigend. «Das Volk erwartet eine öffentliche Zeremonie.»

Sisi nickte und war fast dankbar für den mächtigen Kloß in ihrem Hals, der all die gehässigen Fragen zurückdrängte, die auf ihrer Zunge brannten. Wann würde sie als Mutter um ihre Tochter trauern dürfen, gemeinsam mit ihrem Mann? Wann ihr eigenes Leben leben, ohne das Auge der Öffentlichkeit?

Zerrissen zwischen Schmerz und Trauer, Widerwillen und Selbstmitleid erklomm sie die letzten Stufen und wandte sich ihren Eltern zu, die sich anschickten, sie gemäß der Etikette zu begrüßen.

Der gebückten Haltung ihres Vaters war abzulesen, wie schwer er am Anlass ihres Wiedersehens zu tragen hatte. Obwohl er versuchte es zu verbergen, indem er sich an den Knauf seines Spazierstockes klammerte, sah Sisi das Zittern seiner Hand. Der schwarze Chapeau claque, der knielange Mantel und der Anzug kontrastierten sein bleiches Gesicht. Seit ihrer letzten Begegnung war sein schütteres Haar merklich ausgebleicht, und die Falten um seine Augen hatten sich vertieft. Sisis Mutter Ludovika hingegen stand so erhaben und frisch neben ihm wie eh und je. Als sei sie selbst der robuste Christusdorn aus ihrer Pflanzenoase im Schloss Possenhofen, der ihr mit seinen roten Blüten und knorrigen, eisernen Stacheln einer der liebsten war.

Ludovika und Max sanken in eine tiefe Verneigung, als Sisi vor ihnen stehen blieb. Sie löste sich von Franz und wartete, bis ihre Eltern sich wieder erhoben hatten. Dann suchte sie ohne Umschweife Ludovikas Blick.

«Ihr seid schon da?», fragte sie trocken.

«Um dir beizustehen.» Ludovika streckte die Hand aus, um nach Sisis zu greifen, doch Sisi verschränkte die Finger vor dem Schoß.

«Als ich dieses Mädchen zur Welt gebracht habe, hätte

ich deinen Beistand gebraucht», sagte sie scharf, und es kümmerte sie nicht, dass Max entrüstet dazwischen fuhr.

«Sisi!»

Verständnislos musterte sie sein vertrautes Gesicht. Die struppigen Augenbrauen, die markanten Wangenknochen, den buschigen Schnauzbart. Es kostete sie all ihre Kraft, aufrecht zu stehen. Zu atmen. Zu leben. Was wollten sie noch von ihr?

Wie durch einen Nebel hörte sie Franz neben sich ihre Eltern begrüßen. «Zumindest haben wir jetzt Frieden in der Lombardei und in Ungarn.»

Sisi schluckte, als er sich seiner Mutter zuwandte, um ihr die Hand zu küssen.

«Guten Tag, Mama.»

Eisig wandte auch Sisi sich ihrer Schwiegermutter zu, und der stechende Blick aus ihren dunklen Augen ließ ihr das Blut in den Adern gefrieren. Bemüht, sich vor ihr keine Blöße zu geben, legte Sisi fürsorglich die Hand an den Hinterkopf ihrer Tochter, um ihn zu stützen, und sank in eine leichte Verneigung. Ohne mit der Wimper zu zucken, nahm Erzherzogin Sophie die respektvolle Geste ab. Doch als sich Sisi erhob, wandte sie sich ohne Umschweife ihrem Sohn zu.

«Es gibt da etwas, über das ich mit dir sprechen muss», sagte sie fordernd, und Sisi biss in böser Vorahnung die Zähne zusammen. «Die Angelegenheit duldet keinen Aufschub.»

WEICHEN

Franz schloss den obersten Knopf seiner Uniform und griff nach dem Schreiben, das seine Mutter ihm reichte. Mit zusammengepressten Lippen ließ er sich auf seinen Schreibtischsessel sinken und überflog die Zeilen auf dem Papier. *«Die Angelegenheit duldet keinen Aufschub»*, hörte er noch ihre Worte in seinem Kopf. Ihre Miene hatte keinen Zweifel daran gelassen, dass ihn eine ernste Nachricht erwartete. Was ihm nun jedoch im Halbdunkeln von dem Papier entgegensprang, überstieg seine schlimmsten Befürchtungen. Was wollte Gott ihm noch abverlangen?

«Napoleon fordert alle Gebiete in Oberitalien als Voraussetzung für einen weiteren Waffenstillstand», unterbrach seine Mutter seine Gedanken, «und er will, dass du alle Kriegsschulden übernimmst.»

Stumm faltete Franz den Brief zusammen und legte ihn vor sich auf den Tisch. Es war sinnlos, dass sie den Inhalt des Briefes wiederholte.

«Es muss ein Ende haben», sagte er knapp, ohne zu wissen, ob er damit seine Mutter meinte, die fortwährend in seinen Angelegenheiten mitmischte, oder Napoleon und diesen gottverdammten Krieg. Der Widerwillen gegen ihre Anwesenheit jedenfalls war in diesem Augenblick so übermächtig, dass er nicht vermochte, den Blick zu ihr zu heben. Sie allein war der Grund dafür, dass er sich überhaupt mit solchen Fragen herumschlagen musste. Wozu hatte sie ihm dieses Amt aufgebürdet, wenn sie am Ende selbst alle Fäden in der Hand halten wollte?

Mehrmals rückte Franz den gefalteten Brief des französischen Kaisers zurecht, bis seine Kanten in einer Linie mit der ledernen Schreibunterlage und den drei Aktenstapeln waren, die sich darauf türmten. Als könnte er seine Mutter durch pure Ignoranz aus seinem Arbeitszimmer vertreiben.

«Überlege dir jetzt genau, was du tust», unterbrach ihre Stimme die angespannte Stille.

Franz starrte auf den Tisch und versuchte, die Wut zu unterdrücken, die mit einer gefährlichen Wucht in ihm aufstieg. «Ich möchte jetzt bitte allein sein.»

Als die Erzherzogin sich nicht regte, blickte er zähneknirschend auf und traf ihren harten Blick. Doch es kostete ihn kaum Kraft, ihr das Widerspiel zu halten.

«Du hast schon richtig verstanden», knurrte er.

Die Augen seiner Mutter blitzten zornig auf, bevor sie schließlich kapitulierte. «Wie du willst.»

Ihr Rock flog auf, als sie sich mit einer schnellen Bewegung umwandte. Angespannt schloss Franz die Augen und lauschte ihren sich entfernenden Schritten auf dem Parkett. Obwohl er darauf gefasst war, zuckte er kurz zusammen, als sie die Tür krachend hinter sich ins Schloss zog.

Einen Augenblick noch verharrte er reglos, bevor er die Augen wieder öffnete, einen tiefen Atemzug nahm und seufzend die Luft zwischen seinen Lippen ausströmen ließ.

Da er bei seiner Ankunft keine Kerze entzündet hatte, lag sein Arbeitszimmer beinahe in kompletter Dunkelheit. Nur ein hellgrauer Streifen erhellte hinter den hohen Fenstern noch den wolkenverhangenen Horizont und warf einen zarten Schimmer auf den Lack der dunklen Möbel. Ernüchtert rieb Franz sich die Schläfen, öffnete den Holzkasten mit seinen Schreibutensilien und tastete nach seiner silbernen Tabatiere. Kurz bevor seine Finger die abgegriffene Schnupftabakdose fanden, streiften sie scheinbar zufällig die glatte, haselnussgroße Kugel in einer Ecke der Schatulle. Seit jener Nacht, da er als junger Offiziersanwärter den Gehorsam gegenüber einem dummen Befehl über sein eigenes Gewissen gesetzt hatte, verwahrte er sie sorgsam. Damals war er über seine eigene Kälte zutiefst erschrocken gewesen. Nie hatte er, Franz, es für möglich gehalten, dass er zu etwas so Ungeheuerlichem fähig war. Erneut sah er sich selbst den Finger um den Abzug legen. Die Erinnerung war so präsent, als habe er erst gestern die Freundschaft zu einem Jungen verraten, der ihm in größter Not zu Hilfe geeilt war und trotz allem noch heute an seiner Seite stand. Wie viele Menschen hatte er seither ins Unglück gestürzt? Was war er, Franz, schon wert als Freund? Als Mann? Als Vater? Als Kaiser?

Bitter klappte er den Holzdeckel über dem Projektil zu und schloss das kühle Metall seiner Tabatiere in die Hand. Mit dem Daumen fuhr er über den glatten Stein und ließ seinen Blick über die Schatten seines Zimmers gleiten. Allein der Gedanke daran, dieser blutige Krieg könnte eine grausame Fortsetzung finden, schnürte ihm die Kehle zu. Doch hatte er eine andere Wahl? Napoleons Forderung, nicht nur die Lombardei abzutreten, seine ehemals reichste Provinz, sondern gleich alle Gebiete südlich der Alpen, war ein unerhörter Affront. Dass er von Franz aber obendrein verlangte, die Kriegsschulden aller Parteien alleine zu begleichen, machte geradezu den Eindruck, als poche Napoleon mit Nachdruck auf diesen Krieg. Was würde er als

Nächstes fordern in seinem verzweifelten Wunsch, seinen Onkel als Militärgenie zu übertreffen?

In einer finsteren Ecke seines Arbeitszimmers blieb Franz' Blick hängen. Neben der Sitzgruppe, die sich in der Dunkelheit um einen kleinen Tisch erahnen ließ, schimmerte das weiß bemalte Holz eines Schaukelpferdes. Die Finsternis verschluckte zwar den roten Sattel und das lederne Zaumzeug, doch war das Bild in seinem Geist so lebendig, dass er es nicht zu sehen brauchte. Das vergnügte Lachen und Glucksen seiner Tochter flackerte in seiner Erinnerung auf, ihre vom wilden Wippen geröteten Wangen, die blonden Locken, die ihr ins Gesicht fielen. Die Erinnerung war so mächtig, dass sie jeden Gedanken verdrängte. Der Schmerz, den sie anrührte, so groß, so raumgreifend, dass Franz mit dem Zeigefinger den engen Kragen seines Waffenrockes weitete, um sich Luft zu verschaffen. Er schluckte schwer gegen die aufsteigenden Tränen an. Er durfte seine Geistesgegenwart nicht von seiner Trauer trüben lassen. Musste stark sein für sein Reich, das ihn gerade jetzt so dringend brauchte.

Mit der Hand suchte er auf der Platte seines Schreibtisches nach Halt und stand wackelig auf. Das Spielzeug musste aus seiner Blickachse verschwinden, damit er ungestört denken konnte. Die Entscheidungen treffen konnte, die er treffen musste.

Bemüht, seinen persönlichen Schmerz hintanzustellen, hielt er auf das Schaukelpferd zu. Je näher er ihm kam, desto schwerer kam er voran. Wie ein mächtiger Magnet, der einen anderen abstieß, kostete ihn jeder seiner Schritte mehr Kraft. Als er das Schaukelpferd endlich erreichte, wusste er, dass es ihm niemals gelingen würde, es zu berühren. Er wollte es fortschaffen, sich von ihm befreien. Er wollte stark sein, doch es war aussichtslos.

Schicksalsergeben drehte er sich um und knöpfte seinen Waffenrock auf, ließ ihn achtlos zu Boden gleiten und krempelte die Ärmel seines Hemdes hoch. Wenn er das Pferd nicht verrücken konnte, so würde der Rest des Zimmers ihm weichen müssen.

ZURÜCK

Die Scheiben strahlten eine unangenehme Kälte aus, dennoch stand Sisi nah am Fensterbrett. Obwohl der steife Stoff sie immer noch einengte, hatte sie nicht die Kraft aufgebracht, das grüne Kleid abzulegen. Franz' Schweigen auf der Reise und sein überstürzter Rückzug nach ihrer Ankunft hatten sie erschüttert zurückgelassen. Warum war er nicht hier, um mit ihr gemeinsam zu trauern? Weshalb ließ er sie in dieser dunkelsten Stunde allein? Mit all den Entscheidungen, die auf sie warteten? Im Angesicht einer Feier von Ausmaßen, die *er* befürwortete, nicht sie?

Gerne wäre sie einfach hinübergegangen, um ihn zu fragen, sich Klarheit zu verschaffen, doch ein innerer Widerstand hielt sie zurück. Eine dunkle Ahnung nur, aber giftig genug, um sie von innen zu lähmen. Sisi verschränkte schützend die Arme vor ihrer Brust. Was, wenn nicht nur Erzherzogin Sophie, sondern auch Franz ihr die Schuld am Tod ihrer Tochter gab? Wenn er deshalb so hart und abweisend zu ihr war?

Beklommen blickte Sisi in die sternlose Nacht. Nur das Interieur spiegelte sich im Licht einiger Kerzen in den hohen Fenstern ihres Salons. Voller Sorge ließ sie ihren Blick über die Girandolen auf der Kommode hinweg zu Gisellas Bettchen wandern. Seit ihre Tochter vor Stunden endlich eingeschlafen war, hatte sie sich nicht nur einmal über sie gebeugt, um nach ihrem Atem zu lauschen, die Temperatur ihrer Stirn zu tasten. Sie durfte nicht noch einmal versagen.

Erschrocken zuckte Sisi zusammen, als sie neben der Wiege ihren Vater in der Tür stehen sah. Ihren eigenen Gedanken nachhängend, hatte sie ihn weder kommen sehen noch gehört. Sisi spürte, wie sich ihr Magen zusammenzog. Obwohl sie Gräfin Esterhazy gebeten hatte, niemand anderen einzulassen als Franz, stand er hier in ihrem Gemach.

«Erinnerst du dich noch an unsere Wanderungen, daheim in Bayern?», fragte Max leise und machte einen vorsichtigen Schritt auf sie zu. Die Hände, die er tief in den Taschen seiner Hosen vergraben hatte, verrieten, wie schwer der Weg ihm fiel.

Sisi antwortete nicht. Mit jedem Meter, den er näher kam, verkrampften sich ihre Muskeln mehr unter ihrer Ablehnung. Was wollte er von ihr?

«Du musst hier nicht weitermarschieren, Sisi, verstehst du?» Eine Armlänge vor ihr kam er zum Stehen. «Wenn du nicht mehr kannst, dann hole ich dich zurück nach Hause.»

Sisi bemerkte, wie ein gewaltiger Widerwillen in ihr anschwoll und reckte herausfordernd das Kinn. «Du denkst also, ich werde meiner Rolle als Kaiserin nicht gerecht?»

«Nein, so meinte ich das nicht ...» Ihr Vater trat nervös von einem Fuß auf den anderen.

«Meiner Rolle als Mutter dann?» Wütend biss Sisi die Zähne zusammen. Sie fühlte, wie etwas Zerstörerisches von ihr Besitz ergriff. Eine Version ihrer selbst, die tiefer fallen wollte. Noch tiefer. Die alles auf einmal wollte. Den ganzen Schmerz. Die ganze Wahrheit. Die auf dem harten Grund aufschlagen wollte, das Messer bis zum Schaft in die Wunde stoßen, um sich im Schmerz wieder selbst zu spüren.

«Nein.» Sie sah, dass Max sanft den Kopf schüttelte. Ein seltsamer Glanz lag in seinen Augen, den sie nicht deuten konnte. «Ich habe Angst, Sisi. Ich habe Angst um dich.»

Reglos starrte Sisi ihn an. Die dunkle Höhle des offenen Kamins blitzte vor ihrem inneren Auge auf, an dem sie vor der Hochzeit mit ihm gesessen und ihre Angst vor dieser Ehe geteilt hatte. Die kalte Asche, die wie eine niedergebrannte Landschaft den Boden der leeren Feuerstelle bedeckt hatte. *«Wenn du in dieser Kirche noch einen Funken Zweifel da drinnen spürst»*, hatte er damals zu ihr gesagt und auf ihre Brust gezeigt, *«dann musst du mir das nur sagen, und ich nehme dich wieder mit nach Hause.»* Auch jetzt sah er sie über die Scheibe so mitfühlend an, aus seinen dunklen Augen, mandelförmig wie ihre eigenen, dass es den Eindruck machte, als blickte er direkt auf den Grund ihrer Seele. Was war es, das er dort unten zu sehen glaubte? Sie war nicht mehr das Mädchen, das er kannte. Und niemals würde sie es wieder sein.

«Bitte lass mich jetzt allein, Papa», sagte Sisi kühl und hielt seinen Blick. Es dauerte einen Moment, bis er den Kopf senkte.

«Wie du willst», sagte er und zog die Hand aus der Hosentasche. Ein kleines, mit einem Korken verschlossenes Glas schimmerte zwischen seinen Fingern.

«Es gibt einen Ort, an dem du immer willkommen bist, Sisi. Egal, was deine Mutter sagt. Vergiss das nicht.»

Bemüht, sich von seinen Worten nicht berühren zu lassen, beobachtete sie, wie er das Glas vor ihr aufs Fensterbrett stellte und mit hängenden Schultern den Salon verließ. Es brauchte nur einen einzigen Blick auf die feinen Kiesel, die im Glas schimmerten, um ihr die Tränen in die Augen zu treiben. Weiß und grau, eckig und rund trugen sie sie fort. Zu den weißen Schwänen und Segelbooten auf dem Starnberger See, den im Sonnenlicht glitzernden Wellen, Wiesen und Wäldern und dahinter den grauen Bergketten der Alpen. Das geliebte Schloss Possenhofen tauchte vor ihren Augen auf mit den vier Ecktürmen, den spitzen Pyramidendächern und dem freundlichen gelben Anstrich mit den grünen Fensterläden.

Ein Räuspern riss sie aus ihren Gedanken. Diesmal war es ihre Oberhofmeisterin, die in der Tür des Salons in eine tiefe Verneigung sank. Mit gesenktem Kopf wartete sie auf einen Befehl, wie es die Etikette vorschrieb. Sisi schluckte, um den dicken Kloß in ihrer Kehle zu vertreiben.

«Ja, Gräfin?», fragte sie schließlich, bemüht, nicht in Tränen auszubrechen.

«Eure Tochter ist nun in der Kapelle aufgebahrt, Hoheit.» Die Elster senkte respektvoll das Kinn. «Alles ist bereit, Ihr und Euer Gemahl könnt nun Abschied nehmen.»

«Für wie lange?», fragte sie so fest wie möglich, während ihre Gedanken zu rasen begannen und ein sanftes Zittern ihre Finger ergriff.

«Bis morgen früh», antwortete Gräfin Esterhazy. «Wünscht Ihr, dass ich den Kaiser rufen lasse?»

Sisi schüttelte den Kopf und suchte am Fensterbrett nach Halt, als könne sie das kühle Holz vor dem Kommenden bewahren. «Nein. Ich werde ihm selbst Bescheid geben.»

VERRÜCKT

Die Kerze flackerte im Gegenwind auf und drohte zu erlöschen, als Sisi über die Schwelle zu Franz' Arbeitszimmer trat. Behutsam blieb sie stehen, um es der Flamme zu erlauben, wieder an Kraft zu gewinnen, und selbst Mut zu fassen.

«Franz?», fragte sie in den dunklen Raum und hob den Kerzenhalter an, um das Innere zu erleuchten.

Erstaunt stellte sie fest, dass sowohl der damastbezogene Sessel den Platz gewechselt hatte als auch der Teppich, auf dem sie sich einst geliebt hatten. Ja, selbst der mächtige Aktenschrank thronte auf der anderen Seite des Zimmers. Ein mulmiges Gefühl mischte sich unter ihre Anspannung, während sie ihren Blick im Kerzenschein weiter über die Einrichtung gleiten ließ. Wo sich zuvor eine Sitzgruppe um einen niedrigen Tisch gedrängt hatte, stand nun der wuchtige Schreibtisch, und Sisi zuckte erschrocken zusammen, als sie in dem zugehörigen Sessel Franz' dunkle Gestalt entdeckte. Mit zusammengekniffenen Augen starrte er sie an. Schweiß glänzte auf seiner Stirn, das aufgeknöpfte Hemd gab großzügig seine nackte Brust frei, und seine Haare standen ihm nach allen Richtungen vom Kopf.

«Was willst du?», fragte er, bevor sie sich einen Reim auf seinen desolaten Zustand machen konnte. Seine Stimme war so rau, dass Sisi der Atem stockte.

«Mit dir Abschied nehmen, von unserer Tochter.» Ihre Finger kribbelten vor Aufregung, trotzdem versuchte sie, seinen Blick selbstsicher zu erwidern.

Doch obwohl Franz sie fortwährend anstarrte, schien er sie kaum mehr wahrzunehmen. Wie entrückt sah er durch sie hindurch.

«Was ist mit dir? Ist etwas passiert?» Vorsichtig trat Sisi einen Schritt näher. Der Kerzenhalter wog schwer in ihrer Hand.

«Nein, nichts.» Die hervortretenden Muskeln an Franz' Kiefer verrieten, dass er die Zähne zusammenbiss. Vorsichtig stellte Sisi den Kandelaber zwischen den Papieren und Akten ab, die unordentlich den Schreibtisch übersäten.

«Sprich mit mir, bitte.» Sisi wollte nach seiner Hand greifen, ihn aus den düsteren Gedanken zurückholen, in die er entglitten war, doch Franz entzog sich der Berührung. Trotz der Zurückweisung blieb sie mutig vor ihm stehen.

«Wenn wir die Kinder nicht mit nach Ungarn genommen hätten», ihre Stimme brach, «dann wäre sie jetzt vielleicht noch am Leben.»

Sisi schloss kurz die Lider, bevor sie aussprach, was sie am meisten fürchtete. «Gibst du mir die Schuld an ihrem Tod?» Ihr ganzer Körper verkrampfte sich unter der Wucht ihrer Vermutung, doch Franz presste nur eisern die Lippen zusammen.

«Bitte, rede mit mir!» Obwohl sie dagegen ankämpfte, drängten Tränen in ihre wunden Augen.

Als Franz sich ihr schließlich zuwandte, strahlte er eine so abweisende Kälte aus, dass ihr die Luft wegblieb.

«Ich habe bereits Abschied von ihr genommen», sagte er knapp. «Mehr gibt es dazu nicht zu sagen.»

Die Worte bohrten sich wie ein Dolch in ihr Herz. Obwohl sie wusste, dass sie wie angewurzelt vor dem Schreibtisch stand, schien der Boden sich unter ihren Füßen zu bewegen. Wände, Schränke und Sessel, ja selbst die Dunkelheit begann im Licht der flackernden Kerze vor ihren Augen zu tanzen.

ABSCHIED

Franz' Anschuldigung schnürte Sisi noch immer die Kehle zu, als sie alleine in den Torbogen zur Augustiner Hofkirche trat. Der Katafalk mit dem Sarg ihrer Tochter stand auf einer mit Teppichen bedeckten Estrade vor dem Hauptaltar. Im Licht einiger Wachslichter huschte sein Schatten über die hohen Wände der Augustiner Hofkirche. Nur ab und an durchbrach das Knistern eines Dochtes die Stille, und eine Flamme zuckte lodernd auf.

Gelähmt vom zarten Geruch erkalteten Weihrauchs stand Sisi im Torbogen am Eingang der Kirche und starrte den langen Mittelgang hinunter. Hier hatte sie geheiratet, im Licht tausender Kerzen. Hier hatte sie die Taufe ihrer Töchter erlebt. Für sie gebetet. Auf die Barmherzigkeit Gottes vertraut. Wozu?

Sophies in weiße Rosen gebetteter Leichnam war zu weit entfernt, als dass sie ihre Züge hätte ausmachen können.

Dennoch sah sie ihr Gesicht so klar und lebendig vor sich, wie sie es in ihrem Herzen bewahrte. Das Lebewohl, diesen endgültigen Abschied von dem zauberhaften Körper, den sie genährt und geboren, den sie gestreichelt und liebkost hatte, alleine zu bestreiten, schien so ungeheuerlich, dass sie unfähig war, den Fuß über die Schwelle zu setzen. *Mögest du stets einen offenen Himmel finden, mein geliebtes Kind,* erinnerte sie sich an ihr Schutzgebet bei Sophies Taufe, *so ungehindert, wie dieser Weihrauch in die Höhe steigt.* Ob Gott zumindest diese Bitte erhören würde?

Wie in tausend Scherben lag ihr Leben vor ihr. All das, was sie gehofft, woran sie in ihrem tiefsten Inneren geglaubt hatte, schien zerbrochen. Bitter presste Sisi die Lippen zusammen. Was war ihr Leben schon anderes als eine bittere Ansammlung von Leid und Schmerz und Enttäuschung? Wie dumm sie gewesen war, ihre Mutter zu verurteilen für ihren Kummer, ihre Härte und Ernüchterung!

Ein leises Rascheln verriet, dass sie nicht mehr alleine war. Benommen wandte Sisi sich um. Es war Fanny, die einige Schritte hinter ihr zum Stehen kam. Sie hatte ihre dunkelblonden Haare unter einer schwarzen Haube versteckt, und das feine Netz eines Schleiers lag über ihrem schönen Gesicht.

«Es tut mir so leid», sagte sie leise. Ihre Worte verhallten in der leeren Kirche.

Stumm begegnete Sisi ihrem Blick, und schließlich wagte Fanny es näher zu kommen. Direkt vor Sisi blieb sie stehen und sah sie mitfühlend an.

«Wenn du möchtest, begleite ich dich auf diesem Weg», sagte sie leise.

Unfähig, auch nur einen einzigen Ton aus ihrer Kehle hervorzupressen, musterte Sisi durch die schwarze Spitze des Schleiers ihre feinen Züge. In der Hoffnung, dass ihre Freundin ihr Schweigen als stummes Einverständnis verstehen würde, hielt sie sich aufrecht vor ihr. Der einfachen Dirne aus ihrer Heimat, die ihr heute beistand, anstelle ihres Mannes. Aufgewühlt und betäubt zugleich ließ sie zu, dass die Freundin sanft ihre Hand streifte und die Finger zwischen ihre legte. Die Kutschfahrt durch Wien kam ihr in Erinnerung, inmitten der aufgebrachten Schmährufe, beworfen von fauligen Tomaten, die an der Fensterscheibe der Kutsche zerplatzten. Fannys Hand, die ermutigend nach der ihren gegriffen hatte. Der Schmerz der Wehen bei Sophies Geburt, der sie fast zerrissen hatte. Fannys liebevoller Zuspruch. Ihre tatkräftige Hilfe im Lazarett. Eine tiefe Dankbarkeit durchströmte Sisis Körper, und als Fanny sich sanft in Bewegung setzte, folgte sie ihr mit unsicheren Schritten in den Mittelgang. Das weiträumige Kirchenschiff warf das Rascheln ihrer Kleider zurück, deren weite Röcke alle paar Fuß die Holzbänke streiften. Mit jedem Schritt, den sie auf das Totenbett ihrer Tochter zumachte, zogen ihre Glieder sie schwerer Richtung Boden.

Erst vor dem mit Samt bezogenen Katafalk blieb Fanny stehen, und Sisi sackte das Blut in die Füße. Sophies Händchen ruhten über einem goldenen Kreuz auf ihrer Brust. Ihr blondes Haar und der zarte Wimpernkranz ihrer geschlossenen Lider schimmerten im Licht der Kerzen.

«Möchtest du, dass ich dich jetzt allein lasse?», flüsterte Fanny. Ihre Stimme war nur ein Hauch.

Verzweifelt starrte Sisi auf ihr totes Kind, unfähig,

auch nur einen Laut zu formen. Sie spürte, wie ihr Kinn zu beben begann und schüttelte den Kopf. Nein, sie wollte, dass Fanny an ihrer Seite blieb. Wollte nicht allein sein in diesem letzten Moment, da sie sich den Anblick ihrer Kleinen einprägte. Sie wollte die Erinnerung an ihr Lachen, ihr Weinen und Protestieren für immer in ihrem Herzen tragen, doch die Panik darüber, dass es ihr nicht gelingen könnte, dass ihr die Erinnerung an ihre Tochter entgleiten würde, ließ das Bild vor ihren Augen flackern, bis es unter einem Schleier aus Tränen verschwamm. Ja, sie würde zurückgehen in die Heimat. Nach Hause. Mit Gisella. Sie konnte keine Ehe fortführen, in der ihr Mann sie für schuldig befand.

SPUREN

Das Licht einer Gaslaterne fiel von der Straße aus auf die abgewetzten Holzdielen, und durch die dreckigen Fenster drang das Grölen einiger Betrunkener, die über den Kohlmarkt ihren Heimweg suchten. Die Wirtin des Gasthofes stand breitbeinig in der Mitte des Zimmers und stemmte die Fäuste in die Hüften.

«Woas is jetz, junger Mann? Neamz es?»

Grünne ließ seinen Blick noch einmal prüfend über das Bett und den Waschtisch zu den Fenstern schweifen und holte das Medaillon hervor. Auf der ausgestreckten Handfläche hielt er es der Wirtin hin. «Das hat der jungen Dame gehört. Könnt Ihr Euch erinnern?»

Die Frau trat einen Schritt näher und beugte sich so tief

zu seiner Hand herunter, dass Grünne fürchtete, ihr üppiger Busen könnte ihm aus ihrem Ausschnitt entgegenfallen. Neugierig äugte sie auf das im Zwielicht glänzende Metall. Grünne beobachtete ihre Augen genau, doch kein Erkennen blitzte darin auf. Auch der Wert des Gegenstandes schien sie nicht sonderlich aus der Ruhe zu bringen. Schnaufend richtete sie sich auf und schüttelte den Kopf.

Verdammt. Hilflos sah Grünne sich noch einmal im Zimmer um. Hatte ihm sein Gedächtnis am Ende doch einen Streich gespielt? Er presste die Lippen zusammen und griff in die Innentasche seines Mantels. Mit zwei Fingern zog er die zerfledderte Zeichnung des Attentäters hervor. Die wilden Locken, das markante Gesicht, ja, sogar die Augen hatte der junge Soldat ausgesprochen gut getroffen. Grünne drängte den Gedanken an den Moment beiseite, da er im Wald das Leben des ungarischen Mannes verschont hatte. Diesmal hatte er keine Gnade gezeigt. Bis auf die Haut hatte er den Leichnam im feuchtkalten Waschraum des Burgpalastes entblößt, ihn sogar zwischen den Zehen und den Backen seines Hinterns untersucht. Doch mehr als das Medaillon hatte er nicht gefunden. Es war alles. Die einzige Spur.

«Jo, den woas i», riss die Wirtin ihn aus seinen Gedanken.

Im Bruchteil einer Sekunde war sein ganzer Körper angespannt. Die Wirtin deutete auf das Papier und verschränkte herausfordernd die Arme vor der Brust. «Mit dem isse antanzt. Der hots Zimmer zoahlt.»

«Und?», fragte er forsch.

«Wos, und?» Misstrauisch taxierte sie Grünne mit ihrem Blick. «Wos is jetz mit derer Zimmer?»

Widerwillig faltete er das Papier zusammen und ließ es gemeinsam mit dem Medaillon in der Innentasche seines Mantels verschwinden. Er mochte es nicht, wenn man ihm das Geld aus der Tasche zog. Doch in diesem Fall war die Information ihren Preis wert.

«Ich nehme es», sagte er knapp, bemüht, sich seine helle Aufregung nicht anmerken zu lassen. «Für eine Nacht.»

Die Wirtin pfiff verächtlich durch eine Zahnlücke. «Diar Biaschal sog I – entweder zahlst fia wenigstens drei Nocht oder schleichst di.»

Grünne seufzte und ließ die Hand abermals in seinen Mantel gleiten. Das Gesicht der Wirtin verzog sich zu einem breiten Grinsen, als er einen klimpernden Beutel aus der Tasche zog.

Schnellen Schrittes eilte Grünne durch den Gang auf die Gemächer der Kaiserin zu. Er kniff die Augen zusammen, denn in der stechenden Aprilsonne leuchteten die roten Damasttapeten so grell, dass sie ihn blendeten. Nach dem Gespräch mit der Wirtin hatte Grünne gar nicht erst versucht, ein Auge zuzutun. Stundenlang war er in seinem Zimmer auf und ab geschritten, hatte hin und her überlegt und die nächsten Schritte gegeneinander abgewogen. Dennoch fühlte er sich wacher als sonst, nun, da er seine Entscheidung getroffen hatte. Um sich selbst Sicherheit zu geben, schloss er die Faust in seiner Hosentasche fest um das Medaillon.

Schon von Weitem kam ihm vor dem Schlafzimmer des Kaiserpaares eine ganze Entourage von Hofdamen in den Blick: Teils gähnend, teils schlafend lungerten sie auf einigen Sesseln an der Wand des Ganges. Als er vor der Schlafzimmertür Halt machte, erhob sich Gräfin Esterhazy von einem Hocker. Es gelang ihr nur mit Mühe, ein Gähnen zu unterdrücken.

Nach Art der Etikette senkte sie das Kinn. «Die Kaiserin empfängt noch keinen Besuch!»

«Es ist bereits Mittag!» Erstaunt legte Grünne die Stirn in Falten. Von draußen hörte er das aufgeweckte Lachen einiger Gartengehilfinnen, die die Kieswege der französischen Grünanlagen rechten und die jungen Triebe ungewollten Unkrauts aus den aufblühenden Beeten zupften. Die Gräfin trat zwei Schritte in die Mitte der verschlossenen Tür und verschränkte ihre dürren Finger vor dem Schoß. «Wie ich schon sagte.»

Dunkle Ringe schimmerten unter ihren Augen, und an ihrem Blinzeln konnte er ablesen, dass das grelle Tageslicht ihr noch größere Schwierigkeiten bereitete als ihm.

«Soll ich nach einem Arzt schicken lassen?», fragte er und versuchte, sich seine Sorge nicht anmerken zu lassen. Nie hatte er mit jemandem darüber gesprochen. Nie sich gänzlich den Gedanken erlaubt, doch seit er sie damals in Bad Ischl kennengelernt hatte, lag die Kaiserin ihm mehr am Herzen als irgendein anderer Mensch auf der Welt. «Ist ihr nicht gut?»

«Im Gegenteil!» Die Gräfin lächelte müde. «Ihre Majestät hat heute Nacht das erste Mal wieder schlafen können.»

Grünne nickte erleichtert. Keine Frage, dass er sie unter diesen Umständen nicht wecken wollte, doch drängte die Angelegenheit durchaus. Hin und her gerissen verbeugte er sich schließlich vor der Oberhofmeisterin und wandte sich um.

«Dann werde ich später wiederkommen», sagte er und nahm sich vor, *Gräfin von Lotti* solange persönlich im Auge zu behalten.

Da drang gedämpft, aber unverkennbar die helle Stimme der Kaiserin durch die schwere Tür. «Lasst ihn eintreten!»

Sofort blieb Grünne stehen und wandte sich erneut dem Schlafgemach zu. Die Gräfin jedoch machte keine Anstalten, den Weg freizugeben. Mit gehobenen Brauen sah sie Grünne an und reckte ihren Hals in die Länge, wie ein Vogel, der versuchte, sich größer zu machen, als er war.

«Gräfin?» Grünne verbot sich ein Schmunzeln. So unterschiedlich sie beide waren, so sehr verband sie doch ihre Treue und Liebe gegenüber der Kaiserin. Er sah, wie ein kurzer Ruck durch ihren Körper ging, bevor sie zur Seite trat.

«Nichts, was ihre Stimmung wieder trüben könnte», flüsterte sie drohend, und es tat Grünne leid, dass er ihr diesen Wunsch nicht würde erfüllen können.

NUR EIN TAG

Sisi stellte das Glas mit den Steinen vom Starnberger See auf dem Nachtkästchen ab, schob ihr Kissen ans Kopfende des Bettes und setzte sich auf. Durch die Spalten zwischen den roten Damastvorhängen fiel die grelle Mittagssonne, und der Staub tanzte in ihrem Licht. Nach der Wärme unter der Decke jagte ihr die kühle Raumluft einen unangenehmen Schauer über die Arme. Der März war dieses Jahr um einiges frischer ausgefallen als sonst, und auch die wenigen heiteren Tage des Aprils hatten es noch nicht geschafft, die wuchtigen Gemäuer der Hofburg zu erwärmen.

Wider Erwarten spürte sie einen Anflug von Lebensmut in sich aufsteigen, als der Graf in der Tür ihres Schlafzimmers erschien. Sie strich sich eine der lockigen Strähnen hinters Ohr, die ihr lose über die Schultern fielen, und rückte den Ausschnitt ihres Nachthemdes zurecht. Es war nicht die geeignete Aufmachung, eine Audienz abzunehmen, aber das war ihr einerlei. Bald würde sie ohnehin keine mehr geben. Im Morgengrauen noch war es ihr völlig unmöglich erschienen, sich jemals wieder zu erheben. Jetzt schaffte sie es sogar, sich vor Grünne zu einem Lächeln zu zwingen.

«Bitte», sagte Sisi. «Tretet ein.»

Der Graf brauchte einen Moment, um ihrer Aufforderung nachzukommen. Nach einer kurzen Verneigung kam er ins Zimmer und drückte leise die Tür hinter sich ins Schloss.

«Geht es Euch besser, Majestät?», fragte er mit gesenkter Stimme und trat ein paar Schritte in den Raum. Eine Hand tief in der Hosentasche vergraben, musterte er sie so besorgt, dass Sisi den Blick senkte.

Der Einfachheit halber nickte sie. Die Lage in ihrem Inneren war mehr als verwirrend. In Schüben brachen bisher ungekannte Gefühle über sie herein. Stürme von Verzweiflung und Frust, Selbstmitleid und Wut. Wut über das Leben, die Ungerechtigkeit des Schicksals. Wut, die sie nirgends hinzurichten wusste, als gegen sich selbst und gegen Franz. Aber ja, seit sie gestern mit Fanny in der Augustiner Hofkirche Abschied genommen und beschlossen hatte, nach Possenhofen zurückzukehren, war etwas Lebendigkeit in ihre Glieder zurückgekehrt.

«Warum seid Ihr gekommen, Graf Grünne?»

Wie damals stand der Kompagnon des Kaisers vor ihr und schien auf dem Parkett nach den richtigen Worten zu suchen. Ob der Graf erneut ein Wort für ihren Mann einlegen wollte? Hatte Franz ihn gar geschickt?

Abwesend streifte Sisi mit der Hand über die ordentlich zusammengefaltete Daunendecke auf der anderen Seite des Betts. Auch das blütenweiße Kopfkissen zeigte weder eingelegene Stellen noch ein schimmerndes Haar. Dass Franz die Nacht erneut in seinem Arbeitszimmer verbracht hatte, oder anderswo, zumindest aber nicht mit ihr, hatte sie in ihrer Entscheidung bestärkt.

«Sprecht!», sagte sie bestimmt, als Grünne gequält den Kopf hob.

An seinen grünen Augen konnte sie ablesen, dass er kurz davor war, wieder zu gehen.

«Habt Ihr das schon einmal gesehen?» Zögernd zog er die Hand aus seiner Tasche und sah Sisi forschend an.

Von seinem Zeigefinger baumelte an einem schmalen Lederband ein glänzender Anhänger. Selbst aus der respektvollen Entfernung, die der Graf zu ihrem Ehebett hielt, erkannte sie das Medaillon sofort.

«Was ist das?», fragte sie betont ruhig und betete, dass er das Zittern in ihrer Stimme nicht hörte.

Der Anhänger mit der Rose und der leeren Edelsteinfassung war das einzige Stück ihrer Garderobe, das Fanny aus ihrem alten Leben im Bordell mitgenommen und auch am Hofe getragen hatte. Was hatte das zu bedeuten? Bemüht, sich keine Blöße zu geben, bevor sie die Umstände seiner Nachforschung nicht kannte, hielt Sisi dem Blick des Grafen stand.

«Der Mann, der den Kaiser in Ungarn angegriffen hat», Grünne machte eine betretene Pause. «Er trug es um seinen Hals.»

Entgeistert hielt Sisi den Atem an. Ihr Herz raste so schnell, dass ihre Finger kribbelten.

«Und ich glaube, ich habe es schon einmal gesehen. An einer anderen Person.» Grünne machte eine Pause und durchbohrte sie mit seinem Blick. «Ihr auch?»

Sisis ganzer Körper prickelte so intensiv, dass das Gefühl jeden klaren Gedanken verdrängte. Unfähig zu antworten, hockte sie aufrecht im Bett, und plötzlich war ihr so kalt, dass sie schützend die Arme um sich schlang.

«Ich habe den Verdacht, dass diese Person Kontakt zu dem Attentäter hatte.»

Sisi schloss die Augen und spürte, wie die ganze Wucht dieser Nachricht ihren Körper ergriff. Auf einmal breitete sich eine so intensive Taubheit in ihrem Inneren aus, dass sie mit aller Kraft dagegen ankämpfen musste, um sich nicht von ihr überwältigen zu lassen. Sie nahm einen tiefen Atemzug, öffnete die Augen und suchte Grünnes Blick. «Mit wem habt Ihr noch darüber gesprochen?» Die Worte kratzten in ihrem trockenen Hals.

«Bisher nur mit Euch», antwortete der Graf. Ein dunkler Schatten lag auf seinem Gesicht.

Verlegen wandte Sisi sich ab. Vor einem der hohen Fenster stolzierte der Papagei im Schatten des Vorhangs in seinem goldenen Käfig umher. «Sisi. Sisi», krächzte er und schlug auffordernd mit den Flügeln.

«Ich kann das dem Kaiser nicht verheimlichen», sagte Grünne leise.

Sisi sah ihn an. «Gebt mir einen Tag», sagte sie nüchtern. «Bitte.»

Beklommen beobachtete sie, wie Grünne nickte, näher trat und das Medaillon vor ihr auf die Decke legte.

«Einen Tag», sagte der Graf leise.

Nach einer kurzen Verneigung querte er beinahe lautlos den Raum und zog mit einem leisen Knarzen die Tür hinter sich zu.

Aufgewühlt starrte Sisi vom Bett aus ins Leere. Vor ihr schimmerte das vergoldete Metall des Anhängers, als könnte es ihr eine Antwort auf all die Fragen zuflüstern, die in ihrem Inneren brannten.

Fanny hatte nicht viele Freunde am Hof und schon gar keine Freundinnen. Was, wenn ihr jemand böswillig etwas anhängte? Und was, wenn nicht? Was, wenn Grünne recht hatte?

Gisella.

Kaum hatte der Gedanke sich in ihrem Geist geformt, riss Sisi die Decke zur Seite. Klimpernd rutschte das Medaillon herunter. Als ihre Tochter im Morgengrauen erwacht war und sich nicht mehr hatte beruhigen lassen, hatte sie Fanny beauftragt, sie an sich zu nehmen. Seither hatte sie sie nicht mehr gesehen.

Panisch sprang Sisi aus dem Bett, schlüpfte in ihre Pantoffeln, den Bademantel, suchte zwischen den aufgewühlten Laken nach dem Anhänger, fand ihn, nahm ihn an sich und lief los.

GISELLA

Mit klopfendem Herzen rannte Sisi den Gang entlang. Gräfin Esterhazys Schnaufen verriet, dass sie Mühe hatte, an ihrer Seite mitzuhalten. Auch der Schar Hofdamen, die ihnen folgte, machte das straffe Tempo zu schaffen, dennoch schien keine von ihnen auch nur daran zu denken, die Verfolgung aufzugeben. Immer wieder hörte Sisi, wie sie fluchend über ihre eigenen Füße stolperten oder spitz aufschrien, weil ihnen jemand auf die Hacken trat.

Obwohl Sisi gerade erst aus dem Bett gesprungen war, bereitete ihr das Tempo keine Schwierigkeiten. Schuld, Scham und Angst hatten ihren Puls aufgepeitscht, trieben sie rastlos weiter. In den Seidenpantoffeln flogen ihre Füße beinahe lautlos übers Parkett, und das Nachthemd umspielte ihre nackten Beine. Ungeheuerlich, wenn das alles eine infame Intrige war. Oder vielleicht doch nur eine Verwechslung? Ein Zufall? Sisi hoffte es.

Als die Tür zu ihrem Salon in Sicht kam, hielt Sisi nicht an. Sie wartete nicht darauf, dass die zwei Livreediener, die zu beiden Seiten des Eingangs warteten, ihr öffneten. Voller Sorge platzte sie einfach hinein.

Ihr Herz setzte einen Schlag aus, als sie Fanny in der Mitte des Raumes sah, über einen dampfenden Badezuber gebeugt. Ein Lappen fiel klatschend ins Wasser, als sie zu ihr herumfuhr. Mit offenem Mund starrte sie Sisi an, barfuß auf dem roten Seidenteppich stehend, mit hochgekrempelten Ärmeln und Gisella nackt und wohlbehalten auf ihrem Unterarm im Wasser balancierend.

«Was machst du da?», entfuhr es Sisi schrill.

Mit einem Schlag wich alles Blut aus Fannys Wangen. Der Dampf des Badewassers hatte einige Strähnen gelockt, die ihr lose ins Gesicht fielen. Zwei Atemzüge später, als hätte sie erst Anlauf nehmen müssen, kreischte Gisella erschrocken los.

«Ich dachte ...», stammelte Fanny aufgeregt. «Heute ist Badetag und ich ... Verzeihung, Hoheit!»

Sisi spürte, wie ihr der Schweiß ausbrach. Flüchtig sah sie über die Schulter zurück, wo Gräfin Esterhazy sie perplex anstarrte. Einigen ihrer Zofen stand angesichts ihres Ausfalls das Entsetzen ins Gesicht geschrieben.

«Ich übernehme das», sagte Sisi streng. Mit einer knappen Handbewegung hieß sie der Gräfin, ihr zu folgen, und drückte eilig die Tür vor ihrer Entourage zu. Die Gräfin schickte ihr einen vorwurfsvollen Blick, doch Sisi schob nur entschlossen die Ärmel ihres Nachthemdes hoch und trat an Fannys Seite. Der bekannte Geruch von Seife und Kölnisch Wasser, der den Körper ihrer Vertrauten wie eine Aura umgab, kam Sisi jetzt wie eine Bedrohung vor. Mit angehaltenem Atem beugte sie sich über den Zuber und nahm ihre schreiende Tochter hoch. Ungeachtet der Nässe drückte sie ihren warmen Körper an ihr Herz. Bäche von Tränen strömten Gisellas puterrote Wangen hinab, und ihre Lippen bebten vor Erregung, während sie sich mit Füßen und Händen von ihrer Mutter abzustoßen begann.

«Sch...», flüsterte Sisi, «verzeih, meine Kleine.» Sie sprach ihr weiter beruhigende Worte zu und versuchte, ihren kindlichen Zorn zu dämpfen, indem sie ihren kleinen Körper sanft aber bestimmt in ihren Armen wiegte. Als Gisella sich allmählich beruhigte, küsste sie ihr nasses Haar und sah aus den Augenwinkeln, dass Fanny sie fragend anstarrte.

«Bitte bereite meine Frisiertoilette vor», wandte sie sich ihr zu, während sie liebevoll ihre Tochter schunkelte. «Ich möchte heute noch meinen Mann besuchen.»

Dass das eine glatte Lüge war, schien auch Fanny zu wittern. Nach der Blässe, die ihre Züge unter dem ersten Schock erfasst hatte, konnte Sisi mitverfolgen, wie Aufregung und Empörung ihr die Röte in die Wangen trieben.

Prüfend erwiderte sie ihren Blick, bevor sie zögernd in eine übertrieben tiefe Verneigung sank und schnellen Schrittes den Salon verließ.

Sisi wartete, bis die Tür hinter ihr ins Schloss glitt, bevor sie ihr Kind erneut ins lauwarme Wasser gleiten ließ und sanft die letzten Seifenreste vom Körper ihrer Tochter wischte. Kräftig traten die Beinchen im Wasser, das plätschernd gegen den Zuber schwappte. Nach dem Schreck gewann ihr Kind zusehends an Zuversicht, bis ein zahnloses Lachen sich auf seinem Gesicht ausbreitete. Gebannt sah Gisella ihr in die Augen, und nicht zum ersten Mal fragte Sisi sich, womit sie das bedingungslose Vertrauen verdient hatte, das ihre Tochter ihr entgegenbrachte. Heute jedoch quälte sie der Gedanke mehr als sonst. Wie ein Stein lag er auf ihrer Brust und presste ihre Rippen zusammen.

Ohne sich nach ihr umzudrehen, hörte sie, wie Gräfin Esterhazy ein Handtuch entfaltete und auf den Badezuber zutrat.

«Nur einen Moment noch», sagte Sisi und klammerte sich an den Anblick ihrer Tochter. Zitternd streckte sie den Zeigefinger nach ihrem zarten Händchen aus und beobachtete, wie sich Gisellas Finger um seine Kuppe schlossen.

«Gräfin?» Sie hatte entschlossen wirken wollen, doch nur ein schwaches Flüstern verließ ihre Lippen. Unfähig, ihre Bitte zu wiederholen, presste Sisi die Lippen aufeinander. Sie sah, dass die Oberhofmeisterin verunsichert näher trat und ihr das Handtuch hinhielt. Zärtlich hob sie Gisella aus der Wanne, legte sie der Gräfin in die Arme und schlug den weichen Stoff um ihren Körper.

«Bitte bringt sie zu meiner Schwiegermutter», befahl sie, und diesmal war ihre Stimme fest und klar. «Lasst auch all ihre Sachen dorthin verlegen.»

«Zu Eurer Schwieger... ?» Erstaunt hob die Elster die Augenbrauen.

Sisi nickte und wandte sich schnell ab.

«Ihr wollt die Erziehung Eures Kindes abgeben?», hörte sie die Gräfin in ihrem Rücken, griff nach einem frischen Handtuch und trocknete sich ab. Während ihr Inneres schier zu zerbersten schien, gab ihr die einfache Handlung zumindest im Außen Sicherheit.

«Aber ... Hoheit!» Die Gräfin schnappte nach Luft. «Ihr dürft Euch nicht die Schuld am Tod Eurer Tochter geben. Es hätte auch hier passieren können.»

«Es geht nicht nur darum.»

«Sondern? ... Hoheit!»

Ohne sich noch einmal umzudrehen, steuerte Sisi auf die Flügeltür zu, die den Salon mit ihrem Frisierzimmer verband. Als sie hörte, wie Gisella hinter ihr zu weinen begann, umschloss sie das Medaillon fest mit ihren Fingern und beschleunigte eisern ihren Schritt.

SCHWÄCHE

Das Räuspern seines Kammerdieners ließ Franz aus dem Dämmerschlaf schrecken. Blinzelnd richtete er sich in seinem Schreibtischsessel auf und straffte die Schultern. Wie lange er so zugebracht hatte, mit der Stirn auf der blanken Tischplatte, wusste er nicht. Vor dem Fenster seines Arbeitszimmers glühte der Himmel im Abendrot, und sein Schädel dröhnte unter den Nachwehen seines Rausches.

Ketterl musterte besorgt die geleerten Karaffen auf dem Tisch und öffnete den Mund. Doch bevor er den Grund für seine Störung vermelden konnte, betrat Franz' Mutter den Raum. Franz seufzte leise und gab dem Bediensteten mit einer Handbewegung zu verstehen, sich zurückzuziehen.

Voller Widerwillen beobachtete er, wie die Erzherzogin distanziert ihren Blick über den umgestalteten Raum bis hin zu dem Schaukelpferd in seinem Rücken gleiten ließ. Von alldem ließ sie sich jedoch nicht zu einer offenen Reaktion hinreißen. Wie immer strahlte alles an ihr eine so überlegene Beherrschtheit aus, dass es ihm die Galle hochtrieb.

Entgegen der dumpfen Schwere, die ihn wie ein Fass Bier Richtung Boden zog, kämpfte Franz sich zum Stehen.

Übelkeit stieg in ihm auf, als er seiner Mutter mit einem ungeduldigen Wink zu verstehen gab, zu sagen, was sie zu sagen hatte.

«Was ist?», raunte er.

Der Gestank seiner blauen Campagne-Uniform raubte ihm beinahe selbst den Atem. Seit Ofen hatte er sich weder gewaschen noch umgezogen oder gekämmt, und seit er Sisi weggeschickt hatte, hatte er seinen Platz nur verlassen, um die lästigen Notdürfte zu verrichten, die sein Körper ihm nach wie vor abverlangte.

Dass seine Mutter nicht zu sprechen begann, ließ erneut die Flammen der Wut in ihm aufzüngeln, die er in den letzten Stunden so verzweifelt versucht hatte zu ersticken. Wie konnte er ihr begreiflich machen, dass sie ihn endlich in Frieden lassen sollte? Merkte sie nicht, dass er ihre Anwesenheit nicht wünschte, wo er sogar Sisi weggeschickt hatte, um endlich allein zu sein?

«Was willst du?», presste Franz hervor und kniff die Augen zusammen, um dem Bild seiner Mutter Kontur zu geben, das im Suff vor ihm flimmerte.

Obwohl ihr klar sein musste, wie betrunken er war, verschränkte Erzherzogin Sophie nur gelassen die Hände vor der Brust.

«Deine Frau hat Gisella in meine Obhut gegeben», sagte sie. «Wusstest du das?»

Sein ganzer Körper spannte sich an, als er spürte, wie seine Mutter in seinem Blick zu lesen versuchte, was diese Nachricht in ihm auslöste.

«Nein», antwortete Franz trocken und ballte die Fäuste, um den Sinn ihrer Worte an sich abprallen zu lassen.

Seine Unfähigkeit, Sisi, der Frau, die er über alles liebte, den sicheren Hafen zu bieten, den sie verdiente und der ihr zustand, hatte ihn noch tiefer in Dunkelheit und Selbsthass gestürzt, als er ohnehin gefallen war. Der Gedanke an sein Versagen als Kaiser, als Vater, als Mann und die Schmach und Schande, die er gegenüber sich selbst empfand, war so unerträglich, dass er innerlich zu beben begann.

Sophie ließ ihren Blick noch einmal herablassend über seine verkommene Gestalt gleiten, bevor sie sich umdrehte. Der marineblaue Seidentaft ihres Kleides blitzte im Dämmerlicht auf, als sie auf die Tür zuhielt. Die Kompromisslosigkeit und Souveränität, die ihre aufrechte Haltung ausstrahlte, ihre perfekte Frisur, aus der kein einziges Haar ungebändigt hervorstand. Die kantigen Schultern, so breit wie die eines Mannes. Ihre aalglatten Bewegungen. Das alles reizte Franz so gewaltig, dass er ihr lallend, aber provozierend eindeutig nachrief: «Ich werde wieder in den Krieg ziehen.»

Voller Genugtuung sah er, dass seine Mutter geschockt stehen blieb. Nicht dass er vorgehabt hatte, seine Entscheidung gegen die Verhandlungen mit Napoleon als Trumpf gegen sie auszuspielen. Doch dass er etwas gegen sie in der Hand hatte, verschaffte ihm ein abgründiges Vergnügen. Langsam wandte sie sich zu ihm um und sah ihn entgeistert an. «Du musst mit ihm verhandeln.»

Franz stützte die Hände auf den Tisch und beugte sich drohend über die Platte. «Ich werde meinem Land nicht eigenhändig das Messer in die Brust stoßen.»

Selbst in der anbrechenden Dunkelheit konnte er sehen, wie Sophies Gesichtsfarbe einen bleichen Ton annahm.

«Du musst diesen Krieg beenden ...», hauchte sie entsetzt. «Wie viele Schlachten willst du noch verlieren? Ohne den Beistand des Zaren, des Deutschen Bundes», Sophie schüttelte den Kopf. «*Niemand* wird an deiner Seite kämpfen!»

Franz biss die Zähne zusammen. «*Du* hast immer gesagt, ein Kaiser darf keine Schwäche zeigen.»

Ohne zu wissen, ob er sich wünschte, dass sie ihre damaligen Worte revidierte, oder ob er auf ihren mütterlichen Zuspruch hoffte, starrte er sie an. Seine Mutter jedoch hielt ihm das Widerspiel, als hätten all die Predigten, die sie ihm von jüngster Kindheit an gehalten hatte, all die Züchtigungen und Ermahnungen nichts mit ihr zu tun. Mit ihr, der selbsterkorenen Retterin der Monarchie, die sich dieses eine Mal nicht für den Krieg, sondern für den Frieden verbriefte. War nicht sie es gewesen, die ihn zu dem gemacht hatte, was er war: ein kaltherziger, liebloser, von Selbsthass zerfressener Mann?

«Raus hier!», schrie Franz und schlug mit der Faust auf den Tisch, dass die leeren Karaffen und Gläser klirrten.

Sophie zuckte nicht einmal zusammen. Mit einer erhabenen Langsamkeit griff sie in ihren Rock, hob ihn bis knapp über die Spitzen ihrer blauen Seidenschuhe an und ging so ungerührt davon, wie sie erschienen war.

Erst als sich ihre Schritte auf dem Gang entfernten, öffnete Franz seine Faust und riss die oberste Schublade seines Schreibtisches auf. Wütend wühlte er in den ungeordneten Papieren, schob einige Stücke Siegelwachs, mehrere Kerzen und Bleistifte beiseite, bis seine Finger den schlanken Hals seiner Opiumpfeife ertasteten.

GEWISSHEIT

Eine Fliege hatte sich in einem Spinnennetz über dem Spiegel des Frisiertisches verfangen und strampelte um ihr Leben. Immer fester verstrickte sie sich in das wankende Netz, in dessen Ecke regungslos die fette achtbeinige Jägerin wartete.

Nüchtern ließ Sisi ihren Blick zu ihrem Spiegelbild hinuntergleiten und schlug das Buch zu, das sie vorgegeben hatte zu lesen. Bereits zweieinhalb Stunden ruhte das Medaillon unter dem Tisch in ihrer Hand, und sie hatte es nicht gewagt, es hervorzuholen. Anzusprechen, was ihr auf der Seele brannte.

Sanft streifte Haarnadel um Haarnadel ihre Kopfhaut, während die nächste bereits zwischen Fannys Lippen darauf wartete, durch Sisis dichtes Haar zu stechen. Seite um Seite hatte Sisi umgeschlagen, ohne auch nur einem einzigen Buchstaben ihre Aufmerksamkeit zu schenken. Stattdessen hatte sie sich dem schrecklichen Gedanken hingegeben, ob Grünne recht haben konnte mit seiner Annahme, dass Fanny sie verraten hatte.

Die Sonne hatte sich bereits weit nach Westen geneigt und der Schatten des Vorhangs beschrieb eine harte Kante auf ihrem Gesicht. Ein Teil ihrer Haut lag bereits in Dunkelheit, während der andere in den Strahlen der untergehenden Sonne golden leuchtete. Fannys Hände huschten geschickt zwischen Hell und Dunkel hin und her.

«Geht es dir gut?», fragte Fanny und nahm zwei neue Nadeln auf.

Als Sisi nicht antwortete, hob sie den Blick und musterte über den Spiegel prüfend ihr Gesicht.

«Ja», log Sisi. Herausfordernd sah sie Fanny an. «Danke, dass du mir geholfen hast, mich von meiner Tochter zu verabschieden.»

Fanny nickte. «Sehr gerne.» Ein Lächeln zeichnete sich um ihre Augen ab, doch als das Gespräch erneut verebbte, senkte sie verunsichert den Blick.

Über den Spiegel sah Sisi dabei zu, wie Fanny eine weitere Haarnadel feststeckte und sich blinzelnd ihrer letzten Strähne widmete. Gebannt hielt sie den Atem an, als Fanny zurücktrat, ihr Werk betrachtete. Und dann, endlich, legte sie das Medaillon auf den Tisch.

Schlagartig erlosch der Glanz in Fannys Augen, und für den Bruchteil einer Sekunde schien die Zeit stillzustehen. Wie ein verwunschenes Amulett glänzte das vergoldete Metall in den letzten Strahlen der Abendsonne. Ein Frösteln lief über Sisis Haut, als sie vollständig hinter den Dächern der Stadt verschwand. Ohne eine Miene zu verziehen, verfolgte sie, wie Fanny mit zitternden Händen nach dem silbernen Handspiegel griff und ihn so an Sisis Hinterkopf hielt, dass sie ihre kunstvolle Frisur darin sehen konnte. «Fertig», krächzte sie und räusperte sich. «Du siehst bezaubernd aus.»

Reglos starrte Sisi auf ihre Haare. Zwei perfekt geflochtene französische Zöpfe, so lange eingedreht und umeinander gelegt, bis sie eine stabile Haarkrone ergaben. Sie schluckte. War sie am Ende nicht mehr und nicht weniger als einer jener Träumer, die ihr Herz an eine Dirne verloren hatten?

Als habe sie ihre Gedanken erahnt, ließ Fanny den

Spiegel sinken und näherte ihre Fingerspitzen Sisis nackter Haut. Zärtlich fuhr sie die Linie ihres Schlüsselbeines nach. Ihre eisigen Finger jagten Sisi einen Schauer über den Rücken. Trotzdem ließ sie ihre Berührung zu, und mit jedem Zoll, den Fannys Hände auf ihrer Haut zurücklegten, durchdrang die Erkenntnis mehr und mehr ihren Körper und Geist.

Als Fannys Lippen ihre Schulter berührten, kam im Netz über dem Spiegel mit einem letzten Zucken das Leben der Fliege zu einem Ende. In die Enge getrieben und im Moment größter Not schien Fanny sich nicht besser zu helfen zu wissen, als mit dem, was sie ohne nachzudenken konnte. Fahrig glitt sie an Sisis Körper hinab, kniete vor ihr nieder und hob mit zitternden Fingern den Saum ihres Rockes an, um darunter zu verschwinden. Eine Welle unendlicher Schwermut überrollte Sisi, während sie Fanny stumm gewähren ließ. Erst jetzt setzte sich die Spinne in Bewegung.

Überwältigt vom Schmerz der Enttäuschung, von der Lüge, ihren Erinnerungen an die gemeinsame Zeit, schob Sisi Fanny von sich, um das verzweifelte Unterfangen zu unterbinden. Wie betäubt erhob sie sich von ihrem Stuhl und querte den Raum. Bei jedem Schritt sank ihr Fuß ein wenig in dem weichen Teppich ein. Mit klammen Händen griff sie nach der kalten Klinke, drückte sie herunter und stieß die Tür auf. Wie würde Franz reagieren, wenn er davon erfuhr? Und was hätte ihre Schwiegermutter dazu zu sagen? Trotz ihrer Tragweite wogen die Fragen nur einen Bruchteil dessen, was der Verlust für sie bedeutete.

Ohne noch einmal zurückzusehen, schritt Sisi den dunklen Gang entlang, an dessen Ende zwei Leibgardisten die Kerzen für die Nacht entzündeten. Zielstrebig hielt sie auf die Männer zu, um das Ende für das Märchen anzustoßen, das in einem Bordell im bayerischen Voralpenland begonnen und an das sie aufrichtig geglaubt hatte.

DIE FALLE

Fester», befahl Sisi und presste die Lippen aufeinander. Wie ein Panzer würden die vielen Gestelle und Schichten ihrer Kleidungsstücke sie heute aufrecht halten müssen. Stillschweigend machte sie sich darauf gefasst, das entschiedene Zerren der Oberhofmeisterin zu verwinden, die in ihrem Rücken das Korsett schnürte. Doch das letzte, atemraubende Ziehen blieb aus.

«Enger geht es nicht, Hoheit», hörte sie die Gräfin hinter sich sagen, die das Mieder bereits fertig geschnürt hatte und am unteren Ende die Fäden festband. «Ihr habt zu stark abgenommen.»

Benommen starrte Sisi durch den Kreis der vielen Zofen, die sie umgaben, ins Leere, das sich irgendwo zwischen ihnen und den roten, damastbezogenen Tapeten befand. Sie erinnerte sich noch gut daran, wie das Ankleidezimmer ihr am ersten Morgen in Wien Trost und Hoffnung gespendet hatte. Wenn das Sonnenlicht das Zimmer flutete und die Gartenanlagen vor den Mauern leuchten ließ, wenn die Fenster offen standen und über dem Plätschern der Fontäne der Gesang der Vögel hereindrang, spielte dieser Raum seine Reize voll aus. Heute jedoch erhellten nur einige matte Kerzen das Zimmer, und die Schatten der Hecken und Bäume in den Gärten verschwammen bereits mit der sternlosen Nacht.

«Ihr müsst mehr essen», hörte sie Gräfin Esterhazy sagen und nahm einen tiefen Atemzug, um nicht zu schreien. Essen, das war das Letzte, wonach ihr der Sinn gerade stand. Allein der Gedanke an das offizielle Familiendiner, für das sie sich eben ankleiden ließ, schnürte ihr die Kehle zu, und Sisi war sicher, dass sie keinen einzigen Bissen hinunterbekommen würde. Dennoch ließ sie sich das Krinolinengestell umschnallen, das der neuesten Mode entsprach. Sie würde diesen Tag durchstehen.

Zu dem Diner en famille hatten sich neben ihren Eltern, die sich nach wie vor an der Hofburg aufhielten, ausgerechnet heute alle anderen derzeit in Wien ansässigen Verwandten angekündigt. Der Gedanke an die bohrenden Blicke und Beileidsbekundungen, die sie erwarten würden, gepaart mit den Fragen nach der Beerdigung und dem belanglosen Geschwätz, an dem die Leute sich festzuhalten pflegten, sobald sie merkten, dass sie ihr mit alldem zu nahe rückten. Das alles würde Sisi heute kaum ertragen können.

«Vielleicht wäre es gut, wenn Ihr mal wieder eine Nacht mit Eurem Gemahl verbringen würdet», riss Gräfin Esterhazy sie aus ihren Gedanken, und Sisi spürte, wie sich die Haare auf ihren Unterarmen aufstellten wie das Stachelkleid eines bedrohten Igels. Eine Nacht mit Franz? Nach allem, was geschehen war?

Ohne zu ahnen, welchen Stein sie losgetreten hatte, stülpte die Oberhofmeisterin ihr mithilfe zweier Zofen ein schwarzes Abendkleid über den Kopf, führte Sisis Arme durch die langen Pagodenärmel mit dem Fransenbesatz am Saum, hängte den Verschluss in ihrem Nacken ein und strich den feinen Seidenbarège über dem Reifrock glatt. Auf ein Nicken hin trugen zwei weitere Zofen den großen Standspiegel heran und setzten ihn lautlos vor Sisi ab.

Voller Abscheu traf Sisi über das Glas ihren eigenen Blick. Steif und aufrecht wie ein ausgestelltes Püppchen starrte ihr Spiegelbild ihr entgegen. Die üppigen Volants, die in Wellen über ihren weiten Rock fielen. Die glitzernden Perlen auf dem tief ausgeschnittenen Oberteil. Nur das immer stärker werdende Zittern ihrer Finger, die blutleer unter den Ärmeln hervorsahen, durchbrach das leblose Bild.

«Lasst all meine Kleider verbrennen!», befahl Sisi. Ihre eigene Stimme klang metallen und fremd in ihren Ohren.

Ein erschrockener Ausdruck huschte über Gräfin Esterhazys Gesicht, als Sisi die Arme hob, um eigenhändig den Haken in ihrem Nacken zu lösen. Nur einen Augenblick später eilte sie auf sie zu, um ihr zu helfen. «Aber, Hoheit, gefallen sie Euch nicht mehr?»

«Ich bin ihrer nicht würdig!»

Entschieden schob Sisi die Gräfin von sich. Während ihr Herz immer schneller zu schlagen begann, rang sie nach Luft. Die Kleider juckten und brannten plötzlich wie Nesseln auf ihrer Haut. Doch je stärker, je verzweifelter sie versuchte, sich aus den Stoffen zu befreien, desto fester spannten sie sich um ihren Körper. Wie ein stetig kleiner werdender Käfig schnürten sie sich enger und enger um ihre Glieder. Fast so, wie der gewobene Bast des Mädchenfängers, den ihr Vater ihr einmal von einem der Jahrmärkte mitgebracht hatte.

«Ich weiß, Euch ist Schlimmes widerfahren», bemühte

sich die Gräfin, sie zu beruhigen, und nestelte mit den Fingern an ihrem Kleid herum, «aber heute Morgen, da wart Ihr so fröhlich ...»

«Lasst mich», fauchte Sisi und wich zurück.

«Aber Hoheit!»

«Lasst mich», rief Sisi immer lauter und versuchte, sich zu befreien. «Lasst mich, lasst mich!»

Panisch versuchte die Gräfin ihr zu helfen, doch Sisi schlug jetzt blind um sich. Nein. Der Tiefpunkt ihrer Liebe war erreicht. Nie wieder würde sie eine Nacht mit Franz verbringen, der ihre Gutgläubigkeit, ihre Dummheit, ihre blinde Sehnsucht nach Freundschaft beinahe mit dem Leben bezahlt hätte. Nie wieder würde sie diese Kleider tragen. Nie wieder die Schwüle dieser Räume einatmen.

Da gab der Stoff ihres Kleides nach. Mit einem entsetzlichen Klackern und Klimpern sprangen all die schwarzen Glasperlen des Oberteils über das Parkett, hüpften in alle Richtungen zwischen den Füßen der Zofen davon, die abwechselnd erschrocken nach Luft schnappten oder die Hände vor den Mund schlugen, während Sisi mit aufgerissenen Augen und einem Schrei der Verzweiflung zu Boden ging.

WOZU

Über der Stadtmauer und das Zwielicht des dahinter liegenden Glacis kämpfte sich der abnehmende Mond durch einen rastlosen Wolkenschleier. Eine selbst für Wien kräftige Bö trieb die Wolken in einer rasanten Geschwindigkeit über den Himmel. Der Wind pfiff und klapperte so heftig in den Läden der Burg, als wollte er sie aus den Angeln reißen. Reglos lag Sisi in dem großen Ehebett und lauschte mit klopfendem Herzen dem An- und Abschwellen seines Geheuls.

Seit sie in ihrem Ankleidezimmer zusammengebrochen und von Gräfin Esterhazy und ihren Zofen in ihr Ehebett gebracht worden war, starrte sie ins Halbdunkel ihres Schlafgemachs. Schon vor Stunden hatte ihr grüner Papagei den Kopf unter einen seiner Flügel gesteckt und aufgegeben, nach ihr zu rufen. Es war bereits weit nach Mitternacht, und das Familiendiner musste längst seinen Abschluss gefunden haben. Ohne zu wissen, mit welcher Ausrede man sie bei der Verwandtschaft entschuldigt hatte und ob Franz überhaupt erschienen war, ahnte sie, dass ihr Mann sich auch heute nicht mehr zu ihr gesellen würde. Wozu auch?

Er war so weit von ihr entfernt wie nie zuvor. Selbst beim Cotillon, auf der Feier der Verlobung, als Franz ihr offenbart hatte, dass er Nene heiraten würde und nicht sie, hatte sie sich ihm deutlich näher gefühlt. Sogar die Angst vor seiner Rage, die er ihr nach dem Auftritt bei Grünnes Spießrutenlauf gezeigt hatte – ja, sogar die Erschütterung, die sie verspürt hatte, als er sie in Verona eine Hure geschimpft hatte, schien in ihrer Erinnerung unter dem zu verblassen, was sie jetzt gerade empfand. Es war, als sei etwas hinter ihr abgerissen. Etwas, an das sie sich geklammert hatte. In all dieser Zeit.

Ein Knarzen riss Sisi aus ihren Gedanken. Alarmiert richtete sie sich auf, sah sich um und schrak zusammen.

Beinahe vollständig mit der Dunkelheit des Zimmers verschmolzen, war es unmöglich zu sagen, wer dort stand. Doch in einer Ecke des Raumes machte sie eindeutig eine dunkle Gestalt aus. Mit angehaltenem Atem starrte Sisi auf die Silhouette. Das Herz pochte ihr bis zum Hals, als der Schatten sich in Bewegung setzte und auf sie zukam.

«Wie geht es dir, Liebes?», hallte die Stimme ihrer Schwiegermutter durch das Zimmer. Erstaunt beobachtete Sisi, wie die Erzherzogin mit jedem Schritt klarere Konturen annahm. Noch nie hatte sie ihre Schwiegermutter so privat gesehen. Ihr Haar steckte locker in einem tiefen Dutt, und ein seidenes Nachthemd fiel an ihrer dürren Statur hinab.

Die Matratze gab kaum nach, als sie sich zu ihr ans Bett setzte. Erst jetzt bemerkte Sisi, dass der Sturm draußen merklich abgeebbt war und das Klappern und Pfeifen einer unheimlichen Stille Platz gemacht hatte.

Beinahe zärtlich streckte Sophie die Hand nach ihrem Gesicht aus und strich ihr eine Strähne hinters Ohr. Der Widerwillen gegen die Berührung ließ Sisi zurückweichen. Von allen Menschen am Hof hatte sie sie am wenigsten erwartet. Ob Sophie ahnte, dass Sisi drauf und dran war, den Hof zu verlassen?

«Ich werde zurückgehen, nach Bayern», sagte Sisi und ballte unter der Decke die Fäuste, um ihre Entscheidung gegen Sophie zu verteidigen. Doch ihre Schwiegermutter zeigte keine Regung. Nur das Mondlicht spielte auf ihren ebenmäßigen Zügen.

«Ich verstehe deinen Wunsch besser, als du denkst», sagte sie schließlich, und Sisi hielt erstaunt den Atem an. «Ich habe fünf Kinder verloren. Fünf.»

Sisi blinzelte. Doch bevor sie einen klaren Gedanken fassen konnte, öffnete ihre Schwiegermutter erneut den Mund. «Und jedes Mal dachte ich, ich würde mit ihnen sterben. Niemand konnte in diesen Zeiten nachvollziehen, wie es mir ging. Geschweige denn, dass jemand für mich da gewesen wäre.»

Gebannt starrte Sisi in Sophies dunkle Augen. Zarte Falten säumten ihre Lider, und unter dem Spiel des Mondes erkannte Sisi im Zentrum ihrer Iris das Schwarz ihrer Pupille.

«Was du in Ungarn geschafft hast ...» Erzherzogin Sophie brachte den Satz nicht zu Ende. Betreten schloss sie den Mund, nur um einen Augenblick später wieder anzusetzen. «Ohne dich hätten sich die Ungarn wieder erhoben, und das hätte unser Reich zerstört.»

Sisi blinzelte gebannt. Alles, was sie eben gehört hatte, brachte das Bild ins Wanken, das sie in den letzten Jahren von ihrer Schwiegermutter gewonnen hatte. War sie am Ende doch viel nahbarer, menschlicher, als sie gedacht hatte?

Oder war Sisi erneut drauf und dran, naiv wie sie war, den Worten einer Frau ihren Glauben zu schenken, die es nicht verdiente? Misstrauisch verfolgte sie, wie Sophie den Blick zu ihren Händen senkte, die sie in ihrem Schoß zu einem Dreieck gefaltet hatte. Zweimal tippte sie mit den Fingerspitzen aneinander, bevor sie erneut den Kopf hob und Sisi durchdringend ansah.

«Mein Sohn will wieder in den Krieg ziehen», sagte sie. «Und nur *du* kannst ihn davon abhalten.»

Sisi spürte, wie sich ein Kloß in ihrem Hals formte. Die

verstümmelten Soldaten im Lazarett blitzten vor ihr in der Dunkelheit auf. Der verkohlte Leichnam am Wegesrand. Das düstere Hauptquartier in Verona und die wässrig-trüben Augen ihres Mannes.

«Wenn Franz diesen Krieg wirklich fortsetzen will», sagte Sisi leise und ließ sich ernüchtert in die Kissen zurücksinken. «Wie sollte ausgerechnet ich ihn davon abhalten können?»

Bitter senkte sie den Blick. Die zarte Hoffnung auf eine Heimkehr nach Possenhofen schien plötzlich in sich zusammenzufallen. Wie sollte sie dort Ruhe finden, während all die Leute auf dem Schlachtfeld starben, die ihr Vertrauen in sie gesetzt hatten?

«Franz braucht nicht nur eine starke Kaiserin an seiner Seite, Sisi», sagte Sophie. «Er braucht seine Frau.»

Ohne den Blick zu heben, erwartete Sisi die Wirkung ihrer Worte. Doch bis auf einen dumpfen Schmerz in ihrer Brust blieb jede Regung in ihr aus.

«Steh auf, mein Kind», hörte sie, wie ihre Schwiegermutter ihr mit sanfter Stimme zuredete, «schüttel den Rock deines Kleides auf und geh weiter.»

Sisi sah an die Zimmerdecke, die sie in der Dunkelheit nur erahnen konnte. Gerne hätte sie mit vor Überzeugung fester Stimme gesagt, dass ihre Entscheidung gefallen war, doch ihre Lippen lagen bleiern aufeinander. Selbst wenn sie zurückgehen würde, nach Bayern. Der Vergangenheit konnte sie nicht entfliehen.

Einige Augenblicke herrschte Stille zwischen ihr und der Erzherzogin. Einzig das leise Spiel des abgeflauten Windes erfüllte ihr Schweigen.

«Ich kann nicht», flüsterte Sisi schließlich, und sah ihre Schwiegermutter entschieden an.

«Warum nicht?»

Erzherzogin Sophie erwiderte ohne Umschweife ihren Blick. Sisi biss die Zähne zusammen. Diese Frage würde sie ihr nicht beantworten. Wie gehärteter Fischleim hielt Fannys Verhaftung ihre Lippen zusammen.

«Du meinst die Geschichte mit deiner kleinen ... Zofe?»

Entsetzt starrte Sisi sie an. Überrascht bemerkte sie, wie sich im Halbdunkeln ein Lächeln auf Sophies Miene ausbreitete.

«Du hast sie verhaften lassen!» Beinahe belustigt hob Erzherzogin Sophie eine Augenbraue. «Meinem Sohn kannst du das vielleicht verheimlichen, aber ich erfahre alles.»

Ertappt senkte Sisi den Blick. Obwohl sie nicht daran geglaubt hatte, dass die Wachen das Stillschweigen bewahren würden, zu dem sie sie verpflichtet hatte, hatte sie doch nicht gedacht, dass die Sache so schnell ans Licht kommen würde.

«Eine würdige Herrscherin zu sein, bedeutet nicht, keine Fehler zu machen», unterbrach Sophie ihre Gedanken. «Aber eine würdige Herrscherin stellt sich ihren Fehlern und rennt nicht vor ihnen weg.»

Sisi schwieg. Selbst wenn ein Teil von ihr sich wünschte, dass es ihr trotz aller Hindernisse gelingen könnte, ihr Leben als Kaiserin weiterzuführen – die Sprachlosigkeit über ihren Irrtum versperrte ihr den Weg. Beklommen verfolgte sie, wie sich Erzherzogin Sophie erhob. Der Saum ihres Nachthemdes flog leicht auf, als sie sich abwandte und in ihren Pantoffeln elegant auf die Tür zuging. Auf halbem Weg hielt sie inne und wandte sich noch einmal um.

«Ich habe viele Fehler in meinem Leben gemacht, Sisi. Aber dir damals mein bestes Kleid zu geben, das war mit Sicherheit keiner davon.»

Aufgewühlt sah Sisi ihr nach. Der erneut aufheulende Wind verschluckte immer mehr das leise Knarzen von Erzherzogin Sophies Schritten auf dem Parkett. Einige Augenblicke später verschmolz ihr Schatten wieder vollständig mit der Dunkelheit des Zimmers. Schon in wenigen Sekunden würde sie verschwunden sein, und vielleicht würden sie sich danach nie wiedersehen.

«Wo ist mein Gemahl jetzt?», fragte Sisi laut und hoffte, dass ihre Stimme das Heulen des Windes übertönte. Wenngleich es ihr noch nicht gelang, all die Gedanken und Gefühle zu sortieren, die in ihr auf- und abschwollen wie der Sturm, der über den Dächern tobte – sie musste wissen, woran sie war. Auf welcher Basis sie ihre Entscheidung traf.

Eine Hand auf der Türklinke, hielt Sophie inne, ohne sich jedoch umzudrehen. Ihr Schweigen bestätigte die Vermutung, die bereits in Sisi aufgekeimt war, unweigerlich begleitet von einer stetig ansteigenden Woge des Zorns, die alles andere beiseite drängte.

«Sag es mir!» Sisis Stimme bebte vor Erregung. Mit pochendem Herzen verfolgte sie, wie Erzherzogin Sophie sich zu ihr umwandte.

«In Laxenburg.»

IM GALOPP

Wütend duckte Sisi sich in den Sattel. Im kalten Gegenwind hatten sich einige Tränen gelöst, die auf ihren Wangen stachen, und ihre Schenkel brannten vom ungewohnt langen Galopp. Dukes Hufe hingegen flogen über den vereisten Kies, als würde ihn das straffe Tempo kaum Anstrengung kosten. Die kräftigen Bewegungen des Rappen, das Klirren des Zaumzeugs und das Schnaufen seines beschleunigten Atems befeuerten noch die Entschlossenheit, die seit dem Besuch ihrer Schwiegermutter in ihrem Herzen brannte. Dass Franz die Dreistigkeit besaß, erneut in den Krieg zu ziehen, wo sie ihm gerade in Ungarn geholfen hatte, einen neuen Waffengang zu verhindern, empörte sie und erfüllte sie mit brennendem Unverständnis. Doch dass er sich obendrein in Laxenburg verkroch, schoss den Vogel ab. Nein, sie würde ihm das nicht durchgehen, seiner Dunkelheit nicht freies Spiel lassen. Welche Fehler auch immer sie begangen hatte, sie würde nicht obendrein diejenigen im Stich lassen, deren Schicksal ihr als Kaiserin anvertraut worden war, und die nicht die Macht hatten, für sich selbst einzutreten.

Noch in der Nacht hatte Sisi sich in ihr Ankleidezimmer geschlichen, sich im Dunkeln ein robustes Reitkleid übergestreift und war unbemerkt in ihre Stallungen geeilt, um nach Laxenburg aufzubrechen, das jetzt im Morgennebel vor ihr auftauchte. In den Wiesen der Schlossgärten glitzerte der Raureif, und weißer Nebel lag über der Auffahrt zum Blauen Hof. Seit sie im Sommer das Verwundeten-Lazarett eingerichtet hatte, war sie nicht mehr hier gewesen. Die Kastanien hatten wegen des Frostes noch keine Blüten getrieben, doch die Tulpen reckten ihre Kelche bereits mutig der Morgendämmerung entgegen. Teppiche aus Rot und Gelb, Violett und Weiß.

Erst auf den letzten Metern ließ Sisi ihren Hengst in den Trab übergehen und brachte ihn vor den Stallungen mit einer gekonnten Parade zum Stehen. Da es noch zu früh war, einen Stallburschen anzutreffen, führte sie Duke eigenhändig in eine freie Box, sattelte ihn ab, rieb eilig mit einer Hand Stroh über sein schweißnasses Fell, tätschelte ihm liebevoll die Stirn und schloss das schmiedeeiserne Tor hinter sich.

Als sie die Eingangshalle des Schlosses betrat, schreckte neben der Tür ein Diener hoch, der auf seinem Stuhl eingenickt war.

«Majestät!», rief er ihr überrascht nach, doch Sisi eilte einfach weiter, beschleunigte noch ihren Schritt, rannte auf die Treppe zu, nahm zwei Stufen auf einmal, manchmal sogar drei, und stürmte den fensterlosen Gang im ersten Stock entlang. Bis auf das entfernte Klappern einiger Absätze im Parterre, das metallene Scheppern eines Kaminbestecks und das erste Zwitschern einiger Amseln erfüllte noch eine gedämpfte Nachtruhe das Schloss. Sisis Atem hatte sich über der Anstrengung beschleunigt, und ihr Puls hämmerte wie wild in ihren Schläfen, als sie im Halbdunkeln das Gemälde mit der Hetzjagd erahnte, scharf abbog und in Franz' Arbeitszimmer stürzte.

Zwischen den ordentlich an den Seiten der Fenster

zurückgebundenen Vorhängen schimmerte der Kies der Kastanienallee im grauen Morgenlicht. Kein Papier, kein abgelegtes Kleidungsstück, kein Zigarettenqualm zeugte von der Anwesenheit des Kaisers. Nur eine unberührte Karaffe voll Cognac stand auf dem leeren Schreibtisch.

Auch die in die Tapete eingelassene Tür war geschlossen, dennoch zweifelte Sisi nicht einen Moment daran, was sich dahinter abspielte. Eilig durchquerte sie den Raum, ertastete mit ihren Fingerspitzen die Umrisse der Tür, zog sie auf und hastete die schmale Wendeltreppe hinauf.

Die nackten Steinwände warfen ihren Schatten zurück. Keuchend nahm sie die letzten Stufen, duckte sich in den niedrigen Gang zur hölzernen Tür, stieß sie auf und platzte in das Zimmer.

Feuchter Dunst schlug ihr entgegen, geschwängert von erkaltetem Opiumrauch und verzweifeltem Vergnügen. Gegen einen Würgereiz ankämpfend, hielt Sisi den Atem an.

Hinter den in einem sanften Luftzug wehenden Seidentüchern lag Franz rücklings auf dem Bett. Nicht einmal ein dünnes Laken bedeckte sein Gemächt. Das Treiben der letzten Nacht hatte sein Haar unordentlich hinterlassen und seinen Teint ungesund verfärbt.

Sisi ließ die Tür geräuschvoll hinter sich ins Schloss fallen. Blinzelnd tastete Franz auf der Matratze nach seinem Dolch, fand nur die lange Pfeife, stützte sich auf einem Ellbogen hoch und erstarrte. Neben ihm schreckte eine hygienische Dame aus den Kissen. Perplex verschränkte die Dirne die Arme vor ihrem üppigen Busen. Zwischen ihren ausladenden Hüften kräuselte sich dichtes schwarzes

Haar über ihrer Scham. Einige schwarze Muttermale sprenkelten ihre breiten Schultern und ihren speckigen Bauch. Mit aufgerissenen Augen starrte Sisi sie an. Wie ein aufziehendes Gewitter brauten sich in ihrem Inneren die düsteren Wolken eines gewaltigen Zornes zusammen, türmten sich in ihr auf, bis sie sich in einem donnernden Befehl entluden. «Raus hier!»

Ihre Stimme war so klar und bestimmt, dass sogar Franz zusammenschrak. Die hygienische Dame warf ihm einen fragenden Blick zu, doch der Kaiser zuckte nicht mit der Wimper. Als Sisi erneut den Mund öffnete, um ihrer Wut Luft zu machen, sprang die Dame überraschend leichtfüßig aus dem Bett, tänzelte zwischen den leeren Schnapskaraffen und Gläsern auf dem Holzboden hindurch, schnappte ihre Kleider von einem Schemel und floh an Sisi vorbei aus der Tür.

Mit steifen Gliedern lauschte Sisi ihren sich auf der steilen Wendeltreppe entfernenden Schritten. Fiel ihrem Mann noch immer nichts Besseres ein, als in den Sphären des Rausches nach Vergessen zu trachten? Zwischen den Schenkeln einfacher Weiber nach Erlösung zu suchen?

Bebend baute Sisi sich vor dem Himmelbett auf und sah abschätzig auf ihren Gemahl hinab. Mit verquollenen Augen kauerte er zwischen den aufgewühlten Laken und blickte zu ihr auf. Seine Arme zitterten unter seinem eigenen Gewicht, und selbst das zarte Licht der Morgendämmerung, das durch das kleine Fenster fiel, schien ihm gewaltig zuzusetzen. Nur mit größter Mühe gelang es ihm, überhaupt die Augen offen zu halten. Sisi ballte die Fäuste. Heiß und kalt zugleich fluteten noch immer Verzweiflung und rasender Zorn ihren Körper. Auf diesen Mann, der so erbärmlich vor ihr lag, bis auf die nackte Haut entblößt, stinkend und benebelt, kaum mehr als ein Schatten seiner Selbst. Die Erinnerung an seinen erdigen Geruch drängte sich ihr auf. Der Druck seiner warmen, kräftigen Hand. Der Geschmack seines saftigen Mundes.

«Ich bin deine Frau!», hörte sie sich einen Augenblick später selbst schreien, während sie sich auf ihn stürzte und mit den blanken Fäusten auf ihn einschlug. Hart trafen ihre wilden Hiebe ihren Mann, der sie über sich ergehen ließ und blinzelnd um Orientierung kämpfte. Mit einem Mal strömten Bäche von Tränen über Sisis Wangen.

«Wie kannst du mir die Schuld geben an ihrem Tod?! Mich mit all dem alleine lassen und ...» Ein heftiges Schluchzen schüttelte ihren Körper. «Was ist nur falsch mit dir? Andere suchen ihr ganzes Leben nach einer solchen Liebe, und du bist einer der mächtigsten Männer der Welt, und dir fällt nichts Besseres ein, als dich mit Cognac, Schnaps und diesen Weibern ...?»

Franz richtete sich unter ihr auf, versuchte, ihre Handgelenke zu packen, doch obwohl es ihm ein Leichtes hätte sein müssen, sie zu überwältigen, kam er in diesem Moment kaum gegen sie an.

Wie eine Löwin saß sie auf ihm, blind vor Tränen, und wand sich aus seinen Fängen. «Wovor, verdammt nochmal, hast du solche Angst?!»

Mit einem kräftigen Schlag ins Gesicht warf sie Franz zurück, der rücklings in die Kissen stürzte. Perplex sah er zu ihr auf, während hellrotes Blut den Schmiss auf seiner Wange füllte, den sie ihm zugesetzt haben musste. Von sich selbst überrascht hielt Sisi inne. Mit offenem Mund starrte sie ihn an, hockte beinahe reglos über ihm. Nur ihre Brust hob und senkte sich unter ihrem keuchenden Atem.

«Beende diesen Krieg», sagte sie düster. «Deine Mutter hat gesagt, Napoleon sei bereit, mit dir zu verhandeln.»

Nüchtern griff sie nach einem Zipfel der Bettdecke und beugte sich mit schmalen Lippen zu Franz hinunter. Sein Gesicht war dem ihren nun so nah, dass sie deutlich den Schnaps roch, der in seinen Adern pulsierte. Widerstandslos ließ Franz es geschehen, als sie ihm vorsichtig das Blut von der Wange tupfte. Ohne eine Antwort abzuwarten, kletterte Sisi von ihm herunter, schüttelte den Rock ihres Kleides auf, warf ihm einen letzten, harten Blick zu und wandte sich zum Gehen.

NUR EINE FRAU

Ein sanftes Zittern hatte Sisis Glieder erfasst, und sie spürte, wie der Hunger ihren Magen zusammenzog. Die helle Aprilsonne stand bereits fast im Zenit, und seit dem frühen vergangenen Abend hatte sie nichts mehr zu sich genommen.

Nachdem sie Franz im Morgengrauen an seine Pflicht erinnert hatte, mit Napoleon in Friedensverhandlungen zu treten, hatte sie keine Zeit verloren, nach Wien zurückzukehren. Ohne Umwege war sie in die Stallungen geeilt, hatte Duke gesattelt und war unter den verdatterten Augen eines verschlafenen Stallburschen ohne Begleitung aufgebrochen. Auf dem Ritt von Laxenburg nach Wien, verschmolzen mit dem Rücken ihres Hengstes, dem kühlen Morgenwind und der Kraft der Natur, hatten sich ihre Gedanken und Emotionen allmählich sortiert.

Es gab vieles, das sie in den nächsten Stunden würde entscheiden müssen. Ein Datum für die Beerdigung ihrer Tochter stand aus. Einladungen mussten entworfen, unterzeichnet und an alle Würdenträger und Adelshäuser verschickt werden. Der Steinmetz wartete auf die Wahl der Grabinschrift, die Oberhofmeisterin auf die Liste der zu ladenden Gäste und der Speisen für den Leichenschmaus. Zu alldem musste sie eine Haltung zu dem Urteil finden, das ihre verhaftete Zofe erwartete. Doch all das musste warten. Zuallererst galt es, ihren Vater zu bitten, sich vor dem Deutschen Bund für Österreich zu verwenden. Denn sie wollte, sie musste ihrem Land helfen. Gerade jetzt, wo Franz nicht dazu in der Lage schien.

Mit vor Kälte klappernden Zähnen passierte sie den Eingang zum Leopoldinischen Trakt, drückte einem Stallburschen Dukes Zügel in die Hand und eilte die Marmortreppe hinauf, die zu ihren Gemächern führte. Nur mit einer Beistandserklärung des Deutschen Bundes, das wusste sie, konnte ein erneutes Aufflammen des Krieges verhindert werden. Auch wenn Max als einfacher Herzog keinen persönlichen Einfluss besaß, so hatte er doch mächtige Freunde, und durch seine Heirat mit Ludovika, einer bayerischen Prinzessin, verfügte er über belastbare Beziehungen ins Königshaus.

Unsere Tochter? Ausgerechnet mit diesem kranken Monarchen?, blitzte seine Stimme in Sisis Erinnerung auf. Das Krachen der gleich zweimal hintereinander zufallenden

Tür beim Weihnachtsgottesdienst in der Possenhofener Schlosskapelle. Der aufgebrachte Streit im Musikzimmer. Kurz darauf die an der Wand zerschellende Flöte. Ob es ihr gelingen würde, ihren Vater zu überzeugen – trotz aller Vorbehalte, die er gegenüber Franz an den Tag legte?

Sisi nahm einen tiefen Atemzug und zwang sich, ihre Zweifel hintanzustellen. Preußen, Bayern, Sachsen und Hannover – dies waren nur einige wenige Namen der mächtigen Beteiligten am Deutschen Bund. Napoleon III. musste wissen, dass es nichts weniger als Selbstmord wäre, seine Armee dem geballten Staatenbund entgegenzuschicken. Warum sonst hatte er Franz so lange provoziert, bis er den ersten Stein geworfen hatte? Mit seinem Angriff auf die Armee von Sardinien-Piemont war Franz zum Friedensbrecher geraten, und der Deutsche Bund war nicht verpflichtet gewesen, ihm zu Hilfe zu kommen. Diese Berechnung allein hatte Napoleon III. in Solferino zum Sieger gemacht. Doch diesmal sollte er sich täuschen.

Zwei Livreediener flankierten die große Flügeltür zum Salon. Gemäß der Etikette verneigten sie sich kurz, als Sisi sich näherte, und öffneten dann die Tür. Warme Luft schlug ihr entgegen, als sie über die Schwelle trat, getränkt vom Duft ofenfrischen Jourgebäcks.

«Ihre Majestät, die Kaiserin!», verkündete einer der Diener, bevor er leise die Tür hinter ihr schloss.

Ihr Vater, der zusammengesunken in das Feuer eines offenen Kamins gestarrt hatte, schreckte von seinem Sessel auf, während Ludovika elegant ihre Kaffeetasse abstellte und sich von der Chaiselongue erhob, aufrecht wie eine

Kerze. Der üppig gedeckte Tisch in ihrer Mitte ließ Sisi das Wasser im Mund zusammenlaufen. Gerne hätte sie sich auf das frische Gebäck gestürzt, es kräftig mit Butter bestrichen und sich ein Glas frischen Orangensaft eingeschenkt, doch sie ließ sich nur zu einem flüchtigen Blick auf die mit allerlei Köstlichkeiten gefüllten Kristallschalen hinreißen, zupfte sich die Handschuhe von ihren tauben Fingern und legte sie auf der weißen Kommode mit den Goldrändern ab. Wie so oft, wenn sie nicht dazu gekommen war, genug zu essen, war ihr das Blut aus den Kuppen gewichen. Sie achtete nicht weiter darauf und hielt zielstrebig auf ihre Eltern zu.

«Verzeiht, dass ich Euch erst jetzt aufsuche», sagte Sisi und kam vor der Sitzgruppe zum Stehen. Gräfin Esterhazy war bereits in eine tiefe Verneigung gesunken, als Max und Ludovika sich an die Etikette erinnerten und der Geste mit gesenktem Blick folgten. Der weite schwarze Rock mit dem Streifenmuster aus geschnittenem Samt bauschte sich voluminös unter Ludovikas tiefem Knicks auf, während Max' leicht ausgestelltes Bein vermuten ließ, dass sein rechtes Knie schmerzte. Seit der Rückkehr aus Ungarn hatte Sisi sich nicht um ihre Eltern gekümmert.

«Sisi ...» Max brach ab, machte einen Schritt nach vorne und schloss sie in den Arm. Traurig ließ sie seine Nähe zu, nur einen Atemzug, bevor sie ihn sachte von sich schob. Sie war nicht mehr das Kind, das bei seinem Vater Trost suchte.

«Ich wollte mit Euch sprechen», sagte sie bestimmt und wandte sich ihrer Oberhofmeisterin zu. «Würdet Ihr uns bitte alleine lassen, Gräfin?»

Während Gräfin Esterhazy respektvoll das Kinn senkte

und sich rückwärts tippelnd zurückzog, wandte Sisi sich mit pochendem Herzen ihren Eltern zu.

«Geht es um die Beerdigung?», fragte Ludovika und verschränkte die Finger vor ihrem Schoß. Die Längsstreifen des schwarzen Tageskleides und der hochgeschlossene Kragen unterstrichen ihren reservierten Ton.

«Nein, Mama, es geht um etwas anderes.» Eindringlich sah Sisi ihrer Mutter in die Augen und suchte dann den Blick ihres Vaters. «Franz wird Napoleon III. zu Friedensverhandlungen einladen.»

«Napoleon wird ihm die Hosen ausziehen!», entfuhr es Max beinahe belustigt.

«Nicht, wenn der Deutsche Bund sich hinter Franz stellt», erwiderte sie und hielt gespannt seinen Blick.

Es dauerte einen Moment, bis Max eins und eins zusammengezählt hatte und ein Verstehen über sein Gesicht huschte. «Du bittest *mich* um Hilfe?»

Sisi nickte entschieden. Aus den Augenwinkeln sah sie, dass Ludovika beunruhigt ihre Hände knetete.

«Ich?», schnaubte Max entgeistert. «Ich bin nur ein einfacher Herzog.»

«Mit einflussreichen Freunden.»

«Ach ja?» Er schüttelte zornig den Kopf. «Du solltest mich gut genug kennen, um zu wissen, dass ich das niemals tun würde.»

«Papa», sagte Sisi ruhig. «Die Franzosen haben ihn zu diesem Krieg provoziert!»

«Ihn *provoziert?*» Max schnaubte verächtlich.

An einer Hand konnte Sisi abzählen, wie oft sich der gefährliche Zorn ihres Vaters in der Vergangenheit gegen sie gerichtet hatte. Seit sie denken konnte, hatte sie ihn gefürchtet. Doch jetzt hielt sie seinem höhnischen Blick ohne Mühe stand. Der Schmerz und die Desillusionierung hatten eine neue Kraft in ihr geboren. Etwas Dunkles, Ernüchtertes, Starkes, das sie noch nicht von sich kannte.

«Ja, *ihn provoziert.*»

Bebend vor Zorn wich Max ihr aus. Unter der Wut hatten seine Wangen sich dunkelrot verfärbt. «Franz hat diesen Krieg begonnen», sagte er mit bedrohlich leiser Stimme. «Gleich aus welchen Beweggründen, *er* ist der Friedensbrecher.»

«Es geht um die Zukunft meines Landes!», Sisi straffte die Schultern. Wenn sie jetzt scheiterte, was hätten sie dann bei den Verhandlungen gegen Napoleon in der Hand? Das alles konnte übel für sie ausgehen.

«Die Lombardei wurde lange genug von Österreich besetzt.» Ihr Vater sah sie entschieden an. «Franz hat diesen Krieg verloren. Und da, wo ich herkomme, zahlt ein anständiger Verlierer seine Zeche.»

Sisi sah kühl auf ihren Vater hinab. «In deinen Augen bin ich noch immer dein kleines Mädchen, richtig?»

Statt einer Antwort presste Max die Lippen aufeinander.

«Mama, auf ein Wort», sagte sie und wandte sich ab.

«Du willst, dass ich gehe?», hörte sie ihren Vater in ihrem Rücken ungläubig fragen.

Sisi nickte. «Ja, das möchte ich.»

Ohne mit der Wimper zu zucken, drehte sie sich noch einmal ihrem Vater zu, dessen Gesicht unter ihren Worten erneut eine tiefrote Farbe angenommen hatte. Die Muskeln seines Kiefers zuckten gefährlich, bevor er sich losriss.

«Ganz wie Eure Majestät wünschen», presste er zwischen den Zähnen hervor, drängte sich zwischen den Sesseln der Sitzgruppe hindurch und polterte nach draußen.

Als sich seine Schritte entfernt hatten, richtete Sisi ihre Aufmerksamkeit auf ihre Mutter.

Wie so oft spielte ein müder Ausdruck um Ludovikas Augen. «Du musst verstehen, deine Bitte verstößt gegen alles, was ihm heilig ist», sagte sie, beinahe entschuldigend.

«Ich verstehe ihn», antwortete Sisi. «Aber er unterschätzt den Ehrgeiz des französischen Kaisers. Napoleon III. will weit mehr als die Lombardei.»

Durchdringend sah Sisi ihre Mutter an, die unter ihrem Blick nervös das Gewicht von einem Fuß auf den anderen verlagerte.

«Tut mir leid, Sisi.» Verunsichert strich Ludovika sich über ihren Rock, lächelte flüchtig und deutete einen Knicks an. Der schwarze Stoff ihres Kleides flog auf wie eine flügelschlagende Krähe, als sie sich anschickte, ihrem Mann zu folgen.

«Mama?» Wie ein Geschoss kamen die Worte über Sisis Lippen. «Auch du hast einflussreiche Freunde.»

«Ich?» Überrascht drehte Ludovika sich um. «Da geht es um Politik, Sisi. Ich bin eine Frau!»

Entschlossen trat Sisi näher und griff eindringlich nach Ludovikas warmer Hand. «So wie Tante Sophie eine Frau ist, oder ich!»

Mit geweiteten Augen starrte ihre Mutter sie an. Flecken aus Hellbraun, Blau und Grün lieferten sich in ihrer Iris einen schillernden Kampf. Sisi betrachtete das vertraute

Gesicht. Wie lange waren sie beiden sich nicht mehr so nah gewesen?

Für einen Moment erfüllte nur das Knistern des Kaminfeuers die Stille. Obwohl sie mindestens vier Schritte von den lodernden Flammen trennten, spürte Sisi ihre Wärme so intensiv in ihrem Rücken, als wollten sie ihr Kraft und Antrieb geben.

«Ich bin nicht so wie du, mein Kind», durchbrach Ludovika den Moment. «Ich möchte dir nichts versprechen.»

Entschieden entzog sie Sisi ihre Hand und setzte ihren Weg aus dem Salon fort. Der Teppich verschluckte die Geräusche ihrer grazilen Schritte. Ihre Worte hingegen hallten noch Sekunden in Sisis Geiste wider. Und während in der Ferne Donnergrollen ein nahendes Gewitter ankündigte, legte sich eine bittere Einsamkeit auf ihre Schultern. Erst sanft, dann immer schwerer, bis die Wolken den Raum verdunkelten und erste Tropfen an die Scheiben schlugen.

DAS URTEIL

Die schmucklose Backsteinfassade des Frauengefängnisses ragte schwarz vor dem bedeckten Abendhimmel auf. Der erdig-feuchte Geruch des Gewitters hing noch in der Luft, das am Nachmittag Wien und Umgebung heimgesucht hatte. Mit unerbittlicher Wut war der Sturm über die Dächer der Hofburg gefegt, hatte zornig an Bäumen und Sträuchern gerüttelt und auf den Kieswegen Staub und Blätter vor sich her getrieben.

Mit zusammengepressten Lippen schwang Sisi sich vom

Rücken ihres Hengstes. Obwohl sie nach dem Mittagessen ein wärmendes Bad genommen hatte, war ihr die Kälte unter dem zügigen Ritt durch Wien und seine Ausläufer schnell wieder unter ihren Mantel gekrochen.

Grünne, der bereits abgesessen hatte, streckte die Hand aus, um ihr die Zügel abzunehmen, doch Sisi schüttelte den Kopf. Mit klammen Fingern zog sie den Lederriemen selbst durch einen schmiedeeisernen Ring an der Mauer und band ihn fest. Auch hier, in diesem verlassenen Vorort im Süden der Stadt, hatte das Unwetter seine Spuren hinterlassen. Ausgerissene Zweige und Blattwerk lagen kreuz und quer auf der von Hunderten Rädern ausgefahrenen Einfahrt, und das nasse Kopfsteinpflaster glänzte im Licht einer einsamen Laterne.

«Seid Ihr sicher, dass ich Euch nicht begleiten soll?»

Sisi spürte, dass Grünne sie von der Seite eindringlich musterte, und schüttelte den Kopf. «Ich möchte alleine mit ihr sprechen.»

Obwohl seine Augen sein Unbehagen nicht verbergen konnten, senkte Grünne gehorsam das Kinn. Duke schnaubte warnend, doch Sisi legte nur beschwichtigend die Hand auf seine Stirn.

«Ich werde nach Euch rufen lassen», sagte sie zu Grünne und zog die Kapuze ihres Mantels tief ins Gesicht. Was auch immer die Antworten auf die Fragen sein würden, die sie heute hierherführten, sie waren nicht für die Öffentlichkeit bestimmt.

Die Absätze ihrer Stiefel hallten bedrohlich über das Kopfsteinpflaster des Vorplatzes, als sie entschlossen auf das schmiedeeiserne Tor an der Längsseite des Gebäudes zuhielt. Bedrückt starrte sie auf die massiven Holzplanken, die schweren Schlösser, Gitter und Riegel. Auf den Verrat am Kaiser stand der Tod durch den Strang, und Grünne hatte Sisi vor wenigen Stunden persönlich darüber benachrichtigt, dass man die Strafe schon in wenigen Tagen vollziehen würde.

Mit der blanken Faust klopfte Sisi an die eiserne Luke der ins Tor eingelassenen Tür. Unter ihren Fingernägeln klebte noch die nasse Erde aus dem Garten der Hofburg, den sie vor ihrem Ausritt besucht hatte, in der Hoffnung, dort die Kraft zu finden, Fanny ein letztes Mal in die Augen zu sehen.

Innerlich zerrissen zwischen Trauer, Sehnsucht und Wut nahm Sisi einen tiefen Atemzug und schloss die Augen, um sich an den kühlen Boden zu erinnern und an den nährenden Duft des Regens, der ihr den Mut gegeben hatte, heute herzukommen. Ungeachtet ihrer teuren Kleider aus schwarzem, mit feiner Spitze besetzten Seidentaft hatte sie sich im Schlossgarten vor den zwei blühenden Bäumchen auf die Knie sinken lassen, die sie mit Fanny im Schutz der Stadtmauer gesetzt hatte. Im Geiste streichelte sie noch einmal die zarten Blätter und die aufbrechenden Knospen, griff mit der ganzen Hand in die dunkle Erde, die die Wurzeln der Bäumchen umgab. Was war schon Gerechtigkeit? Krankheit und Tod waren nicht gerecht, und auch nicht Geburt.

Mit einem lauten Rasseln schob sich die Luke auf. «Euer Begehr?»

Eine Pförtnerin mit unter einer Schwesternkutte versteckten Haaren äugte heraus. Das Licht einer flackernden

Kerze huschte über ihr runzeliges Gesicht und ihren zahnlosen Mund.

«Ich verlange Einlass», antwortete Sisi bestimmt.

«Die Besuchszeiten sind vorbei», keifte die Alte. «Kommt morgen wieder, wenn es Euch so wichtig ist.» Sie schloss mit einem Ruck die Luke. «Nicht mal nachts hat man seine Ruhe», hörte Sisi sie auf der anderen Seite der Tür noch abschätzig murmeln.

Sie warf Grünne einen flüchtigen Blick zu, der von der Mauer und den Pferden aus zu ihr hinübersah, und klopfte abermals an. Keinen Wimpernschlag später stand die Luke erneut offen, und die trüben Augen der Schwester blitzten zornig auf. Doch Sisi setzt nur die Kapuze ab und beobachtete voller Genugtuung, wie die Augen der Alten sich weiteten. «Eure Majestät!»

Im nächsten Moment schnellte hörbar ein Riegel zurück, und die massive Tür schwang knarzend auf.

«Ich lasse jemanden rufen.» Ohne noch ein Wort zu verlieren, wandte die Wärterin sich ab und verschwand in einem Gang. Beklommen blieb Sisi in der Dunkelheit zurück und versuchte, mit einigen tiefen Atemzügen die Nervosität im Zaum zu halten, die das nun so kurz bevorstehende Wiedersehen in unangenehmen Wellen in ihr aufsteigen ließ. Würde sie gleich einer Freundin oder Feindin gegenübertreten?

Der Gestank von Urin und Exkrementen raubte Sisi den Atem. Im schwachen Licht einer Handlaterne querte sie hinter einem bulligen Wärter den Innenhof des Gefängnisses. Obwohl die Nacht noch nicht angebrochen war, verstärkten die hohen Mauern, die um sie in den Himmel ragten, die Schatten der Dämmerung zu einem bedrohlichen Zwielicht. Vor dem Eingang einer der Zellen hielt der Wärter schnaufend an und nestelte in nervenaufreibender Behäbigkeit ein großes Schlüsselbund von seinem Gürtel, um einige der Schlüssel im Kerzenlicht zu prüfen. Die müde Flamme im Inneren der Lampe huschte über den fleckigen Lehmboden, und selbst die dreckigen Wände zeigten Spuren der mangelnden Hygiene an diesem schaurigen Ort. In welchem Zustand sie Fanny wohl vorfinden würde? Die wilden Augen der verwahrlosten Frauen blitzten in ihrem Geiste auf, deren Zellen sie auf dem Weg in den Hof passiert hatten. Wie von Sinnen hatten sie ihre Arme durch die Gitterstäbe gestreckt und ihr teils obszöne Gesten zugeworfen. Wie lange sie wohl schon hinter diesen Mauern verfaulten? War es die Haft oder ihr gequältes Gewissen, das ihre Seelen in den Wahnsinn trieb?

Als das Schloss endlich aufsprang, drückte der Wärter mit seinem Gewicht die klemmende Tür auf. Fast erleichtert trat Sisi ein. Sofort erblickte sie Fanny, die mit hinter dem Rücken zusammengebundenen Händen auf einem kargen Betstuhl kauerte und ihr nicht einmal den Kopf zuwandte. Ihre feinen Glieder steckten in einem zerrissenen Kittel, und die dunkelblonden Haare hingen strähnig in ihr dreckverschmiertes Gesicht. Sie starrte weiter auf ein kleines, hölzernes Standkreuz.

«Warum ist sie gefesselt?», fragte Sisi.

Anstelle einer Antwort hob der Wärter nur die Laterne ans Gesicht und deutete mit finsterer Miene auf einen blutverkrusteten Kratzer auf seiner Wange.

«Macht sie los und lasst uns allein», befahl Sisi knapp.

Als der Wärter sie ungläubig musterte, reckte sie herausfordernd das Kinn.

Kopfschüttelnd stapfte der Mann in das feuchte Verlies, packte Fanny grob an den Schultern und säbelte die Seile, die ihre Handgelenke hinter dem Rücken zusammenhielten, mit einem Messer auf. Kaum hatte sie die Arme frei, rieb Fanny sich die aufgescheuerten Stellen und schickte ihm einen bösen Blick. Flüchtig streifte sie auch Sisi, bevor sie die Hände im Schoß zum Gebet faltete.

«Ich werde Euch rufen, wenn ich fertig bin», sagte Sisi. Der Wärter zuckte brummend mit den Schultern und ging zögernd gen Zellentür. Kurz vor der Schwelle wandte er sich noch einmal zu ihr um. «Es ist notwendig, dass ich abschließe.» Prüfend sah er sie an.

«Tut, was Ihr tun müsst.»

«Wie Ihr wollt, Hoheit.»

Mit klopfendem Herzen beobachtete sie, wie der Mann grimmig nickte, sich in den Innenhof zurückzog, mit Gewalt die sperrige Tür hinter sich schloss und sie verriegelte.

Beklommen schloss Sisi ihre Finger zur Faust und öffnete sie wieder, bevor sie sich zu Fanny umwandte.

«Er hat dein Amulett getragen», begann sie ohne Umschweife. «Wieso?»

Kühl sah sie auf Fanny herab. Ohne auch nur mit der Wimper zu zucken, starrte die Dirne auf das schlichte Holzkreuz, das ihren Betstuhl schmückte. Keine Regung zeichnete sich in ihrem Gesicht ab.

«Ich habe dir eine Anstellung verschafft. Ein Leben am Hof. Du warst bei der Geburt meiner Kinder dabei.»

Wut und Enttäuschung trieben Sisi einen Kloß in die Kehle. Ernüchtert presste sie die Lippen zusammen. Für einen unendlichen Moment herrschte Stille in der schummrigen Kapelle, unangenehm zerrissen von den entfernten Schreien einer Frau, die aus der Tiefe des Gefängnisses drangen.

«Du hast über mich verfügt, wie es dir gerade gefiel», durchbrach Fanny schließlich das Schweigen und sah Sisi düster an. «Béla hat mir geholfen, als ich nichts mehr hatte. Was willst du also noch?»

Selbst im schummrigen Zwielicht konnte Sisi sehen, dass die Adern an Fannys Schläfen pulsierten. Mutig trat sie näher und sah sie eindringlich an.

«War unsere Freundschaft eine Lüge?»

Wieder machte sich Stille zwischen ihnen breit. Doch die Luft, die sie voneinander trennte, schien unter der Anspannung zu vibrieren, die sie beide zweifellos durchdrang.

«Ich habe dir vertraut», setzte Sisi fest nach und schluckte unter der Kraft ihrer eigenen Worte.

«Ich hatte keine Wahl.» Verzweifelt, aber fest sah Fanny sie an, und Sisi glaubte, denselben Schmerz in ihren Augen zu sehen, den auch sie selbst in ihrem tiefsten Inneren empfand. Traurig hielt sie ihr das Widerspiel. Ein Teil von ihr hoffte, dass Fanny weitersprechen würde, sich erklären. Doch sie wusste, dass jedes weitere Wort ihrer Freundin die Würde nehmen würde. Vielleicht das einzige, das ihr noch blieb.

«So wie ich jetzt keine habe», erwiderte Sisi. Und obwohl sie sich wünschte, dass sie sich wenigstens in dieser finsteren Zelle auf Augenhöhe hätten gegenüberstehen können, so schlug ihr mit einem Mal die ganze Wucht ihrer Gegensätze entgegen. Sie wurde sich ihres eigenen maßgeschneiderten Seidenkleides bewusst und des abgerissenen Leinenkittels, den Fanny trug und den vor ihr schon etliche dem Tod Geweihte getragen haben mussten. Der Chancen und Reichtümer, die ihr selbst in die Wiege gelegt worden waren, ohne dass sie jemals etwas hatte dafür tun müssen. *Es tut mir leid, Hoheit, aber Eure Kammerzofe hat die Ahnenprobe nicht bestanden*, blitzten die Worte ihrer Oberhofmeisterin in ihrer Erinnerung auf, und Sisi senkte beschämt den Blick. Nicht einmal sie als Kaiserin hatte etwas dagegen ausrichten können, dass man ihre Freundin damals vom Hof gejagt hatte. Ob ein Leben in Gleichheit jemals möglich sein würde? Ein Leben ohne die Grenzen des Standes, von Macht, Land und Geld?

«Gibt es etwas», setzte Sisi an, nur um wieder zu verstummen. «Kann ich ...», versuchte sie es erneut und hob verzweifelt den Blick.

«Meine Tochter heißt Marie», sagte Fanny, und Sisi stockte der Atem. Vorsichtig machte Fanny einen Schritt auf sie zu. «Sie wohnt in Starnberg. Bei einfachen Leuten.» Durchdringend sah sie Sisi an, die keinen blassen Schimmer davon gehabt hatte, dass Fanny, ihre Freundin, eine Tochter hatte. «Sieh nach ihr. Und gib ihr das, wenn sie älter ist.»

Die unvermittelte Berührung jagte einen Schauer über Sisis Rücken. Fest schloss sie die Hände um den abgegriffenen Einband des kleinen Gesangsbuchs, das Fanny ihr in die Hände legte. Als stünde dieses kleine Büchlein, gestohlen aus der Schlosskapelle ihrer geliebten Heimat, für alle Missstände ihrer Welt und ihrer Zeit, umschloss sie es fest mit den Fingern. Mit diesem Buch hatte Fanny sich selbst Lesen und Schreiben beigebracht. Von dem Wunsch getrieben, all die Barrieren zu durchbrechen, die sie beide voneinander trennten. Bewegt sah Sisi in die Augen der Frau, die sie in den letzten Jahren begleitet hatte. Durch tiefste Trauer und höchstes Glück. Trotz aller Unterschiede waren sie beide doch auf derselben Suche gewesen, nach ihrer Selbstbestimmung als Frau. Ein Vermächtnis, das sie auch an ihre Töchter weitergeben würden.

«Ich möchte, dass du mich begleitest», sagte Fanny leise und sah sie flehend an. Blanke Furcht schlug Sisi aus ihren Augen entgegen, und Sisi sah, dass sie schluckte, um ihre Tränen zurückzudrängen. «Als Freundin. Nicht als meine Richterin.»

Zitternd klammerte sich Fanny an Sisis Finger, und Sisi verstärkte ihren Händedruck, um ihr Halt zu geben. Sie nickte schweigend, während all die gemeinsamen Erinnerungen in ihr aufstiegen, all die Momente, in denen sie sich nah gewesen waren. In denen sich nicht nur ihre Körper berührt hatten, sondern sich auch ihre Seelen begegnet waren, obwohl sie es niemals hätten tun dürfen.

Bei Wien, wenige Tage später.

FÜR IMMER

Der Galgen ragte düster vor dem rotgoldenen Abendhimmel auf. Gebannt sah Sisi an dem speckigen Holzbalken hinauf und trat mit angehaltenem Atem hinter dem Wärter ins Freie. Obwohl das Holzpodest in einer abgelegenen, schattigen Ecke aufgebaut war, schien es doch den gesamten Gefängnisinnenhof zu beherrschen, der jetzt, im Tageslicht, seine ganze Schäbigkeit entblößte. Vorsichtig hielt Sisi hinter dem Wärter auf den Galgen zu. In dem von zig Füßen aufgewühlten Matsch und Dreck war es schier unmöglich, ihre schwarzen Seidenschuhe halbwegs sauber zu halten. Beinahe bis auf Augenhöhe besudelten Exkremente und andere Ausscheidungen die abgeschlagenen Backsteinwände. Dicke schwarze Fliegen brummten über dem aufgeweichten Lehmboden, der noch die Wärme des Tages ausdünstete, ließen sich kurz im Gestank nieder, nur um gleich darauf wieder aufzufliegen. Nüchtern beobachtete Sisi ihren unvorhersehbaren Flug, während sie mit leicht angehobenem Rock hinter ihrem Führer her stapfte.

Die letzten Tage hatten sich wie in einem zeitlosen Raum dahingeschleppt. Wie eine Maschine, in irgendeinem Zustand zwischen lebendig und tot, hatte Sisi in Wien alleine die Vorbereitungen für die Beisetzung ihrer Tochter getroffen, während Franz ihrem Rat tatsächlich gefolgt war und Napoleon III. nach Laxenburg eingeladen hatte, um über einen möglichen Frieden zu verhandeln. Wie ihre Schwiegermutter es prophezeit hatte, hatte Napoleon III. seine Anreise zugesagt. Schon für den nächsten Tag war das Treffen der beiden Kaiser angesetzt. Da Franz nichts gegen seinen Widersacher in der Hand hatte und niemals bereit sein würde, den Preis zu zahlen, den Napoleon verlangte, schwebte der drückende Schatten eines bevorstehenden Krieges in der Luft. Und doch hatte die Tatsache, dass Franz ihrem Rat gefolgt war, Sisi die zarte Hoffnung gegeben, dass noch nicht alles zwischen ihnen beiden verloren war.

Abrupt blieb der Wärter stehen und deutete Sisi mit einem Nicken, hier zu warten.

«Ich hole jetzt die Gefangene», brummte er, und Sisi schluckte, als er sich grunzend umdrehte und auf die Zellentür zuging, die er einige Tage zuvor schon einmal in ihrem Beisein geöffnet hatte. Wieder fingerte er ratlos an seinem Schlüsselbund herum, und es dauerte eine zähe Ewigkeit, bis er endlich den passenden Schlüssel gefunden hatte.

Sisi glaubte ihren eigenen Herzschlag zu hören, als er im Inneren verschwand. Nervös hob sie den Schleier aus schwarzer Spitze an, der ihr Gesicht verhüllte, steckte ihn in einem Band ihrer Haube fest und starrte auf den Eingang.

«Auf geht's!», hörte sie gedämpft die Stimme des Wärters aus dem Dunkel. «Raus da!»

Kurz darauf stolperte Fanny aus der Zelle. Kaum hatte sie ihr Gleichgewicht wieder zurückgewonnen, straffte sie die Schultern und sah sich suchend um, bis sie Sisi erblickte. Einen Moment schien die Zeit stillzustehen, als sich ihre Blicke fanden. Ob sie daran gezweifelt hatte, dass sie heute hier sein würde, wie versprochen? Fanny trug noch immer denselben zerrissenen Leinenkittel. Doch anders als an dem Abend, da Sisi sie ein letztes Mal besucht hatte, fielen ihre dunkelblond gelockten Haare ordentlich gekämmt über ihre Schultern, und ihre blasse Haut schimmerte sauber und gepflegt. Als der Wärter sie unsanft hinter dem Rücken packte und an ihren Handfesseln riss, brach ihr Blickwechsel ab. Obwohl Fanny sich nicht wehrte, stieß er sie vor sich her wie ein störrisches Tier. Die würdelose Art, mit der er sie zwang, die letzten Schritte ihres Lebens zu tun, versetzte Sisi einen Stich.

Es kostete den Wärter kaum Kraft, Fanny die wenigen Stufen das Podest hinauf zu drängen. Mit einem ruppigen Stoß schubste er sie in die Mitte und legte die Schlinge um ihren schlanken Hals. Sisi schluckte, als er sie eng festzog. Noch nie hatte sie so bewusst Abschied nehmen müssen von einer geliebten Person. *Für immer.*

Aus ihren dunklen, fast schwarzen Augen sah Fanny sie durchdringend an, und Sisi hielt tapfer ihren Blick. Obwohl die letzten Tage ihr offenbart hatten, wie wenig sie über diese Frau wusste, erfüllte sie doch das tiefe Wissen um ihre Verbundenheit. So vieles war nicht gesagt zwischen ihnen – und doch lag alles offen.

Als wollte der Himmel ihr ein letztes Geschenk machen, fiel mit einem Mal ein glühender Streifen Sonnenlicht auf

Fannys blasses Gesicht, und sie schloss die Augen. Nur ihre zitternden Hände verrieten ihre Angst. Ohne den Blick von ihr abzuwenden, sah Sisi, wie der Wärter ihr zunickte, zwei Schritte zurücktrat und ohne Umschweife den Hebel umlegte.

DIE ENTSCHEIDUNG

Apathisch tauchte Sisi ihren Fuß ins milchig-trübe Bad und stieg hinein. Das heiße Wasser brannte auf ihrer Haut, doch sie scherte sich nicht darum. Selbst der intensive Duft von Jasmin und Magnolien vermochte es nicht, die Bilder zu vertreiben, die nach einigen Stunden schlafloser Bettruhe noch lebendiger in ihrer Seele schwelten als Stunden zuvor. Immer wieder blitzten zusammenhangslose Fetzen der Szenerie vor ihr in der Dunkelheit auf. Ihr feiner Seidenschuh auf dem dreckigen Gefängnisboden. Die Schlinge des schwarzen Galgens vor dem rotgoldenen Himmel. Der glühende Streifen Sonnenlicht auf Fannys blasser Haut.

Sisi ließ sich bis zum Schlüsselbein ins warme Wasser gleiten, lehnte ihren Kopf an die Kante des Zubers und schloss die Augen. Es musste ihr gelingen, einen klaren Geist zu bekommen. Zu vieles stand in den nächsten Stunden auf dem Spiel, als dass sie sich erneut der Trauer und Verwirrung hingeben konnte. Der Tag der Friedensverhandlungen war kurz davor anzubrechen, und obwohl sie als Kaiserin nicht an dem Treffen mit Napoleon III. würde teilnehmen dürfen, verspürte sie den starken Drang, den Moment, da man über das Schicksal Tausender entschied, nicht tatenlos verstreichen zu lassen. Im Zwielicht des Zimmers, das bedrohlich vor ihren Augen waberte, meinte sie, ihren Mann zu sehen. Den kümmerlichen Anblick, den er bot, seit er aus dem Krieg zurückgekehrt war. Seine verschlossene, dunkle Art. Ob er den Verhandlungen gewachsen war?

Meine Tochter heißt Marie, durchbrach Fannys Stimme in ihrem Inneren ihre Gedanken, und Sisi spürte, wie ihr an Stirn und Schläfen der Schweiß ausbrach. Noch einmal sah sie im Innenhof des Gefängnisses die Holzbretter des Podestes wegklappen. Sah, wie die nackten Füße ihrer Vertrauten zuckten.

Sie räusperte sich, als könnte sie den grausamen Todeskampf dadurch aus ihrem Gedächtnis vertreiben. Wie viele unendlich lange Minuten hatte es gedauert, bis das letzte Leben aus Fannys Körper gewichen war?

«Habt Ihr noch einen Wunsch, Hoheit?»

Erschrocken riss Sisi die Augen auf. Die Gräfin hatte die letzte Kerze einer prunkvollen Girandole entzündet, um die Dunkelheit zu erhellen, die kurz vor dem Morgengrauen noch das Schloss erfüllte. Die vergoldete Bronze schimmerte im Licht der erstarkenden Flammen. Alleine die tanzenden Genien am Fuß des Kerzenständers und das kunstvoll gearbeitete Blumenbouquet, das sie auf ihren goldenen Händen trugen, hätten ein ganzes Dorf über den Winter bringen können.

«Bereitet ein Gespann nach Laxenburg vor», sagte Sisi bestimmt, um ihren eigenen Zweifeln zuvorzukommen.

Sie spürte, dass Gräfin Esterhazy sie prüfend musterte,

und hob mutig den Blick. *«Seid Ihr Euch sicher?»*, schienen ihre Augen zu sagen, in denen sich das Licht der Kerzen spiegelte. Diese Augen hatten Sisi seit ihrer Hochzeit schon so manche Botschaft zu überbringen gewusst. War es damals nicht die Elster gewesen, die ihr bei ihrer Ankunft am Hof mit aller Vehemenz und Strenge ihre eng gesteckten Grenzen aufgezeigt hatte? Als Hüterin des Protokolls, der höfischen Ordnung, die alles zusammenhielt? Sisi schluckte, ohne jedoch nachzugeben. Ja, weder waren die Friedensverhandlungen ein Ort für eine Kaiserin, noch befand sich das Verhältnis zu ihrem Mann in einem belastbaren Zustand. Doch Sisi hatte Franz zu dieser Sache gedrängt, und ihr Gefühl sagte ihr, dass sie ihn damit nicht alleine lassen durfte.

«Jawohl, Hoheit», gab die Gräfin schließlich nach und senkte gehorsam das Kinn. «Ist das alles?»

«Graf Grünne soll mich begleiten.» Sisi strich sich mit der nassen Hand eine Strähne aus dem Gesicht «Und nun lasst mich allein.»

Die Gräfin nickte abermals, näherte sich rückwärts der Tür und schloss sie leise hinter sich.

Als sie wieder allein war, ließ Sisi leise die Luft zwischen ihren Lippen ausströmen und sah nachdenklich in das Kerzenlicht. Der blaue Hitzekern am glühenden Docht, die helle, in gelbe Spitzen übergehende Flamme. Das flüssige Wachs, das im Tropfschutz des Leuchters zusammenlief. Sie dachte an den Kerzenstummel, den ihr die Bordellchefin im Etablissement nahe Possenhofen in die Hand gedrückt hatte. Die mit Wachsflecken übersäte Kiste neben Fannys Bett. Wie alles hatte auch jedes Leben seine Zeit, hinterließ seine Spuren. Fannys war weit früher erloschen, als Sisi es sich gewünscht hätte. Welche Spuren würde sie selbst hinterlassen?

DER UMSCHLAG

Sisi sog die frische Morgenluft in ihre Lungen, bis das Korsett ihr ihre Grenzen aufzeigte. Ein lauer Wind fegte durch die Einfahrt des Tores, griff in den Rock ihres schwarzen Tageskleides und brachte das sperrige Krinolinengestell sacht ins Schwingen.

Obwohl sie nichts in der Hand hatte, ihrem Mann zu helfen, hielt Sisi entschlossen auf die Droschke zu, vor der vier prächtige Lipizzaner mit schwarzen Scheuklappen schnaubten. Als wäre es ein anderes Leben gewesen, erinnerte sie sich an die gestärkten Rosshaarunterröcke, die sie als Mädchen getragen hatte. Nie wieder würde sie so unbeschwert sein, so impulsiv und bereit, sich die ganze Welt zu eigen zu machen. Doch auch wenn der Schmerz der Vergangenheit auf ihr lastete und die düstere Zukunft sie bedrückte, auf seltsame Weise fühlte sie sich so stark wie nie zuvor.

«Guten Morgen, Hoheit.»

Mit einem sanften Lächeln nickte sie Graf Grünne zu, der sie bereits an der Kutsche erwartete, und streckte ihre Hand aus, um die Kutschpferde zu begrüßen. Ungeduldig warfen sie ihre Köpfe hin und her, gezügelt vom strengen Gespann des Wagens. Andächtig strich Sisi über ihr makelloses Fell, dem das Morgengrauen einen bläulichen Glanz verlieh. Wie viele hundert Striegelstriche nötig gewesen waren, es bis zur Perfektion zu glätten?

«Sisi?»

Suchend wandte sie sich um, um zu sehen, wer sie rief. Ein schleifendes Klirren verriet ihr, dass Graf Grünne seinen Säbel ein Stück aus der Scheide zog. Mit einer Handbewegung deutete sie ihm, zurückzubleiben, und trat einige Schritte auf den Eingang zu. Unweit ihrer Zofen, die in einer Reihe hinter Gräfin Esterhazy stehen geblieben waren, um ihrer Abfahrt aus respektvollem Abstand beizuwohnen, konnte Sisi im Schatten eines Nebeneingangs die Umrisse einer verhüllten Gestalt ausmachen.

Es war ihre Mutter, die einen Augenblick später aus der Dunkelheit trat. Elegant nahm sie die Stufen hinab ins aufhellende Dämmerlicht, kam auf sie zu und sank in eine dezente Verneigung.

«Du hattest um meine Hilfe gebeten», sagte sie mit gedämpfter Stimme und holte einen versiegelten Umschlag hervor. Gebannt starrte Sisi auf den Brief. Der doppelköpfige Adler prangte im glänzend roten Wachs.

Überrascht hob sie den Kopf und sah ihrer Mutter in die Augen. War es das, was sie dachte? Das Wappen des Deutschen Bundes?

Bestätigend erwiderte Ludovika ihren Blick. «Das kam eben mit einem Eilkurier an», wisperte sie. Im Zwielicht des anbrechenden Morgens hatte das helle Blau ihrer Iris den Kampf der Farben gewonnen. «Sei vorsichtig», setzte sie leise hinzu und schloss bestärkend Sisis Hand um den Brief, «Napoleon ist dennoch ein gefährlicher Mann.»

Der Stoff ihres schwarzen Seidenhandschuhs schimmerte im ersten Tageslicht auf, als Sisi das Schreiben an sich nahm. Sie öffnete den Mund, um sich bei ihrer Mutter zu bedanken, doch Ludovika kam ihr zuvor.

«Darf ich dich in den Arm nehmen?», fragte sie und Sisi stockte der Atem. Erst glaubte sie, sich verhört zu haben, doch Ludovika sah sie ernst an.

Mit pochendem Herzen nickte Sisi und ließ es zu, dass ihre Mutter ihre Arme um sie schloss. Unfähig, die plötzliche Nähe zu genießen, starrte sie über ihre Schulter hinweg zu Gräfin Esterhazy und ihren Zofen. Den Zeuginnen dieser ungewohnten Geste, auf die sie schon lange aufgegeben hatte zu hoffen.

«Viel Glück», flüsterte Ludovika und löste ihre Umarmung. Ein nur für geübte Augen sichtbares Lächeln spielte auf ihren Lippen, als sie mit beiden Händen bestärkend Sisis Schultern drückte. «Viel Glück, meine Tochter.»

«Danke, Mama», sagte Sisi und neigte sacht den Kopf, bevor sie sich Graf Grünne zuwandte. «Lasst uns aufbrechen.»

Erst jetzt, als sie an ihm vorbei auf die Kutsche zuging, schob der Graf den Säbel wieder ganz in die Scheide. An seiner Hand kletterte sie das Trittbrett hinauf, zwängte sich mit dem weiten Rock durch den schmalen Eingang des Verschlags und ließ sich in Fahrtrichtung auf der gepolsterten Kutschbank nieder.

LAXENBURG

Seit einer knappen Stunde schon drehte Sisi rastlos den Brief in ihrer Hand und überlegte, ob sie dem Grafen vertrauen konnte. Die Kutsche flog beinahe schwerelos über den ausgefahrenen Weg, während die Sonne ihre ersten Strahlen zwischen den Stämmen der Tannen, Buchen und Fichten hindurchschickte. Doch obwohl ihr Blick sich an das goldene Morgenlicht heftete, über Moos und Blattwerk huschte, nahm sie die Umgebung kaum wahr. *Ich habe auch eine Tochter*, hörte sie erneut Fannys Stimme in ihrer Erinnerung. Wie absurd war es, dass der einen die Tochter, der anderen die Mutter genommen wurde? Obwohl Sisi nicht mehr über dieses Mädchen wusste, als seinen Namen – es war, als hätte der Galgen sie beide auf tragische Weise aneinandergebunden.

«Kann ich etwas für Euch tun, Hoheit?», drang Grünnes Stimme in ihr Bewusstsein, und Sisi blinzelte, um ihre Gedanken zu vertreiben. Es dauerte einige Sekunden, bis sie wieder voll im Hier und Jetzt angekommen war. Über die Spiegelung der Scheibe begegnete sie Grünnes eindringlichem Blick und straffte die Schultern. Der grüne Waffenrock kaschierte zusammen mit den weißen Handschuhen meisterhaft die Prothese seines rechten Arms. Sisi nahm einen tiefen Atemzug. Er hatte ihr mit dem Medaillon vertraut, jetzt war es an ihr, einen Schritt zu wagen.

«Gräfin von Lotti», sagte sie und stockte, um sich zu verbessern. «*Fanny* hatte eine Tochter ...»

Der Graf schien sich seine Überraschung nicht anmerken lassen zu wollen, doch kaum eine Armlänge von ihm entfernt konnte Sisi sehen, wie sich seine Augen fast unmerklich weiteten.

«Ich möchte, dass Ihr sie findet», sagte sie mit gesenkter Stimme, aber nicht minder entschlossen. «Sie soll ein besseres Leben haben als ihre Mutter.»

Gebannt wartete sie auf Grünnes Reaktion. Ob er verurteilte, was sie vorhatte? Obwohl sie wusste, dass es keinen Unterschied machen würde, was der Graf über ihre Entscheidung dachte, war sie doch erleichtert, als er nickte.

«Danke», sagte sie und wandte sich wieder dem Fenster zu. «Danke für alles.»

Die Kutsche ruckelte sie beide sanft hin und her, während sich draußen das Dickicht des Waldes lichtete und sich der großzügig angelegte Schlosspark öffnete, der Laxenburg umgab. Der Raureif ließ die Wiesen märchenhaft glitzern, und in der kurzen Zeit von Sisis Abwesenheit hatten die Kastanien ihre weißen Blüten entfaltet. Reglos beobachtete ein Fuchs ihre Einfahrt auf der Allee, und Sisis Herzschlag beschleunigte sich, als sie sah, dass vor dem Blauen Hof bereits mehrere Kutschen parkten. Ihr schwarzer Anstrich mit der roten Linierung war deutlich schlichter gehalten als die prunkvollen Verzierungen der Kutschen in Wien und verriet, dass der französische Kaiser bereits mit seinen Beratern angereist war. Wie lange mochte die Versammlung schon tagen? Die Kutscher hatten die Pferde längst abgespannt und saßen neben den Stallungen zusammen. Selbst aus der Entfernung waren hinter den Fenstern des Thronsaales Hunderte von Lichtern in den Kronleuchtern zu sehen, und Sisi meinte zwischen den zurückgezogenen

Damastvorhängen die Schatten der Verhandelnden zu erahnen.

Nervös tastete sie nach dem ungebrochenen Siegel des Briefes in ihrem Schoß und fuhr mit dem Finger über den eingeprägten Adler. Würde dieses Schreiben die entscheidende Wende bringen, die sie sich noch immer erhoffte?

Sisi drängte ihre Befürchtungen beiseite und wandte sich Grünne zu, als könnte er ihr die Gelassenheit schenken, die sie jetzt so dringend brauchte. Sie begegnete seinem vertrauten Blick. Das goldene Morgenlicht tauchte die Augen des Grafen in ein flackerndes Grün, dessen Intensität durch seine langen schwarzen Wimpern noch gewann. Obwohl die Räder der Kutsche weiter durch die Erde des Weges pflügten, schien die Zeit einen Augenblick stillzustehen, als er sich sacht vorbeugte und unendlich zärtlich seine Lippen auf ihre legte. Überrascht hielt Sisi den Atem an. Als hätte ein Teil von ihr es immer gewusst, ließ sie die intime Berührung zu, ohne den Kuss zu erwidern. Obwohl die Körperlichkeit nicht der Ausdruck für das war, was sie für ihn empfand, spürte sie doch die tiefe Freundschaft, Zuneigung und Liebe, die sie beide verband.

Einen Augenblick später zog der Graf sich zurück. «Bitte verzeiht.» Eine leichte Röte, die Sisi nur allzu gut von sich selbst kannte, erschien auf seinen fülligen Wangen.

Sie lächelte und beobachtete amüsiert, wie Grünne sich verlegen mit der Hand übers Gesicht fuhr. Sie spürte noch das Kitzeln seines Schnurrbartes auf ihrem Gesicht, als ihr Gespann vor dem Schloss zum Stehen kam.

Sofort eilte eine Schar Livreediener zwischen den parkenden Kutschen herbei, doch Sisi wartete nicht darauf, dass sie oder ein anderer die Tür für sie öffneten. Entschlossen betätigte sie den Hebel und drückte sie selbst auf. Der Geruch feuchten Grases schlug ihr entgegen, durchsetzt vom Duft frisch gebrühten Kaffees. Mit klammen Fingern verstaute sie den Umschlag unter ihrem Reiseumhang und trat über das Trittbrett ins Freie. Sie hörte ihr eigenes Herz klopfen, als sie ihren Blick an der Fassade des Blauen Hofes hinaufgleiten ließ. Obwohl sie den hellgelben Anstrich so gut kannte, die grünen Fensterläden und die große Uhr in der Attika, haftete dem Gebäude an diesem Morgen etwas Fremdes, Bedrohliches an. Entschlossen ging sie auf den Eingang unter den erleuchteten Fenstern zu. Von dem, was sich heute hinter diesen Mauern abspielte, hingen die Leben Tausender Menschen ab. Egal, was sie im Inneren erwartete, sie durfte es auf keinen Fall vermasseln.

IM THRONSAAL

Das dicke Holz der geschlossenen Flügeltür im ersten Stock verschluckte zwar die einzelnen Worte, aber das aufgeregte Murmeln, das das Innere des Thronsaales erfüllte, war schon im Treppenhaus deutlich zu hören. Die Stockschläge des Zeremonienmeisters, der wohl verzweifelt versuchte, die Diskussion nicht entgleisen zu lassen, krachten selbst hier draußen so laut, dass Sisi zusammenzuckte. Der weite Rock ihres schwarzen Kleides wippte unter ihren Bewegungen, während sie angespannt Stufe um Stufe erklomm. Sowohl seine ausufernden Ausmaße, die sie am Gehen hinderten, als auch das enge Korsett, das ihr den

Atem abschnürte, schienen ihr in Erinnerung rufen zu wollen, was man von ihr erwartete. Als Frau. Als Kaiserin. Und vor allem, was nicht.

In ihrem Rücken vernahm sie die leisen Schritte einer kleinen Gefolgschaft aus Hofdamen und Zofen, die sich wie von Geisterhand zu ihrer Begrüßung zusammengefunden hatte, obwohl sie ihren Besuch nicht angekündigt hatte.

Sisi verbot sich ein leises Seufzen, nahm die letzten Stufen und blieb vor der schweren Flügeltür stehen. Die Gesichtszüge der zwei Portiere am Eingang erstarrten, offenbar keineswegs darauf vorbereitet, an diesem Ort der Kaiserin von Angesicht zu Angesicht zu begegnen. Eine Frau bei einer politischen Verhandlung? Sisi tastete über ihrem Umhang nach dem Brief und reckte das Kinn etwas höher, um sich Selbstvertrauen zu schenken.

Respektvoll senkten die Diener ihre Köpfe und schickten sich an, ihr die Tür zu öffnen, doch Sisi gebot ihnen mit einer Handbewegung Einhalt. Mit pochendem Herzen sah sie auf die filigranen Schnitzereien. Die ins vergoldete Holz gekerbten Blumen und Blätter begannen vor ihren Augen zu tanzen. Was erwartete sie in diesem Saal? Wie würde Franz reagieren, wenn er sie heute hier sah?

«Mach das nie wieder», schoss seine donnernde Stimme durch ihren Kopf. *«Du hast mich brüskiert! Vor der gesamten Generalität, vor meiner Armee, meinem Volk!»*

Nervös schloss Sisi die Augen. Sie versuchte, die Erinnerung beiseite zu drängen, sich stattdessen auf andere Momente ihrer Vergangenheit zu konzentrieren. War es nicht ebenfalls Franz gewesen, mit dem sie zu Pferd aus den Stallungen geprescht, der Gräfin ausgebüchst und ohne Begleitung in die Flitterwochen aufgebrochen war? *Du hast alles richtig gemacht*, bemühte sie sich, sich Franz' Worte ins Gedächtnis zu rufen. *Besser als ich es je hätte tun können.* Noch einmal ließ sie sich in Gedanken von ihm an der Hand nehmen und durchs Schloss ziehen. Unbeschwert stolperte sie unter seiner Führung durch die Gänge, lugte in die Zimmer, die sie damals noch nicht kannte, und drehte sich abermals unter den großen Leuchtern des Ovalen Saales. Runde um Runde, wie ein Kreisel, der seine gesamte Balance auf einen einzigen Punkt ausrichtete. Einen Punkt in sich selbst. Und während sie sich ganz in die Erinnerung fallen ließ, spürte sie, wie mit ihrem Geist allmählich auch ihr Herzschlag zur Ruhe kam.

Entschlossen schlug Sisi die Augen auf und nickte den Portieren zu.

Ein Raunen ging durch den Saal, als die Türen vor ihr aufschlugen, noch bevor der Zeremonienmeister sich irritiert nach ihr umgedreht hatte. «Ihre Majestät, die Kaiserin!» Seine Stimme überschlug sich unter seiner Überraschung, während sein Griff sich fest um den verschlungenen Stab in seiner Hand schloss. «Sa Majesté, l'Impératrice d'Autriche!» Drei Mal donnerte sein Zeremonienstab auf den Boden nieder, und die Schläge verhallten über dem mit Gold und Holzschnitzereien reich verzierten Saal.

Sisi beobachtete, wie der beleibte Zeremonienmeister mit einer tiefen Verneigung zur Seite trat. Schweißperlen glänzten auf seiner Stirn und hatten sogar bereits seinen bescheidenen Haaransatz durchnässt. Mutig trat Sisi auf die Schwelle zum Thronsaal. Mit einem Mal war es so still, dass man eine Stecknadel hätte fallen hören können. Zig Augenpaare funkelten ihr im Schein der mächtigen Kronleuchter entgegen. Manche herablassend, andere staunend, wenige einfach nur überrascht, die Kaiserin hier zu sehen.

Überdacht von einem samtenen Baldachin mit goldenen Borten, umringt von einigen speziell für diesen Anlass ausgewählten Beratern und seiner persönlichen Leibgarde, erhob Franz sich von seinem Sessel. Seit ihrem Besuch in seinem Turmzimmer hatten sie weder miteinander gesprochen noch anderweitig korrespondiert. Sisi begegnete Franz' Blick. Dem Blick des Mannes, für den sie sich entschieden hatte, trotz all der Warnungen, die sie hätten abhalten können. Wie gerne hätte sie ein einfacheres Leben gelebt. Eine einfachere Beziehung geführt, jenseits vom Hof und den Augen der Öffentlichkeit. An der Seite von Graf Richard vielleicht, dem einfachen Pferdezüchter. Mit weniger Leidenschaft und geringerem Leid. Und doch standen sie hier, sie beide, Sisi und Franz, und sahen sich über die Köpfe der Anwesenden hinweg an. Einen Moment lang schien es nichts anderes zu geben als sie und ihn. Zwei sich Liebende, jenseits von Erwartungen und Pflichten, Stand und Rolle, Zukunft und Vergangenheit. Zwei Menschen, die trotz aller Zerwürfnisse eine tiefe Liebe miteinander verband.

Dann, plötzlich, war der Moment vorbei. Sisi blinzelte, und Franz wich ihrem Blick aus. Auf dem mit roten Teppichen ausgekleideten Podest überragte er um mehrere Zoll die Minister, Offiziere und Generäle, die sich zu seinen Füßen auf dem sternförmig verlegten Mosaikparkett drängten. Seine geröteten Wangen verrieten, dass es ihm nur mit Mühe gelungen war, sein Temperament über der hitzigen Diskussion zu zügeln, und Sisi spürte, wie ein ungutes Kribbeln in ihrem Bauch aufkeimte. *Napoleon ist dennoch ein gefährlicher Mann.* Die warnende Stimme ihrer Mutter flimmerte in ihrem Inneren auf, und Sisi nahm einen tiefen Atemzug. Ja, Franz' Rage konnte sie heute alle den Kragen kosten.

Bemüht, sich ihre Nervosität nicht anmerken zu lassen, übertrat sie die Schwelle, und erst jetzt entdeckte sie am hohen Mittelfenster den französischen Kaiser. Nach allem, was sie über ihn gelesen und gehört hatte, war er ein von brennendem Ehrgeiz getriebener Populist. Ein Bonvivant, dem nichts anderes wichtig war als er selbst und das, was die Leute über ihn dachten. Ohne eine Geste des Respekts blickte Napoleon III. sie unverhohlen an. Seine spitz zulaufende, auffallend gerade Nase und ein dichter Kinn- und Schnauzbart vereinnahmten sein aufgedunsenes Gesicht. Er war einen halben Kopf kleiner als sie, dafür schienen die weiße Hose, genau wie der schwarze Waffenrock, den er mit einem goldenen Gürtel zu taillieren versuchte, unter seinem beträchtlichen Volumen beinahe aus den Nähten zu platzen.

Angespannt ließ Sisi ihren Blick über die anwesenden Männer gleiten. Neben den bekannten Uniformen der österreichischen Würdenträger tummelten sich um den französischen Kaiser Beamte, deren Ränge sie nicht von den fremden Uniformen und Abzeichen abzulesen vermochte. Ihre funkelnden Augen und zusammengezogenen Brauen jedoch ließen keinen Zweifel daran, dass sie von ihnen keineswegs Wohlwollen zu erwarten hatte.

Sisi machte einige Schritte auf Napoleon zu, doch während alle Österreicher in eine tiefe Verneigung sanken, blieben der französische Kaiser und seine Gefolgschaft mit geradem Rücken aufrecht stehen.

Souverän hielt Sisi eine Armlänge vor ihm inne. Napoleons beinahe unter seinen Schlupflidern begrabenen Augen fielen zu den Seiten leicht ab, was ihm den Ausdruck eines trägen Hundes verlieh. Doch die in fast animalischem Amüsement leicht angezogenen Mundwinkel, seine tiefschwarzen Pupillen und die blank gewichsten Lederstiefel, die fast bis zu seinen Knien reichten, verrieten seine Angriffslust.

«Ich denke, Ihr solltet meiner Gattin Respekt zollen», hörte sie Franz das Schweigen durchbrechen. Einen Moment schwebte seine Stimme wie eine messerscharfe Klinge in der Luft, bereit, jeden zu durchbohren, der sich seinem Rat widersetzte.

Gebannt verfolgte Sisi, wie Napoleons geladener Blick über die Köpfe der Anwesenden schoss, quer über den Saal, und von Franz erwidert wurde, ohne mit der Wimper zu zucken. Die Luft schien unter ihrer gegenseitigen Abneigung förmlich zu brennen. Es dauerte einige Sekunden, bis sich Napoleon III. wieder Sisi zuwandte und sich zu einem mikroskopischen Nicken durchrang. Erleichtert verfolgte Sisi, wie seine Männer es ihm gleichtaten.

«Wenn ich gewusst hätte, dass die Frauen in Österreich mitverhandeln», machte Napoleon mit französischem Akzent ihre vagen Hoffnungen zunichte, «hätte ich mein Weib nicht zur Pediküre geschickt!» Der ranzige Atem eines nervösen Magens streifte ihr Gesicht, als er losprustete.

Bemüht, sich nicht anmerken zu lassen, wie sehr er sie anwiderte, sah Sisi auf ihn hinab. Grunzend und wiehernd hielt Napoleon III. sich seinen prallen Bauch und sonnte sich im Gelächter seiner Untergebenen, die wie auf Befehl in sein Amüsement einstimmten. Am liebsten hätte sie ihrer Wut und Abscheu mit ein paar scharfen Worten Luft gemacht, doch Sisi biss sich auf die Zunge. Selbst von der gegenüberliegenden Seite des Saales aus spürte sie, dass sich in Franz ein gefährlicher Sturm zusammenbraute. Sie warf ihrem Mann einen beschwichtigenden Blick zu – *Bitte vertrau mir! –*, wandte sich dann wieder Napoleon zu und setzte ein Lächeln auf.

«Eure Gemahlin ist hier?», flötete sie. «Wenn das so ist, sollten wir sie rufen lassen!» Ohne auf die Reaktion des Kaisers zu warten, drehte sie sich um und rief dem Zeremonienmeister zu: «Richtet doch bitte der Kaiserin aus, dass sie hier herzlich willkommen ist!»

Zufrieden verfolgte Sisi, wie der Mann einem der Diener vor den holzvertäfelten Wänden zunickte, der sich sofort eilig entfernte, um ihrem Wunsch zu entsprechen.

«Verzeiht, dass ich Euch erst jetzt auf meinem Schloss willkommen heiße», sagte Sisi, jetzt wieder an den französischen Kaiser gewandt, «ich war noch verhindert.»

Napoleon war die Zornesröte den Hals hinaufgestiegen. So offensiv von einer Frau angesprochen zu werden, schien er keineswegs gewohnt zu sein. Selbst für eine Kaiserin war ihr Auftreten überaus gewagt, doch das Schreiben in der Innentasche ihres Umhanges gab ihr die nötige Chuzpe, das Spiel weiterzutreiben.

«Wie laufen die Verhandlungen?», fragte sie ohne Umschweife an Napoleon gerichtet, und obwohl sie wusste, dass sie mit dem Feuer spielte, bereitete es ihr eine unfassbare Genugtuung. Überlegen grinsend ging sie nun auf Franz zu. *Was zum Teufel machst du da?*, schienen seine stahlblauen Augen sie zu fragen, während sie Schritt für Schritt näher kam. Nur das Rascheln ihres schwarzen Kleides durchbrach das unter der Anspannung flirrende Schweigen. Sie war kaum zwei Schritte gegangen, da hörte Sisi, wie hinter ihr ein abfälliges Lachen aus dem französischen Kaiser hervordonnerte. Darauf hatte sie gewartet. Der letzte Stich. Vermeintlich überrascht hielt sie inne und drehte sich um, bereit, ihren Trumpf zu spielen.

«Eure Majestät, Euer Interesse, diesen Krieg zu beenden, sollte doch wohl so groß wie unseres sein», sagte sie.

«So, sollte es das?» Napoleon kniff taxierend die Augen zusammen.

«Ich denke *ja*.» Triumphierend griff sie in ihren Umhang, tastete nach dem Brief, ging die letzten Schritte zum Podest und reichte Franz das Schreiben.

Voller Anspannung beobachtete sie, wie ihr Mann das Siegel brach und den Brief entfaltete. Einige Sekunden huschten seine Augen übers Papier. Dann hob er erstaunt den Blick.

«Ihr wollt wissen, was das ist?», wandte Sisi sich Napoleon zu.

«Ihr werdet es uns sicherlich gleich sagen», erwiderte Napoleon spöttisch.

Fragend blickte sie Franz an. Als er ihr mit einem Lidschlag bedeutete zu sprechen, öffnete sie erneut den Mund.

«Das ist eine Depesche aus Frankfurt am Main, vom

Deutschen Bund ...», sagte sie triumphierend. «Falls Ihr nicht gewillt seid, diesen Krieg zu beenden, werden zehn Armeekorps aus Preußen, Bayern, Sachsen, Württemberg, Hannover und Hessen an der Seite von Österreich gegen Euch aufmarschieren.»

Für einen Moment entgleisten Napoleon die Gesichtszüge, dann verdunkelte sich seine Miene. Fast schon manisch funkelte er sie an, und Sisi erstarrte in böser Vorahnung.

«Nun, wenn Ihr einen großen Krieg wollt», sagte er laut und wandte sich mit geschwollener Brust seinen Untergebenen zu, «sollt Ihr ihn bekommen!»

Die Wände warfen seinen Schiedsspruch schonungslos zurück. Einen Augenblick schien Sisis Herz stillzustehen. Ihr ganzer Körper war wie gelähmt. Jede Faser, jeder Muskel stand unter Hochspannung. Diesen Krieg in noch größeren Dimensionen fortzusetzen, kam einem Todesurteil Tausender Männer gleich. Nicht auszumalen, was ein Krieg dieser Ausmaße in Europa für Wellen schlagen würde. Selbst Napoleons Gefolgsleute traten unruhig von einem Bein aufs andere und tauschten nervöse Blicke. Den französischen Kaiser hingegen schien das nicht im Geringsten zu beeindrucken, und Sisi beschlich die Ahnung, dass sie in ihm den Wahnsinn eines brüskierten Mannes heraufbeschworen hatte. Ihr Plan war gescheitert, und nicht nur das: Er hatte sich ins Gegenteil verkehrt. Hilflos sah sie Franz an, ohne auch nur die geringste Ahnung, was nun zu tun war.

ÜBERWÄLTIGT

Es dauerte einen Moment, bis der Schock Franz' Glieder freigab. In seinem tiefsten Inneren hatte er seit seiner Kindheit geahnt, dass sein Leben ihm wenig schenken würde. Doch die letzten Tage waren eine Feuerprobe gewesen, die er nicht erwartet hatte. Der Tod seiner Tochter hatte ihn mit gewaltiger Brutalität getroffen. Zum ersten Mal war er nach dem Frieden in Ungarn bereit gewesen, die Vergangenheit hinter sich zu lassen. Doch das Schicksal hatte ihn weiter zurückgeworfen denn je.

Stumm ließ er das Schreiben auf das Polster seines Sessels gleiten. Die scharlachrote Hose seiner Galauniform schnitt unangenehm in seine Leisten, als er vom Podest hinabstieg.

Trotz allem, was er gesehen, was er erlebt hatte, und trotz allem, was er darüber gedacht, daraus über sich selbst und die Welt geschlussfolgert hatte, musste es noch einen Teil in ihm geben, eine Version seiner selbst, die sich irgendwelche Hoffnungen machte. Einen Teil, der an die Zukunft glaubte. Das Leben. Das Glück. Die Liebe.

Ruhig ging er auf Napoleon III. zu. Das Parkett knarzte und quietschte unter seinem Gewicht, als wollte es ihn warnen, dass er dabei war, alles zu riskieren, ja, alles zu ruinieren. Doch Franz schritt weiter. Die Männer, die für ihn gefallen waren, drängten in sein Bewusstsein. Scheinbar zusammenhanglose Bilder, Fetzen seiner Erinnerung, übertönt von den Hilferufen der Verstümmelten, seiner eigenen Soldaten und derer seines Feindes. Konnte man ohne Hoffnung leben?

Zwei Armlängen vor dem französischen Kaiser blieb er stehen.

«Tausende junge Männer», begann er und merkte, dass seine Stimme zitterte, «werden in diesem Krieg ums Leben kommen. Manche noch Kinder.» Er schluckte. Nachdem er in den letzten Tagen und Nächten versucht hatte, sich dem Schmerz nicht zu stellen, schien ihn die Trauer nun beinahe zu überwältigen. «Mütter und Väter werden um sie weinen», sagte er und verstummte erneut. Die Erinnerung an seine tote Tochter bohrte sich so gewaltsam in sein Herz, dass ihm das Blut in den Adern stockte. Ihr glucksendes Lachen auf dem Schaukelpferd. Der ruhige Atem, der im Schlaf ihre Brust hob und senkte. Die fiebrig glühende Stirn, ihr verzweifeltes Weinen.

«Ich weiß, was es bedeutet, ein Kind zu verlieren», presste Franz zwischen seinen Lippen hervor, bevor seine Stimme endgültig brach. «Es ist ...»

Sein Kinn bebte, und Tränen drängten in seine Augen. Er räusperte sich und holte tief Luft. Prüfend glitt sein Blick über die Reihen der Anwesenden. Nicht nur Mitgefühl, sondern sogar beinahe flehende Mienen schlugen ihm entgegen, auch unter den Franzosen. Nur seiner Frau wich er aus. Er schämte sich, dass er nicht mit ihr getrauert hatte. Lieber hatte er hingenommen, dass ihre Beziehung zerbrach, als ihr seine eigene Schwäche einzugestehen.

«Auch Ihr habt bei der Geburt Eures Sohnes von diesem Leid kosten dürfen, soweit ich weiß.» Ernst sah Franz Napoleon an. «Wenn Euch Gott auch vor dem Schlimmsten bewahrte.»

Er spürte, wie Sisi ihn von der Seite erstaunt anblickte.

Offenbar hatte sie darüber nichts gewusst. Franz straffte sich, um sich selbst die Kraft zu geben, weiterzusprechen. Er erinnerte sich an seine eigene Wut, seinen verzweifelten Wunsch, seiner Rolle gerecht zu werden, kein Hadern zuzulassen. An den Willen, ein starker Kaiser zu sein. An die Blindheit, die ihn wieder und wieder grausame Entscheidungen hatte treffen lassen. Und es war, als richtete er die Worte nicht nur an Napoleon, sondern auch an sich selbst.

«Heute stehen wir uns als Kaiser von Frankreich und als Kaiser von Österreich gegenüber, aber auch als zwei Väter, zwei Soldaten, die Verlust und Tod ins Auge gesehen haben. Wir allein haben die Gewalt, über das Schicksal Tausender zu richten. Lasst unser Urteil das zweier Männer sein, die über aller Macht und allem Stolz nicht Herz und Verstand verloren haben.»

In diesem Augenblick schwangen die Türen des Thronsaales auf, und der Stock des Zeremonienmeisters krachte dreimal auf den Boden nieder.

PAARWEISE

Eugénie de Montijo, Kaiserin von Frankreich!» Der Zeremonienmeister sank in eine tiefe Verneigung und trat mit geneigtem Kopf zur Seite, um der französischen Kaiserin seine Ehrerbietung zu erweisen. Eugénie de Montijo, gefolgt von einigen ihrer Zofen, trat in einem cremeweißen Kleid in den Türrahmen. Die dreifach gereihten Perlenketten an ihren grazilen Handgelenken schlugen leise aneinander, als sie auf Sisi zuhielt. Beeindruckt ging

Sisi ihr entgegen, und die Anwesenden erhoben sich erst aus ihrer Verneigung, als beide Kaiserinnen in der Mitte des Saals voreinander zum Stehen kamen. Wie ihr Mann, so war auch die französische Kaiserin deutlich kleiner als Sisi. Ein halbdurchsichtiger Schleier entsprang ihrer strengen Hochsteckfrisur und umspielte elegant ihr weit ausgeschnittenes Dekolleté.

«Willkommen in Laxenburg, Hoheit», begrüßte Sisi sie. «Ich hoffe, Ihr hattet bisher einen angenehmen Aufenthalt.»

«Vielen Dank, Hoheit.» Eugénie lächelte, und Sisi konnte nicht umhin, über das grazile Wesen der Kaiserin zu staunen. Die hellblauen Blumenstickereien auf ihrem ausladenden Kleid griffen in einzigartiger Passung die Farbe ihrer strahlenden Augen auf, und ihre dunklen Haare kontrastierten ihre reife, wie kostbares Elfenbein schimmernde Haut. «Ich freue mich sehr, Euch in diesem Kreise treffen zu dürfen.»

Bezaubert beobachtete Sisi, wie Eugénie ihrem Gatten einen vielsagenden Blick zuwarf, um ihre unterschwellige Spitze zu unterstreichen.

«Doch bitte fahrt fort», sagte Eugénie schnell, bevor seine Stimmung zu kippen drohte, «ich wollte Euch nicht unterbrechen.»

Die beiden Frauen lächelten sich an, und selbst für den letzten Mann im Saal musste deutlich zu sehen sein, dass sie sich sympathisch waren.

«Danke.» Sisi wandte sich an Franz. Durchdringend sah sie ihren Mann an. Dass er sich hier, so völlig unerwartet, mit seiner Trauer offenbart hatte, seinem Schmerz, hatte sie im Mark getroffen. Doch Franz wich ihrem Blick weiter aus.

«Wir sprachen gerade von der Liebe zu unseren Kindern», griff Sisi den Faden auf, ohne sich die Zurückweisung anmerken zu lassen.

«Ach ja?» Eugénie hob überrascht die Augenbrauen und blickte ihren Mann fragend an.

«Und wie sehr Euer Gemahl darunter gelitten hat», fügte Sisi hinzu, «Euch und Euren Sohn bei dessen Geburt beinahe verloren zu haben ...»

Angespannt pausierte sie ihre Ansprache. Sie sah deutlich, wie Eugénies Augen sich weiteten. Erstaunt öffnete die französische Kaiserin den Mund und sah ihren Mann sprachlos an. Auch der Rest des Saales verfolgte gebannt den fast intimen Moment. Es war deutlich zu sehen, wie emotional dieser Punkt für das französische Kaiserpaar war – hatten auch Napoleon III. und Eugenie dies womöglich noch nie so klar voreinander ausgesprochen?

Als Napoleon seiner Frau zunickte, beschloss Sisi, aufs Ganze zu gehen. «... und wir sprachen davon, wie sehr wir uns bemühen wollen, all den Müttern und Vätern der Soldaten, die in einem Krieg zwischen unseren Ländern fallen würden, diese Erfahrung zu ersparen.»

Der ganze Raum schien den Atem anzuhalten, als ihre Worte über den Köpfen der Anwesenden verhallten. Obwohl er sie nicht ansah, spürte Sisi, dass Napoleon III. ihr am liebsten an die Gurgel gesprungen wäre. Eugenie jedoch strahlte ihren Mann so glücklich an, dass Sisi beinahe die Tränen kamen.

«So ist es, mein Liebling», durchbrach Napoleon schließlich die Stille. Er lächelte seiner Frau zärtlich zu und senkte geschlagen das Kinn. «C'est comme ça, ma chérie.»

Und während Eugénie dankbar auf ihn zuging und ihre Hand in seine legte, um seine Finger zärtlich an ihre Lippen zu führen, spürte Sisi, wie eine Welle der Erleichterung in ihr aufstieg. Sehnsüchtig verfolgte Sisi den innigen Moment zwischen den Liebenden. Wie sehr hätte sie sich gewünscht, dass auch sie und Franz wieder zueinanderfinden könnten, nach allem, was geschehen war. Doch ihr Mann starrte nur regungslos auf Napoleon hinab. Seine ineinander verschränkten Finger verrieten, dass sein ganzer Körper noch immer unter Hochspannung stand, während er langsam zu realisieren schien, wie erfolgreich sie gerade zusammengearbeitet hatten. Für einen langen Augenblick sah sie ihn einfach nur an. Seine blonden, kräftigen Haare und der helle Bart. Die breiten Schultern, noch betont von seinem schnittigen weißen Waffenrock, dessen roter Kragen nur zur Hälfte die Narbe an seinem Hals verdeckte. Die vielen Orden und Ehrenabzeichen auf seiner Brust. Irgendwann hob Franz seinen Blick, der traurig den ihren traf. Und in diesem Augenblick schien weder er noch sie daran zu glauben, dass sie über all dem Schmerz jemals wieder zueinanderfinden würden.

Wien, einige Wochen später.

LIEBE

Sisi sog den vertrauten Duft ihrer Tochter in sich auf und schob sich leise durch die Tür zu Franz' Gemächern. Mit wachen Augen lugte Gisella von ihrem Arm aus in den verlassenen Salon. Ihre Hand umfasste andächtig den kleinen Strauß Wiesenblumen, den sie gemeinsam in den Schlossgärten gepflückt hatten.

Durch einen Spalt zwischen den geschlossenen Vorhängen drang die Sonne des Spätnachmittags. Weit und breit war kein Mensch zu sehen, nur einige Staubkörner tanzten über dem roten Teppich im einfallenden Licht.

Liebevoll legte Sisi ihre Lippen auf den Scheitel ihrer Tochter. Noch immer hatte sie das Kinderzimmer nicht zu sich zurückverlegt. Dennoch verbrachte sie beinahe jede freie Minute mit ihrem Kind. Sisi hob den Kopf und lächelte ihre Tochter liebevoll an. Seit ihrer Rückkehr aus Ungarn hatte Gisella unter der nahrhaften Milch der Amme so kräftig zugenommen, dass der Stoff des Kleidchens über ihren drallen Ärmchen spannte. Von tiefem Sanftmut erfüllt, querte Sisi den Raum und zog mit einem kräftigen Ruck einen der Vorhänge zurück. Seit sie und ihr

Mann nach dem Friedensschluss mit Napoleon nach Wien zurückgekehrt waren und endlich ihre erstgeborene Tochter beerdigt hatten, hatte Franz sich gänzlich in seinem Arbeitszimmer verschanzt. Er hatte all seine Audienzen dorthin verlegt, das Personal auf seinen persönlichen Kammerdiener reduziert und nicht einmal zum Essen und Schlafen seine Korrespondenzen und Akten verlassen.

Entschlossen öffnete Sisi das Fenster und lehnte sich mit Gisella an den Rahmen. Ein lauer Wind kitzelte ihre Nase, und die Sonne wärmte ihr Gesicht. Einige Gartenhelferinnen mit weißen Kopftüchern und Schürzen durchkämmten die blühenden Beete. Dahinter marschierte eine Patrouille Leibgardisten im Gleichschritt zur Wachablöse auf das Burgtor zu.

Zur Beerdigung hatten sich Massen von Menschen dort unten zusammengefunden, um den Trauerzug zur Kapuzinergruft zu begleiten. *«Wenn du dem Herrn dienen willst, dann mach dich auf Prüfungen gefasst!»*, hörte Sisi die Stimme des Kardinals so lebendig in ihrem Geiste, als stünde er direkt neben ihr. *«Nimm alles an, was über dich kommen mag, halt aus in vielfacher Bedrängnis! Denn im Feuer wird das Gold geprüft, und jeder, der Gott gefällt, im Schmelzofen der Bedrängnis.»*

Die bewegten Gesichter der Menschen, die Blüten der weißen Rosen, die sie in den Händen hielten, hatten Sisi eine ungeahnte Kraft gegeben. Und auch der heutige Tag schien ihr hoffnungsfroher, als sie es noch vor Kurzem für möglich gehalten hätte. Selbst als Max ihr am frühen Morgen zum Abschied nur einen distanzierten Blick geschickt und in der königlich-bayerischen Kutsche verschwunden war, hatte es Sisi mit Stolz erfüllt, nicht weggelaufen zu sein. Sich ihrer Aufgabe als Kaiserin gestellt zu haben. *«Das wird schon wieder, Sisi»*, hatte Ludovika mit Blick auf ihren Mann gesagt und Gisella einen Kuss auf die Wange gedrückt. *«Du wirst sehen.»*

Sisi löste sich vom Fenster und ließ ihren Blick zur geschlossenen Tür des Arbeitszimmers hinübergleiten. Vor Napoleon hatten sie und Franz bewiesen, dass sie miteinander das Unmögliche erreichen konnten. Ihrer Aufgabe als Kaiser und Kaiserin gewachsen waren. Als Paar jedoch hatte es sie nicht wieder zusammengeführt. Oft hatte sich ihr beider Glück in den einfachsten Situationen gezeigt, nur um dann wieder hinter Angst und Härte zu verblassen. Eine unsichere Schwangerschaft. Ein von Kriegen und Aufständen gebeuteltes Reich. Der Verlust ihrer geliebten Tochter. Doch mittlerweile wusste Sisi, keine Nuss war so hart zu knacken wie Franz.

Liebevoll betrachtete sie Gisellas kindliche und doch so kantige Züge. Die blonden Brauen, die prominente Stirn und darunter die prägnante Nase – es war, als blickte *er* ihr entgegen.

«Magst du deinem Papa zeigen, was du gelernt hast?», fragte Sisi und krabbelte ihrer Tochter zärtlich die Seite. Lachend wand ihr speckiger Körper sich unter ihren Fingern, und ihr Glucksen zauberte Sisi ein Lächeln ins Gesicht.

Entschlossen querte sie den Flur und warf im Vorbeigehen einen flüchtigen Blick in den Wandspiegel. Wie lange schon hatte sie nicht mehr diesen Zopf getragen! Albern war ihr vorgekommen, was ihre Mutter ihr aufgezwungen hatte, mädchenhaft, doch jetzt konnte sie dem Flechtmuster einiges abgewinnen. Vor der Tür des Arbeitszimmers ging Sisi in die Knie, nahm Gisella den Blumenstrauß ab und legte sie bäuchlings auf den Boden, bevor sie nach der Klinke griff und lautlos die Flügel aufdrückte.

Franz stand vor seinem Aktenschrank, ohne sie zu bemerken, und lockerte den Kragen seiner schlichten Tages-Uniform. Die metallenen Knöpfe seines Waffenrockes glänzten im einfallenden Licht.

«Papa ...», rief Sisi leise und beobachtete, wie Franz zusammenzuckte. Perplex fuhr er herum und starrte entgeistert auf sie und seine Tochter. Sein beinahe wahnhaftes Arbeitspensum hatte seine Gesichtszüge trotz der Einigung mit Napoleon III. nicht an Härte verlieren lassen. Im Frieden von Zürich hatte Franz zwar die Lombardei abtreten müssen. Venetien jedoch war in seinem Besitz verblieben. Im Vertrag von Turin hatte Napoleon anschließend die Rechte an der Lombardei an das Königreich Sardinien-Piemont übertragen und seine Hoffnung auf ein geeinigtes Italien ausgesprochen. Sardinien-Piemont wiederum hatte sich bereit erklärt, im Gegenzug einen Großteil der Kriegsschulden zu tragen.

«Na, kleine Erzherzogin?», flüsterte Sisi ihrer Tochter aufmunternd zu. «Zeig deinem Papa, was du schon kannst!»

Gisella sah aufmerksam zu Sisi hoch, und Sisi schickte ihr noch einen ermutigenden Blick, dann stemmte Gisella sich hoch und robbte los, zielstrebig Franz entgegen.

Mit geballten Fäusten verharrte Franz auf seiner Position – fast so, als steuere eine gezündete Leuchtgranate geradewegs auf ihn zu. Gisella robbte, hielt inne, lächelte ihn an, robbte entschlossen weiter. Wie gelähmt beobachtete Franz, wie sie auf ihn zuhielt, und Sisi entging nicht, welche Angst seine Züge zeichnete. Erst als Gisella vor seinen Füßen angekommen war und Franz noch immer zu keiner Regung fähig schien, erhob sich Sisi und kam ihrem Mann und ihrer Tochter zu Hilfe. Liebevoll nahm sie Gisella hoch. «Das hast du sehr gut gemacht, meine Kleine!»

Vorsichtig gab sie ihr die Wiesenblumen wieder in die Hand und führte den Strauß mit ihr gemeinsam Franz entgegen. Doch Franz machte keine Anstalten, nach dem Geschenk zu greifen. Noch immer starrte ihr Mann sie düster an, und Sisi glaubte, in seinen Augen die Verzweiflung zu lesen, die seine Überforderung in ihm auslöste.

«Jemanden zu lieben, macht uns verwundbar, ja. Aber es macht uns auch stark ...»

Franz rührte sich nicht, und fast schien es, als würde er sich gleich ganz in seinem Panzer verschließen. Sisi strich ihm liebevoll über die Wange. «Schenk uns deine Liebe, Franz.»

Eindringlich sah sie in das Blau seiner Augen. Schillernd und ruhig, empfindsam und stark, und doch verschleiert von einer unbändigen Angst – irgendwo darunter lieferten sich Überzeugung, Glaube und Hoffnung einen unerbittlichen Kampf. Vorsichtig griff Sisi nach der krampfhaft verschlossenen Faust ihres Mannes, in der sich seine gesamte Betroffenheit zu bündeln schien, und führte sie sacht an ihre Lippen, um seine Finger anschließend um den Strauß zu legen, den Gisella ihm noch immer entgegenreckte. Doch seine Faust blieb eisern verschlossen.

«Wir lieben dich», flüsterte sie ihm zu. «Wir lieben dich.»

Da sah sie, wie, kaum merklich, die Mauer zu bröckeln begann. Erst war es nur ein Zucken um seine Mundwinkel. Dann erfasste ein sanftes Beben seinen ganzen Körper. Bis schließlich seine Finger öffneten und eine kleine, metallene Kugel freigaben. Matt und schimmernd zugleich lag das Projektil in seiner Hand. Obwohl Sisi nicht wusste, was es damit auf sich hatte – die Verbissenheit, mit der Franz sie umklammert hatte, verriet, von welch großer Bedeutung sie für ihn war.

«Lass uns in dein Herz schauen», flüsterte Sisi. Vorsichtig näherte sie sich seinem Gesicht und legte ihre Stirn an seine. «Wir lieben dich.»

Plötzlich stürzten Tränen aus seinen Augen. Salzig benetzten sie ihre Wangen, tropften auf ihr Kleid. Die Macht seiner Emotionen schüttelte seinen Körper so heftig, dass Sisi fest ihren Arm um ihn legte. Sie spürte, wie Franz sich verzweifelt an sie und seine Tochter klammerte, während seine Gefühle so gewaltvoll aus ihm herausbrachen. Kraftvoll und heilend empfand sie die Nähe, die sie beide verband.

«Verzeih», hörte sie Franz schluchzen, «bitte verzeih mir.» Sie legte ihre Wange an seine tränennasse Haut, streichelte seinen Rücken wie den eines Kindes und schloss die Augen, um den Moment für immer in ihrem Herzen zu bewahren.

DAS VERMÄCHTNIS

Sisi spürte noch Franz' bebenden Körper an ihrer Brust, den Geschmack seiner salzigen Tränen auf ihrer Zunge, als sie Duke vor der Klosterschule in den Schritt fallen ließ. Schon von Weitem hatte sie die Droschke gesehen, die begleitet von Grünne und einer Eskorte Soldaten in den Innenhof eingebogen war und nun dort parkte.

Die warme Abendsonne tauchte die hellen Mauern in ein goldenes Licht. Dichter Efeu kletterte zwischen den Fenstern hinauf, in dem das lebendige Konzert einiger Insekten summte. Aufgeregt kniff Sisi die Augen zusammen, um aus der Entfernung einen Blick ins Innere der Kutsche zu erhaschen, doch nur der leuchtende Himmel spiegelte sich in ihren glänzenden Scheiben. Ob Grünne sicher das richtige Mädchen gefunden hatte, wie er behauptete?

Voller Neugier hielt sie Duke mit einer Parade an und schwang sich aus dem Sattel. Liebevoll klopfte sie ihrem Rappen den Hals, drückte die Zügel einem der Leibgardisten in die Hand und hielt auf den Zweispänner zu. Die Abendluft legte eine erquickende Kühle auf ihre verschwitzten Unterarme.

Erst jetzt, da ihr Herzschlag sich nochmals beschleunigte, spürte Sisi, wie aufgewühlt sie war. Als sie Grünne mit dem Auftrag losgeschickt hatte, Fannys Tochter zu finden, hatte sie kaum weiter gedacht als bis zu diesem Moment. Jetzt, da er gekommen war, brach die ganze Tragweite ihres Vorhabens über sie herein. Wie sollte sie diesem Kind begegnen, nach allem, was zwischen ihr und Fanny geschehen war?

Auf den letzten Fuß verlangsamte Sisi ihr Tempo und trat mit stockendem Atem an die Kutsche heran. Vielsagend nickte Grünne ihr zu und öffnete den Verschlag.

«Na komm», sagte er aufmunternd ins Innere. «Sag der Kaiserin grüß Gott!»

Es dauerte eine ganze Weile, bis endlich ein zerfledderter Leinenschuh in der Öffnung erschien. Vorsichtig tastete er nach dem Trittbrett, fand Halt. Kurz darauf gesellte sich ein zweiter Schuh hinzu, eine dreckige Hand griff in den Rahmen, und ein zierliches Mädchen trat aus dem Schatten des Verschlags. Verblüfft hielt Sisi inne. Es war, als blickte Fanny ihr entgegen. Die dunkelblonden Haare fielen dem Mädchen in losen Strähnen über die Schultern, und ein dunkles Paar Augen kontrastierte seine blasse Haut. Obwohl es wohl kaum mehr als sieben oder acht Jahre zählte, war es seiner Mutter wie aus dem Gesicht geschnitten.

Blinzelnd erwachte Sisi aus ihrer Erstarrung. Kein Zweifel, dass Grünne das richtige Kind gefunden hatte. Hilflos sah sie ihn an. Würde sie ihre Schuld jemals begleichen können?

«Hallo Marie.» Sisi verschluckte sich vor Aufregung, kämpfte gegen einen Hustenreiz an. Durch einen Tränenschleier sah sie, wie das Mädchen seinen Blick senkte und die Spitze seines Schuhs in den Kies grub.

«Du hast einen sehr schönen Namen», krächzte Sisi und räusperte sich. Als der Reiz in ihrem Hals endlich verschwand, begann sie wieder klarer zu sehen. «Hattest du eine gute Reise?»

Ohne aufzublicken, presste Marie ihre Lippen zusammen und verschränkte die Arme hinterm Rücken. Verlegen drehte sie ihren Oberkörper hin und her, sodass der Rock ihres schlichten Kleides mitschwang.

«Marie mag Pferde», kam Grünne Sisi zu Hilfe und trat einen Schritt näher, «das hat sie mir während der Reise erzählt.»

«Wirklich?» Dankbar ging Sisi in die Hocke und sah zu Marie auf. «Kannst du denn reiten?»

Marie schüttelte den Kopf, sah sie aber durchdringend an. Sisi lächelte. Was auch immer die Zukunft für sie beide bereithalten würde, diese Gemeinsamkeit war immerhin ein Anfang. Fannys zuckende Füße blitzten vor ihrem inneren Auge auf, und sie meinte, noch einmal das Knarzen des sich unter dem Gewicht spannenden Seiles zu hören.

«Dann werde ich es dir beibringen, wenn du möchtest», sagte sie und drängte die düsteren Gedanken beiseite. «Jetzt zeigt dir Graf Grünne erst einmal dein Zimmer. Einverstanden?»

Ohne noch eine Antwort abzuwarten, erhob sie sich und nickte Grünne zu.

«Hier entlang, junge Dame!», sagte der Graf und ging voran. Doch erst, als er nochmals stehen blieb und ihr ermutigend zunickte, setzte Marie sich in Bewegung.

Sisi beobachtete, wie sie ungelenk die Steinstufen hinauftapste. Gegen den aufrechten Gang des Grafen, seine trotz der Prothese geschmeidigen Bewegungen, den gepflegten dunkelblauen Waffenrock und den Tschako wirkte Maries Gebaren ungelenk, fahrig, ja plump.

Kaum hatte Sisi den Gedanken in ihrem Inneren formuliert, drehte Marie sich zu ihr um. Todesmutig sah sie ihr in die Augen, fast so, als schaute sie direkt durch sie hindurch auf die bittere Wahrheit, die sie beide verband. «Hast du meine Mama gekannt?»

Klar und zwingend glitten die Worte des Kindes durch die Abendluft auf Sisi zu und trieben ihr einen eisigen Schauer über die Haut.

«Ja, das habe ich», antwortete Sisi fest und erwiderte ihren Blick. Was wusste dieses Mädchen über seine Mutter? Über sie?

Ohne eine Regung zu zeigen, was das Gesagte mit ihr machte, hielt Marie noch einen Moment ihren Blick, bevor sie sich umdrehte, um hinter Grünne im Inneren des Klosters zu verschwinden. Mit gemischten Gefühlen ging Sisi zu ihrem Hengst hinüber. Sie griff in Dukes Mähne, schob ihre Finger zwischen seine festen Haare und sah ihnen nach. Der vertraute Geruch seines warmen Körpers und das sanfte Schnauben, mit dem er ihre Nähe erwiderte, erinnerten sie an den Abend, da sie Franz auf seinem Rücken durch das dichte Schneetreiben gefolgt und im Haus mit der roten Laterne eine Freundin gefunden hatte. Welch eigensinnige Wege das Leben doch beschrieb! Vorsichtig löste sie ihre Finger aus der Mähne, strich ihrem Rappen noch einmal fest über den Hals und schwang sich in den Sattel. Entschieden lenkte Sisi ihn mit den Zügeln herum, nickte ihrer persönlichen Eskorte zu und gab ihrem Hengst die Sporen.

Einige Mücken tummelten sich über der grünen Oberfläche eines kleinen Kanals, den sie in gestrecktem Galopp kreuzte. Ihr surrender Tanz fügte sich wie ein steter Puls in die leuchtende Landschaft. Die zunehmende Geschwindigkeit schlug ihr einen kräftigen Gegenwind ins Gesicht, der an ihren Haaren riss und in ihren Augen stach. Das laute Prasseln der Hufschläge hinter ihr zeugte davon, dass ihre Leibgarde ihr dicht auf den Fersen war. Die untergehende Sonne glühte auf ihren Wangen, und der laue Wind trieb ihr den Duft des vergangenen Frühlingstages entgegen. Sisi spornte ihren Hengst abermals an und duckte sich tiefer in den Sattel. Ohne das Tempo zu verringern, schloss sie die Lider. Sie spürte Dukes kräftige Bewegungen unter sich, hörte seinen schnaubenden Atem, die dumpfen Schläge seiner Hufe auf der warmen Erde, roch den intensiven Geruch seiner Mähne. Die vergangenen Tage, Monate, Jahre hatten etwas in ihr geboren, das sie immer geahnt und das ihr doch nie bewusst gewesen war. Schmerz und Enttäuschung, Hoffnung und Wille hatten sie auf sich selbst zurückgeworfen, ihr die eigene Kraft gezeigt. Verlässlich und ungezähmt ruhte sie in ihr, trieb sie an, hielt sie am Leben. Und die Begegnung mit Franz, der Moment der Nähe, hatte ihr das tiefe Vertrauen geschenkt, dass auch ihre Liebe überdauern würde. Was auch immer vor ihr lag, sie war bereit voranzuschreiten.

ENDE

QUELLENVERZEICHNIS

Kapitel «Morast»

«Ich bin erwacht in einem Kerker ...», S. 95.
Corti, Egon Caesar Conte. *Elisabeth. Die seltsame Frau.* Genehmigte Sonderausgabe, 1996, Graz, Wien, Köln: Verlag Styria, S. 56.

Kapitel «Das Angebot»

«Fest entschlossen, den Glanz der Krone ungetrübt und die Gesamtmonarchie ungeschmälert zu erhalten ...», S. 196/197.
Aus: Vocelka, Michaela und Karl. *Franz Joseph I. Kaiser von Österreich und König von Ungarn 1830–1916.* München, 2015, C. H. Beck Verlag, S. 73.
Zitiert nach: Kiszling, Rudolf. *Die Revolution im Kaisertum Österreich, 1848–1849*, Bd. I., Wien, 1948, S. 318 f; Rumpler, Helmut. *«Dass neu und kräftig möge Österreichs Ruhm erstehen!» Der Thronwechsel vom 2. Dezember 1848 und die Wende zur Reaktion*, in: 1848 – Revolution

in Österreich (Schriften des Instituts für Österreichkunde 62, Wien, 1999), S. 148.

Kapitel «Starr»

«Unsere Kleine ist ein Engel im Himmel ...», S. 269.
Schnürer, F. (Hrsg.). *Briefe Kaiser Franz Josephs I. an seine Mutter. 1838–1872.* Kösel & Pustet, München, 1930, S. 270.

Die Rowohlt Verlage haben sich zu einer nachhaltigen Buchproduktion verpflichtet. Gemeinsam mit unseren Partnern und Lieferanten setzen wir uns für eine klimaneutrale Buchproduktion ein, die den Erwerb von Klimazertifikaten zur Kompensation des CO_2-Ausstoßes einschließt.

www.klimaneutralerverlag.de

FSC
www.fsc.org
MIX
Papier aus verantwortungsvollen Quellen
FSC® C014496